MW01088534

ASTROLOGÍA PARA LA VIDA REAL

PARA LA VIDA REAL

Manual de trabajo

Título original: ASTROLOGY FOR REAL LIFE
Traducido del inglés por Julia Fernández Treviño
Diseño de portada: Kathryn Sky-Peck
Maquetación de interior: Toñi F. Castellón

© de la edición original
2019 de Theresa Reed

Publicado por acuerdo con Red Wheel Weiser, LLC.

© de la presente edición
EDITORIAL SIRIO, S.A.
C/ Rosa de los Vientos, 64
Pol. Ind. El Viso
29006-Málaga
España

www.editorialsirio.com
sirio@editorialsirio.com

I.S.B.N.: 978-84-18531-46-0
Depósito Legal: MA-1098-2021

Impreso en Imagraf Impresores, S. A.
c/ Nabucco, 14 D - Pol. Alameda
29006 - Málaga

Impreso en España

Puedes seguirnos en Facebook, Twitter, YouTube e Instagram.

 El papel utilizado para la impresión de este libro está **libre de cloro** elemental (ECF) y su procedencia está certificada por una entidad independiente, no gubernamental, que promueve la sostenibilidad de los bosques.

ASTROLOGÍA PARA LA VIDA REAL

Manual de trabajo

EDITORIAL
SIRIO

Para Lollie y Sandie

Índice

Tercera parte
Los pequeños aspectos esenciales

Cuarta parte
Juntar todas las piezas

Introducción

Voy a contarte un pequeño secreto: aunque soy conocida como la Dama del Tarot, en realidad el tarot no fue mi primer amor. Me enamoré de la astrología mucho antes de haber puesto mis manos en un mazo de tarot. Este llegó a mi vida mucho después, y a pesar de haberme enamorado perdidamente de esas setenta y ocho cartas, jamás abandoné la astrología.

En cierto modo, he mantenido un triángulo amoroso con ambos, pues nunca he sido capaz de escoger entre uno y otro. El tarot es mi principal aliado, pero la astrología es el acompañante perfecto. Se complementan mutuamente como la mantequilla de cacahuete y la crema de malvavisco*... y ambos hacen que mi vida sea deliciosa.

Mi primer contacto con la astrología tuvo lugar hace muchas lunas; entonces yo era una típica quinceañera angustiada e inadaptada en medio de una crisis existencial. ¿Quién soy, qué demonios debo hacer en esto que se llama vida? ¿Por qué hago las cosas que hago, y qué es lo que me lleva a pensar de este modo?

Entonces entró en escena Lollie, la madre de mi mejor amiga.

Conocí a Sandie a comienzos de ese año y nos hicimos amigas rápidamente. Ella era una persona extravagante, una excéntrica que usaba mocasines y se movía por los pasillos sujetando sus libros como si fueran una especie de tanque de oxígeno que la mantenía viva. Destacaba entre los demás como un extraño flamenco en una marisma de camisetas deportivas, lo que significa que de inmediato me sentí atraída por ella. Los bichos raros tienden a encontrarse de ese modo.

Como cabe esperar, la madre de Sandie era también una mujer muy poco convencional. Medía un escaso metro y medio, y no quería que la llamaran señora, como los demás padres. Prefería que la

---

* N. de la T.: La crema de malvavisco es un dulce extremadamente popular en algunas regiones de los Estados Unidos. Uno de sus usos más conocidos es como ingrediente del *fluffernutter*, un sándwich de mantequilla de cacahuete.

llamaran por su sobrenombre, Lollie. Era una psicóloga brillante que disfrutaba practicando juegos mentales. A menudo la encontrábamos fumando un Marlboro tras otro y pasando un buen rato tocando el piano.

También sabía mucho de astrología.

Cierto día insistió en que yo necesitaba una consulta astrológica (también sospecho que quería saber si tenía problemas). De manera que me hizo sentar y me hizo la carta astral. Mientras analizaba los extraños símbolos y marcas que había en la carta, murmuraba para sí misma y abría sus antiguos libros de astrología para comprobar minuciosamente las interpretaciones. Sacudió la cabeza algunas veces, y tras hacer un montón de muecas me dijo todo lo que sabía sobre mí.

«Tienes una carta difícil, pero eres bastante inteligente. También eres muy psíquica. Podrías ser sumamente sexual. Ah, y vas a tener luchas de poder con tus amigos. Y no serán pocas». No recuerdo mucho más de lo que ocurrió aquella lejana noche, pero lo que sí puedo decir con toda certeza es que quedé inmediatamente enganchada a la astrología.

Desde entonces, la he utilizado en mi vida por muchas razones: para entenderme a mí misma y entender a mis seres queridos, para planificar eventos (incluso el nacimiento de mis hijos), para concebir estrategias comerciales y para ayudar a los clientes a elegir fechas para bodas, inauguraciones y cesáreas programadas. La astrología ha sido una herramienta maravillosa que me ha permitido potenciar mis puntos fuertes y hacer las paces con mis retos. Me ha convertido en mejor madre, empresaria y ser humano. Y lo digo de verdad.

A veces conozco personas que sienten curiosidad por la astrología y aceptan gustosas que eche un vistazo a sus cartas astrales, aunque luego se muestran reacias a intentar comprender cómo funciona la astrología... o cómo conseguir que esa carta funcione a su favor simplemente aprendiendo sus principios básicos. Con franqueza, esto me parece un poco raro. Suelen decirme:

- «Es demasiado difícil».
- «Todos esos símbolos… tienes que ser un genio para entender lo que significan».
- «Cuando hablas de astrología parece que estuvieras hablando en otro idioma».
- «Todo esto es demasiado críptico para mi cerebro».

La cuestión es la siguiente: parece un idioma diferente; sin embargo, no necesitas ser un científico espacial para entenderlo. En cuanto aprendes los principios básicos, puedes navegar fácilmente por el cosmos y conseguir que trabaje *para ti*. Es como consultar un mapa de carreteras para conocer el terreno y las herramientas disponibles. Entonces, los planetas te guiarán para que tomes decisiones valientes y acertadas en el amor, el trabajo y la vida. La astrología es profunda, divertida y práctica.

Todo lo que necesitas es una persona que hable el idioma nativo con fluidez, pero que lo haga eliminando el factor intimidación de la ecuación. Y esa persona soy yo. *Astrología para la vida real* está dirigido a los que se inician en este campo con el deseo de comprender su carta astral y maximizar su potencial sin sentir que está por encima de sus capacidades o que son demasiado tontos (tú no lo eres) para entender cómo funciona. En este libro aprenderás cómo interpretar tu carta astral con confianza y a utilizar la astrología de una forma práctica y proactiva. Esto significa que no hay lugar para las excusas astrológicas (culpar a las estrellas por tus problemas). Todos tenemos la libertad de elegir. Si bien las estrellas muestran el potencial, la decisión siempre está en tus manos. Sin embargo, es más fácil tomar las decisiones correctas cuando eres consciente de lo que hay y sabes cuál es la forma más efectiva de actuar.

He estudiado astrología durante años utilizándome a mí misma como conejillo de Indias. Esto quiere decir analizar cómo funciona la astrología en la práctica, y no solamente en la teoría. Estoy aquí para decirte: la astrología funciona cuando sabes cómo jugar con ella.

Estoy eternamente agradecida a Lollie por haber observado mis mecanismos internos en aquellos lejanos años. Gracias a ella una puerta se abrió para mí y la astrología se convirtió en el trabajo de mi vida. Todavía conservo sus libros antiguos con sus desordenadas notas en los márgenes, envueltos cuidadosamente en una bolsa de plástico para que no se desintegren más. Son una de mis pertenencias más valiosas.

Ahora me toca a mí abrir esa puerta para otras personas interesadas en la astrología que están buscando respuestas, pero se sienten agobiadas por toda la información que circula por ahí. No es tan difícil. Tú puedes hacerlo. (Y cuanto más lo haces, más fácil resulta).

En este libro de ejercicios he recopilado algunas de mis lecciones favoritas. Son las que he utilizado con éxito con mis alumnos a lo largo de los años; además he incluido la información que he compartido en mi blog en la serie *Star School*. Tengo la esperanza de que *Astrología para la vida real* explique la astrología de una forma fácil y divertida. Si hay algo que he aprendido con el paso de los años es que es mucho más fácil comprender lo que no resulta aburrido.

Esto es lo que espero que seas capaz de hacer después de leer este libro:

- Saber a dónde dirigirte (*online*) para hacer tu carta astral, también conocida como carta natal.
- Mirar tu carta astral y detectar de inmediato los símbolos de tres cosas muy importantes —tu signo solar, tu signo lunar y tu signo ascendente— y entender qué significan.
- Comprender todos los principios básicos de la astrología: palabras como *retrógrado, tránsito o sextil*. Conocerás el significado de estas palabras, ¡y ya no te parecerá un idioma extranjero!
- Cuando invites a amigos a cenar podrás hacer la carta astral de cada uno de ellos y una lectura básica de astrología. ¡Y será muy divertido!

- Mirar un libro de efemérides y saber qué es lo que está pasando en el universo ese día, esa semana, ese mes y ese año, para poder planificar tu vida más eficazmente.
- Sentirte empoderado/a, y no inútil. Comprenderás que la astrología muestra un panorama general de lo que está sucediendo: una especie de pronóstico meteorológico. La astrología ofrece información pero ¡tú decides lo que quieres hacer con ella! Siempre tienes la libertad de elegir... y siempre hay un modo de utilizar la información en beneficio propio.
- ¡Te sentirás inspirado/a para seguir aprendiendo! Siempre se puede estudiar algo más. Incluso después de más de treinta años sigo aprendiendo cosas nuevas.

¿Estás preparado/a? ¡Vamos allá!

PRIMERA PARTE

Antes de empezar

Cómo utilizar este libro de ejercicios • Lo que necesitas
• Acabar con algunos mitos

Tu carta astral

Antes de empezar a husmear en el maravilloso mundo de la astrología (y en este libro), vas a necesitar algunas cosas. La más importante es tu carta astral, también conocida como carta natal.

La carta astral es un mapa del cosmos en el momento de tu nacimiento. Esta carta puede determinarse calculando la fecha exacta, la hora y el lugar de tu nacimiento. Gracias a la tecnología moderna ya no tienes que hacerlo a mano. Existen *software* que se ocupan de las matemáticas por ti, de modo que puedes invertir tu tiempo en analizar los detalles. ¡Guau! Créeme, esos cálculos eran una verdadera lata. Así que, ¡demos las gracias al *software* de astrología!

Puedes obtener una copia de tu carta visitando páginas web que ofrecen cartas astrales, como por ejemplo www.astro.com o www.alabe.com/freechart, del siguiente modo:

Para www.astro.com:

1. Desplázate hasta la sección «Cartas ampliadas» (Extended Charts section).
2. Cliquea sobre «Usuarios invitados» (Guest Users) o crea un perfil. Recomiendo crear un perfil porque entonces tendrás la información almacenada y podrás acceder a otras características interesantes que hay en el sitio.
3. Marca la casilla de «Información privada de datos» (Data Privacy Information).
4. Introduce tu información en el cuadro «Incluir fecha de nacimiento» (Birth Date Entry). Por ejemplo:

Nombre: María.
Apellido: Pérez.

Sexo: mujer.

Fecha de nacimiento: 5 de enero de 1986.

Hora: 17:35

País: España.

Localidad de nacimiento: Madrid.

5. Cliquea en «Continuar».
6. Deja las opciones «Tipo de carta» y «Diseño de carta» (Chart Type y Chart Drawing) como están. Estos son los ajustes por defecto para una carta tropical del sistema de casas Placidus, que es el que yo utilizo. Si quieres usar otro sistema de casas (lo explicaré más adelante), puedes mirar las opciones para la sección «Zodíaco y Casas» (Zodiac and Houses).
7. Cliquea sobre el enlace Cliquear aquí (Click here) para ver la carta. ¡*Voilá*! Ya tienes tu carta astral.

Para www.alabe.com/freechart:

1. Introduce toda la información en el cuadro que hay debajo de «Carta astral gratuita» y «Entrada de datos del informe astrológico» (Free Birth Chart & Astrology Report Data Input). Cliquea en «Enviar» (Submit) y ¡BUM!... Ya tienes la carta frente a tus ojos. ¡Internet es mágico!

Si estás absolutamente entusiasmado/a con todo este mundo de la astrología, quizás quieras invertir en *software*. En el momento de escribir este libro, los mejores *software* son Solar Fire para PC y Time Passages para Mac. Estos programas tienen los elementos básicos para crear una carta, todo lo que necesitarás para los tránsitos y mucho más.

Asegúrate de que la información es exacta. Si no conoces exactamente la hora de tu nacimiento, puedes conseguir una copia de tu certificado de nacimiento (no te fíes de tu madre; la mía le dijo a mi hermana que su médico estaba «ocupado almorzando» durante su nacimiento, lo que no fue nada útil... y ni siquiera completamente exacto). Desafortunadamente, no todos los certificados de nacimiento incluyen la hora. En esos casos, tendrás que acertarlo lo mejor que puedas. O puedes trabajar con un astrólogo especializado en «cartas rectificadas», una práctica que implica analizar diferentes acontecimientos de tu vida para determinar tu hora de nacimiento. Este servicio especializado requiere mucho tiempo y habilidad. ¡Ni siquiera voy a intentar abordar ese tema en este libro!

¿Y qué pasa si te equivocas por algunos minutos? En algunos casos unos pocos minutos no implicarán ninguna diferencia. Sin embargo, a veces pueden cambiar una carta de forma radical. Lo mejor es indicar la hora lo más exactamente posible. Si todo falla y no puedes determinar la hora de tu nacimiento, quizás desees elegir una carta de signo solar, lo que significa utilizar la salida del sol como tu hora de nacimiento. Si bien esto no te ofrecerá un Ascendente exacto, y las casas no serán correctas, podrás reunir un montón de información útil. En este caso, deberías enfocarte en los planetas, signos y aspectos. Una vez más, esta carta tal vez no te ofrezca el panorama completo, ¡pero tendrás muchos elementos con los que trabajar durante mucho tiempo!

Será útil que tengas un diario. Es una forma excelente de trabajar con los ejercicios de este libro y apuntar tus propios pensamientos. Cuando anotas las cosas, el cerebro tiene más posibilidades de absorber la información. Aunque al principio esto pueda resultarte un poco agobiante, tomar notas es muy importante en astrología. Llevar un diario será de gran ayuda. No es necesario que sea elegante ni sofisticado. Elige un cuaderno que te resulte atractivo. Incluso puedes considerar pegar una copia de tu carta en el interior de la portada para tenerla a mano.

Evidentemente, el propósito de este libro es que lo utilices como guía. Busca las secciones que hablan de llevar un diario, garabatea en ese diario, realiza los ejercicios (llamados «astrocicios»), añade apuntes de otras fuentes. ¡Todo viene bien! Estar activo es la mejor forma de aprender.

Finalmente, necesitarás una efemérides astronómica, un libro de referencia que te muestra exactamente lo que sucede en el cosmos. Este libro es una herramienta necesaria para los astrólogos, y es esencial para hacer un mapa de los tránsitos. Las horas generalmente se mencionan como GMT, hora del meridiano de Greenwich. Cuando abras tu efemérides por primera vez, quizás te asustes por todos los símbolos y números que contiene. No te agobies; en uno de los próximos capítulos te enseñaré a entender todas esas tablas con aspecto misterioso. Puedes comprar una efemérides en tu librería especializada favorita o a través de Internet. Si lo prefieres, puedes encontrar efemérides digitales en varias páginas web. (Psst... En *Astrología para la vida real* encontrarás muchos libros recomendados que te ayudarán a profundizar en tus estudios, si eso es lo que te apetece. Si encuentras un tema que te llame la atención, entonces puedes comprar una de mis recomendaciones. Mi biblioteca de astrología está llena).

En cuanto tengas todas estas cosas, hazte con unos cuantos bolígrafos porque ya estamos listos para sumergirnos en el tema.

Qué es la astrología… y qué no es

Desde el inicio de los tiempos hemos estado tratando de descubrir nuestro lugar en el cosmos. Hemos lanzado huesos, mirado las llamas, observado los pájaros y elevado nuestros ojos al cielo en busca de respuestas. ¿Qué estamos haciendo aquí? ¿Quiénes somos? ¿De qué va todo esto? Y lo más importante, ¿nuestros destinos están predeterminados, o no?

Adentrémonos en la astrología.

La astrología es el estudio de las estrellas. Es un sistema excelente que, según se cree, fue desarrollado en Egipto muchas lunas atrás y transmitida a los babilonios, a quienes se les reconoce la labor de haber perfeccionado el sistema hasta convertirlo en una herramienta práctica y muy útil. Los babilonios utilizaron la astrología para predecir los patrones climatológicos, atender las tareas estacionales y adivinar el futuro. Dominaban los métodos matemáticos más avanzados, y eran muy hábiles para determinar las posiciones planetarias y los tránsitos. El Zodíaco «nació» alrededor del año 500 a. de C.

A partir de entonces se entremezcló con las creencias griegas y egipcias antes de abrirse finalmente camino hacia el mundo occidental, donde continuó transformándose hasta llegar a ser lo que hoy conocemos como astrología.

La astrología se convirtió en una ciencia respetada, utilizada primero por reyes y generales (el presidente Ronald Reagan fue uno de sus fans), y después por el resto de nosotros, el pueblo llano.

QUÉ ES LA ASTROLOGÍA

La astrología es un sistema que estudia los efectos de los planetas y las estrellas sobre los seres humanos. Los astrólogos examinan la correlación entre las posiciones de los cuerpos celestes y sus relaciones con los eventos que tienen lugar en la Tierra. Creen que al estudiar los patrones y las posiciones de los planetas en el momento del nacimiento de una persona, podemos tener una idea de su carácter y potencial.

QUÉ PUEDE HACER LA ASTROLOGÍA

La astrología no solamente te permite conocer tu personalidad y tus posibilidades de éxito (o de afrontar dificultades), también te ayuda a organizar eventos, analizar la compatibilidad con tu pareja y tomar decisiones conscientes.

QUÉ NO ES LA ASTROLOGÍA

La astrología no es un sistema infalible que puede señalar cada detalle de tu vida con coordenadas claras como el cristal. Si bien puede ser una herramienta sorprendentemente exacta, hay muchas formas de analizar una carta. Y esto significa que la interpretación puede ser diferente dependiendo del astrólogo que la haga. Y ni siquiera el astrólogo más cualificado es capaz de verlo todo. No sería realista esperar lo contrario. No existe nada ni nadie que tenga ese poder.

La astrología ofrece una idea general de la energía que está operando, pero siempre hay espacio para la interpretación... y el error. De modo que solo porque tu carta astrológica diga que esa nueva pareja que hay en tu vida será un amante apasionado que te hará temblar desde el chakra coronario hasta las plantas de los pies, no debes dar por sentado que realmente lo será.

La astrología no es ninguna garantía («¡Mi carta indica que seré rico!»). Una carta complicada no significa que estás condenado a ser un borracho que vivirá debajo de un puente, y una carta con excelentes aspectos y posiciones planetarias tampoco indica que estás destinado a tener una estrella con tu nombre en el paseo de la fama de Hollywood. Porque para que la vida vaya bien, es necesario que trabajes para conseguirlo.

Esto significa que no existen cartas buenas ni cartas malas. La astrología muestra únicamente el potencial. Eres tú quien debe aprovechar tus puntos fuertes y trabajar para resolver tus puntos débiles.

La astrología es una herramienta de empoderamiento para todos aquellos que están deseando analizarse críticamente y realizar el trabajo necesario para vivir mejor. Tu vida se torna mágica cuando la astrología se utiliza de ese modo.

PERO ¿ES «REAL» LA ASTROLOGÍA?
(EXPLICANDO LA ASTROLOGÍA A ESCÉPTICOS Y CÍNICOS)

Seguramente habrás conocido a muchas personas que ponen los ojos en blanco cuando se habla de astrología.

> **¿Astrología? Venga, ¿se supone que debo creer** (mirando vagamente hacia el cielo) **que los «planetas», las «lunas» y las «estrellas»** (comillas sarcásticas) **tienen influencia en mi vida? Hay que ser realista. Eso es una locura.**

Sin embargo, no es ninguna «locura». Piensa en ello. La Luna, el Sol, las demás estrellas y los planetas tienen un impacto en nuestras vidas de muchas maneras. ¡Esto ha sido estudiado y confirmado por científicos de las mejores universidades! Si conoces a un escéptico, aquí hay tres ejemplos que puedes compartir con él.

1. LA LUNA Y LAS MAREAS DEL OCÉANO

La fuerza gravitacional de la Luna causa que el océano tenga marea alta y marea baja. Piensa en ello. La Luna es tan poderosa que literalmente empuja al océano hacia delante y hacia atrás.

Si la Luna es tan poderosa que tiene influencia sobre los océanos, ¿es realmente tan descabellado pensar que podría tener influencia también sobre los diminutos seres humanos que somos? Después de todo, nuestros pequeños cuerpos están llenos de agua, sodio y diversos minerales, igual que el océano. Con toda seguridad, ¡también nosotros recibimos la influencia de la Luna de alguna manera!

2. JÚPITER, VENUS Y EL CLIMA DE LA TIERRA

Investigadores de la Universidad de Columbia confirman que los tirones gravitacionales de Júpiter y Venus tienen un impacto sobre nuestro clima en la Tierra.

USA Today publicó: «Los científicos pueden ahora vincular de una forma muy precisa los cambios climáticos, el medioambiente, los dinosaurios, los mamíferos y los fósiles de todo el mundo con este ciclo de 405.000 años», afirma Dennis Kent, experto en paleomagnetismo de Columbia. ¡Guau! He aquí una prueba de que otros planetas ejercen influencia en la vida que hay en la Tierra.

(Ver:https://www.usatoday.com/story/news/2018/05/07/climate-changes-orbits-jupiter-and-venus-affect-earths-climate/587280002/).

3. EL SOL, LAS ESTACIONES Y LA SALUD MENTAL

Las diferentes estaciones –primavera, verano, otoño e invierno– se producen por la inclinación del eje rotacional de la Tierra en relación con el Sol.

En invierno, cuando está oscuro, muchas personas sufren el síndrome conocido como trastorno afectivo estacional, y experimentan apatía, cansancio, ansiedad y depresión.

Esta es una manifestación evidente de la influencia de un cuerpo celeste (en este caso, el Sol) en los sentimientos y conductas de los seres humanos.

Puedes compartir esos tres ejemplos con un amigo escéptico. Con un poco de suerte, empezará a ver que realmente no es «una tontería» ni «una locura» pensar que la Luna, el Sol, las demás estrellas y los planetas tienen influencia en nuestras vidas. Porque... ¡sabemos que la tienen!

Cuando estudias astrología, estás estudiando las formas sutiles y emocionales en que la Luna, el Sol, las demás estrellas y los planetas tienen un impacto sobre nosotros, un impacto sobre lo que sentimos, sobre nuestra conducta y sobre los desafíos y oportunidades que surgen en diferentes momentos de la vida.

De cualquier modo, tu amigo puede seguir siendo totalmente escéptico, ¡y no pasa nada! Todos tenemos derecho a pensar lo que queramos, y tú no tienes que intentar persuadir o convencer a nadie para que vea el mundo de la misma forma que tú lo ves.

Sin embargo, si el ordenador de tu amigo escéptico se estropea en el próximo Mercurio retrógrado y pierde la tesis doctoral de ochenta mil palabras en la que ha estado trabajando durante los últimos tres años, puedes limitarte a encogerte de hombros y decirle: «Te lo advertí».

LIBRE ALBEDRÍO FRENTE A DESTINO

Algunas corrientes de pensamiento sostienen que todo está predeterminado. Otras afirman que nosotros creamos el futuro. En ambas explicaciones hay algo de verdad.

Esto es lo que yo pienso sobre este tema.

Algunas cosas dependen del destino. Por ejemplo, un niño que ha nacido con la capacidad de pintar como Picasso a la edad de cuatro años es un prodigio. Este no es un comportamiento aprendido, es una habilidad innata que no tiene explicación. El niño posee ese talento, y al cultivarlo desarrolla un gran potencial para alcanzar el éxito.

Nuestro libre albedrío determina el resultado. Supongamos que ese mismo niño prodigio desarrolla su talento durante un tiempo con gran reconocimiento, pero un día decide que quiere ser fontanero. Abandona la pintura y se apunta a un curso de formación profesional. El camino al que parecía estar destinado ha cambiado porque él ha elegido una opción diferente.

A pesar de tener libre albedrío, no llegamos a asumir que lo tenemos. O no lo utilizamos. Es por este motivo por lo que la adivinación del futuro y la astrología predictiva parecen funcionar. Supongamos que te leen el porvenir, te sientes como una galleta de avena que se desintegra, y luego te sientas a esperar que llegue un forastero alto y guapo con un montón de regalos o, por el contrario, que suceda alguna calamidad. Esa mentalidad se enfrenta a la vida con la actitud de esperar que las cosas sucedan, y de ese modo la vida se torna pasiva.

Un enfoque mejor es ser proactivo, lo que significa estudiar tu carta e interpretar lo que puede suceder en el futuro, y luego tomar decisiones inteligentes basadas en esa información. (¡La responsabilidad personal sienta muy bien!). Si tratas a la astrología como si tú fueras el jefe, te funcionará a la perfección.

Voy a ilustrar lo que acabo de decir. Yo tengo una carta horrible en la mayoría de los sentidos. Con la Luna en Escorpio y una mezcla completa de planetas mutables en una complicada cuadratura en T, no es de extrañar que los astrólogos hagan una mueca cuando echan una ojeada a mi carta. En cualquier caso, de acuerdo con el cielo yo debería pasarlo muy mal. Sin embargo, no es eso lo que ha sucedido. Evidentemente, he tenido algún que otro pequeño drama, pero en general estoy felizmente casada, tengo dos hijos maravillosos y una carrera exitosa. ¡Mi vida fluye!

¿Por qué? Porque sabía en qué momentos la fortuna me sonreiría y cuándo tendría que trabajar. A lo largo del camino asumí mi responsabilidad y tomé decisiones conscientes que me permitieron crear una vida que adoro. Utilizar la astrología como una guía y no como una Biblia. ¡Esa es mi salsa secreta!

Otro ejemplo: no hace mucho tiempo, Saturno estaba atravesando mi segunda casa, que corresponde al dinero. Un astrólogo me dijo: «Oh, al parecer tu negocio va a quebrar».

Me reí y le contesté: «Es que así es como yo me muevo». Yo sabía que Saturno puede ser muy potente, pero si te acercas a él con atención y tienes un plan de acción, puedes trabajar con él formando un equipo ideal. Con esta mentalidad, organicé una nueva economía y me planteé un gran objetivo: saldar mi hipoteca quince años antes del plazo.

En cuanto concebí este plan, actué como un banquero durante la Gran Depresión. Contaba cada centavo, archivaba los vales, buscaba nuevos negocios, y todo eso me permitió liquidar mensualmente una cuota más alta. Cuando el tránsito concluyó, me faltaba solamente un año para cumplir ese gran objetivo que me había planteado. Ah, y además había saldado todas mis deudas.

Esa es la forma de sacar provecho del cosmos.

En cuanto avances en la lectura de este libro comenzarás a funcionar de ese modo. Consciente. Responsable. Preparado para recibir el éxito. ¿Suena bien? ¡Pues vamos a hacer que la magia se produzca!

Tomar notas en el diario

¿Qué es lo que piensas sobre el libre albedrío y el destino? ¿Cuándo sentiste que te estabas dejando llevar por la vida? ¿Puedes recordar una época en la que tus decisiones cambiaron por completo tu vida?

SEGUNDA PARTE

Principios básicos

En esta sección, abordamos todos los conceptos básicos.
Asentarás los cimientos fundamentales para comprender
y hablar la jerga astrológica con plena seguridad.

Mí hablar astrología algún día (familiarízate con la jerga)

Hubo un tiempo en que mi marido y yo estábamos sumergidos en una «guerra inteligente». Los dos estamos gobernados por Mercurio, de modo que es totalmente natural que esta sea la forma en que nos entretenemos. De cualquier modo, mientras él estaba hablando sobre física o alguna otra cosa parecida, yo me harté de su discurso científico y saqué mi efemérides. Empecé a recitar cálculos y palabras sofisticadas, como por ejemplo, *quincuncio* y *ascendente*. A él, todo eso le sonaba a chino. Y aunque lo que hice no consiguió acabar con nuestras guerras inteligentes, lo mantuvo callado durante un tiempo.

Cuando empiezas a estudiar astrología, las palabras que se utilizan parecen un idioma extraño y arcano que a mí me gusta denominar «farfulleo astrológico». Para los adictos como yo, es una forma de parecer un genio. Pero realmente no es tan complicado.

Una vez que aprendes algo del vocabulario básico, ya eres una especie de sabelotodo. O, al menos, puedes comenzar a balbucear alguno de estos términos la próxima vez que un erudito intente intimidarte desde su torre de marfil. «Sí, vale, esa información sobre las antiguas civilizaciones y el espacio parece interesante, pero ¿sabías que ahora mismo los planetas están formando un ángulo geométrico llamado inconjunto[*] que va a crear un caos en el cosmos?».

¿A que te sientes genial?

A continuación cito algunas palabras para apuntar:

Ascendente: el término *ascendente* se refiere al signo y grado del Zodíaco que estaba en ascenso durante la hora de tu nacimiento. Es tu imagen pública, o la cara que muestras al mundo.

---

[*] N. de la T.: Un aspecto en quincuncio o inconjunto muestra una difícil pero útil relación entre dos planetas.

Aspectos: son los ángulos geométricos formados entre planetas y los ángulos de las casas. Los aspectos muestran si los planetas están cooperando... o no. Así es como puedes determinar si afrontarás problemas o si el camino será fácil.

Astrología: la astrología es el estudio de los movimientos de los cuerpos celestes y la creencia de que afectan a nuestra vida aquí en el planeta Tierra.

Carta astral: también llamada carta natal, es un mapa de la posición de los planetas en el cielo en el momento de tu nacimiento. Es tu propio y singular modelo.

Casa o signo interceptados: en determinados sistemas de casas, una casa podría ser mayor de 30°. Y en ese caso puedes tener dos signos en esa casa, en vez de tener solamente uno. Por ejemplo, si tu décima casa empieza en Aries pero también tienes 30° de Tauro en ella, Géminis estará en la cúspide de la undécima casa. Tauro se consideraría interceptado y cualquier planeta en Tauro también lo estaría. La intercepción puede mostrar energía oculta o no expresada. Es esa parte de ti que opera por debajo de la superficie, ¡como un agente secreto!

Casas: cada carta se divide en doce partes, como una tarta. Cada «porción» se denomina «casa». Y cada «casa» de la rueda astrológica representa una faceta diferente de nuestra vida. Cada casa es igual en términos de tiempo y espacio: 30° cada una, una doceava parte de un círculo de 360°.

Cúspide: la línea que divide los signos o las casas consecutivos. Ten en cuenta que si estás justo en el borde en el cual cambian los signos, no has nacido realmente en la cúspide. Eres de un signo o bien del otro.

Descendente: es opuesto al ascendente y se ubica en la cúspide de la séptima casa. El Descendente muestra tu forma de relacionarte con los demás.

Dignidades: es un sistema que evalúa la fuerza o debilidad de un planeta basándose en el signo o grado. Hay cuatro dignidades para tener en consideración: dominancia, exaltación, detrimento y caída.

Efemérides: es un diario o libro que muestra las posiciones de los planetas en un momento determinado. Parece una especie de código de espías, pero en un próximo capítulo voy a dividirla en secciones.

Hemisferios: son las divisiones de la carta astrológica.

Horóscopo: el horóscopo muestra lo que está sucediendo en las estrellas en el momento de un evento específico, como puede ser tu nacimiento. Es muy probable que estés familiarizado con los horóscopos a través de los periódicos o revistas.

Inum Coeli: también llamado Nadir, es el punto inferior de la carta astrológica, opuesto al Medio Cielo. Muestra tus raíces, o el sitio del que procedes.

Medio Cielo: también conocido como *Medium Coeli*, es el punto más alto de la rueda zodiacal. Representa tus aspiraciones y hacia dónde te diriges.

Nodos: los nodos lunares indican karma y destino. Los nodos no son planetas reales sino cálculos matemáticos.

Orbe: es el número de grados que hay entre dos planetas.

Parte de la Fortuna: es uno de los puntos arábigos, un cálculo que muestra en qué eres afortunado. Parece una pequeña aspirina en una carta.

Recepción mutua: si tienes un planeta en el signo de otro, y viceversa, tienes una recepción mutua. Por ejemplo si tu Mercurio está en Sagitario y tu Júpiter está en Géminis, hay una recepción mutua. En este caso, ambos planetas se apoyan mutuamente.

Stellium: un grupo de cuatro o más planetas que se encuentran en un solo signo. Los *stelliums* muestran la energía concentrada. Por ejemplo, digamos que tu Sol, Mercurio, Venus y Júpiter están todos en Escorpio en tu quinta casa. Esto mostraría que eres ardiente e intenso en tu vida amorosa.

Tránsitos: los tránsitos se refieren al movimiento de los planetas en el cielo. Por ejemplo, si alguien dice que Venus está en tránsito hacia tu tercera casa, esto significa que Venus se aloja actualmente allí.

Zodíaco: el Zodíaco es el viaje anual del Sol a través del cielo, y está dividido en doce signos.

Bien. Esto ya es demasiada información para asimilar. Prometo no hacer ningún examen sorpresa. Simplemente te sugiero que vuelvas a esta sección superútil en cualquier momento que tengas dudas sobre el vocabulario astrológico. Te aseguro que antes o después lo aprenderás.

Los diferentes tipos de astrología (sí, hay más de una)

La mayoría de las personas que vivimos en el mundo occidental estamos probablemente familiarizadas con la astrología occidental o tropical. No pretendo atentar contra tu «farfulleo astrológico», pero hay más de un tipo para elegir.

Las dos escuelas principales son:

- **Tropical** (astrología occidental): se basa en la posición del equinoccio de primavera del hemisferio norte. Las estaciones son la medida de tiempo. Hay doce signos que tienen 30° cada uno. La mayoría de los occidentales utilizamos este sistema.
- **Sideral** (astrología oriental): define los signos basándose en las estrellas fijas. Consta de doce signos con 30° cada uno, igual que la astrología tropical. La astrología sideral, que algunos consideran más exacta para hacer predicciones, es la astrología que utilizan los astrónomos.

Los dos sistemas son válidos. Te recomiendo que estudies ambos, para averiguar cuál de ellos es más efectivo para ti.

En *Astrología para la vida real* trabajamos con la astrología tropical. Aunque he estudiado un poco la astrología sideral, he descubierto que la tropical es más efectiva para mí. A través de tus estudios quizás descubras cuál prefieres. (O tal vez quieras usar las dos).

¿Por qué necesitas conocer la diferencia? Para saber con cuál de ellas estás trabajando, eso es todo. Una vez más, te recomiendo estudiar las dos escuelas y luego escoger la que más te guste.

Vale la pena mencionar también que la astrología china es otro sistema astrológico basado en animales. Probablemente hayas visto los símbolos en los manteles individuales del restaurante chino al que sueles ir a cenar. Acaso no sepas que en este sistema hay muchas más cosas para aprender que simplemente saber si has nacido en el año de la rata o de la serpiente. Este sistema es realmente bastante complejo e incluye cartas de días y signos ascendentes. Si sientes curiosidad, puedes consultar con un astrólogo especializado en este método. Yo he descubierto que es misterioso y sorprendente, ¡y un complemento muy útil para mi juego de herramientas místicas!

Si escarbas un poco, también puedes descubrir otras ramas de la astrología, como la astrología esotérica (la evolución del alma), *Jyotish* o astrología védica, astrología horaria, astrología situacional y otras más. Todas son interesantes, pero sin lugar a dudas las que más se utilizan en estos días son la astrología tropical y la sideral. Comienza por ellas, y observa si son efectivas. Luego, si te atrae la idea de probar algo diferente, puedes mojar tus dedos en otras aguas astrológicas. Y quién sabe, quizás incluso puedes ser la persona que descubra una nueva tendencia. ¡Eso sería muy acuariano!

· ·

Lectura recomendada

An Introduction to Western Sidereal Astrology [Una introducción a la astrología sideral occidental], de Kenneth Bowser y Kris Brandt Riske.

Elemental, mi querido Watson

Antes de empezar a mirar los signos, vamos a organizar los principios fundamentales y a sentar las bases. Esta información te ayudará a entender las características de cada uno de los signos zodiacales. Considera esta sección como una forma de llegar hasta los elementos básicos.

Cada signo del Zodíaco se clasifica por un elemento, una cualidad (llamada también modalidad) y una polaridad. Piensa en estos componentes como si fueran los ingredientes de una receta. Cuando te familiarizas con ellos, sabes por qué cada signo tiene su propio y único sabor.

Por ejemplo, las personas nacidas en signos de tierra tienden a ser muy sensatas. Pero cada signo de tierra tiene una cualidad diferente, lo que significa que la energía de la tierra se expresa de distinto modo en un Tauro que en un Virgo. Tauro es un signo de tierra, pero además tiene una cualidad fija. Por eso la energía de Tauro es obstinada, mientras que Virgo es más flexible porque es un signo mutable que se adapta bien a los cambios. No obstante, los Virgo son prácticos en relación con los cambios, a diferencia de sus homólogos de Géminis, que también es un signo mutable pero de aire.

¿Lo has entendido? Cuando comienzas a comprender los componentes llegas a darte cuenta de que no es tan difícil como parecía.

LOS ELEMENTOS

Hay cuatro elementos en la naturaleza que nos ayudan a comprender cómo funciona el Zodíaco. Cada grupo de elementos se expresa de forma diferente.

Signos de fuego: Aries, Leo, Sagitario

Los signos de fuego son enérgicos, confiados y apasionados. Son valientes y dinámicos, y no tienen miedo de tomar el mando. Espontáneos e impulsivos, pero deben tener cuidado de no agotarse por un exceso de acción. Pueden ser muy rápidos a la hora de iniciar algo, pero no demasiado apasionados para terminar el trabajo.

Signos de tierra: Tauro, Virgo, Capricornio

Los signos de tierra son fiables, confiados y sensatos. La descripción de «cable a tierra» se ajusta muy bien a estos fuertes individuos. Tienen una gran capacidad de resiliencia, pero prefieren moverse lentamente. Los signos de tierra se ocupan de lo práctico, pero eso no significa que sean aburridos. Son muy leales, y puedes contar siempre con ellos cuando las cosas se ponen feas.

Signos de aire: Géminis, Libra, Acuario

A los signos de aire les gusta estar en marcha. Son ingeniosos e intelectuales, y todo lo procesan a través de la mente. Son comunicadores natos, y se mueven en el reino de los pensamientos e ideas. Pueden parecer vacilantes o superficiales, pero una cosa es segura: mantienen a todo el mundo en ascuas. Allá donde sopla el viento, allí van ellos.

Signos de agua: Cáncer, Escorpio, Piscis

Los signos de agua son emotivos y sensibles. Profundamente empáticos, pueden percibir lo que les pasa a los demás. Tienen una imaginación activa y pueden ser intuitivos. Sin embargo, necesitan contener sus emociones. En ocasiones sus sentimientos les superan, y cuando eso ocurre, prepárate para el *drama*.

LAS CUALIDADES

A cada cualidad (o cuadruplicidad) le corresponden cuatro signos y determina cómo estos actúan y se adaptan.

Signos cardinales: Aries, Cáncer, Libra, Capricornio

Cada estación comienza con un signo cardinal. Aries inicia la primavera, Cáncer da comienzo al verano, Libra activa el otoño y Capricornio anuncia la llegada del invierno. Esto te da una pista de su personalidad: a estos signos les gusta iniciar cosas. Tienen habilidades naturales para el liderazgo y disfrutan asumiendo el mando. Puedes verlos tomar la delantera y marcar tendencias. Estos pensadores originales son fantásticos a la hora de mantener el balón en movimiento, pero pueden perder impulso cuando surge algún contratiempo.

Signos fijos: Tauro, Leo, Escorpio, Acuario

Estos signos jamás se rinden. Tienen una resistencia tremenda y harán todo lo que sea necesario para alcanzar sus objetivos. La perseverancia es su salsa secreta: si quieres hacer algo, no encontrarás mejores compañeros. A diferencia de los signos cardinales, los signos fijos no tienen prisa por llegar a la meta. Independientemente de lo que tarden, se mantienen en la pista. Su lado negativo es que pueden ser poco razonables, tercos y rígidos. Una vez que tienen una idea en su cabeza, no hay forma de apartarlos de ella. Son de ideas fijas.

Signos mutables: Géminis, Virgo, Sagitario, Piscis

Los signos mutables adoran los cambios. Se adaptan muy bien a ellos, y siempre están preparados para una nueva aventura. Se aburren con facilidad, de manera que necesitan estimulación intelectual. Tienen agilidad mental y pueden ser ingeniosos. Cuando la vida se pone difícil, su flexibilidad los ayuda. Son capaces de adaptarse a las circunstancias tan fácilmente como los camaleones. El único problema es que pueden tener dificultades para descubrir quiénes son, o pueden ser individuos nerviosos, incapaces de permanecer quietos.

POLARIDAD

Cada signo se divide también en signos masculinos (positivo/yang) y femeninos (negativo/yin). Esto es sencillo: los signos masculinos son todos los de fuego y aire, y los signos de tierra y de agua pertenecen a la cualidad femenina.

¿Qué significa esto? Los signos masculinos tienden a ser más asertivos y positivos; los femeninos son receptivos y pasivos. Sin embargo, no debes subestimar los signos femeninos. ¡Cuando llega el momento adecuado son capaces de pasar rápidamente a la acción! Pero lo cierto es que prefieren relajarse y, no obstante, llamar la atención. Mira la carta de la página siguiente y verás los patrones emergentes.

. . . .

Astrocicio

Apunta en la siguiente tabla los elementos, cualidades y polaridades de cada signo.

SIGNO	ELEMENTO	CUALIDAD	POLARIDAD
Aries			
Tauro			
Géminis			
Cáncer			
Leo			
Virgo			
Libra			
Escorpio			
Sagitario			
Capricornio			
Acuario			
Piscis			

Ejercicio: tomar notas en el diario

Dedica un minuto a pensar en tu signo solar. Al considerar el elemento, la cualidad y la polaridad, ¿cómo crees que podrían influir en tu interpretación de tu signo? ¿En qué se diferencia o en qué coincide esta interpretación con lo que has leído acerca de tu signo?

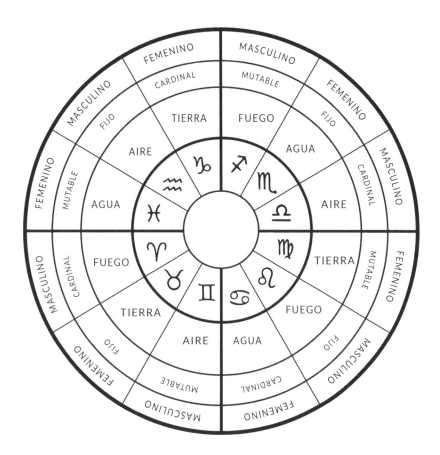

Signos

♈ Aries	♋ Cáncer	♎ Libra	♑ Capricornio
♉ Tauro	♌ Leo	♏ Escorpio	♒ Acuario
♊ Géminis	♍ Virgo	♐ Sagitario	♓ Piscis

Dualidad	Triplicidad		Cuadruplicidad
Masculina	Fuego	Aire	Cardinal
Femenina	Tierra	Agua	Fijo
			Mutable

Características de los signos zodiacales

Probablemente hayas visto los signos del Zodíaco de una u otra forma en una página web, en un libro o quizás en un fabuloso colgante que compraste en una de esas tiendas de bisutería del centro comercial. Lo más probable es que conozcas tu signo solar, y tal vez leas los horóscopos diarios de vez en cuando. En ese caso, puede que estés pensando: «¡Guau, eso me describe muy bien! ¡Soy un toro obstinado como los Tauro!». O por el contrario: «Yo no soy así... No soy muy ostentoso, no tengo nada que ver con los Leo».

Pero tengo una exclusiva: eres mucho más que tu signo solar. Tu carta astral es mucho más compleja. Cuando naces, el resto de los planetas principales, junto con una parte de los asteroides, están situados en diferentes signos zodiacales. Por lo tanto, eres una combinación de muchas características astrológicas. Por ejemplo, si eres un Géminis con la Luna en Escorpio, no eres el típico gemelo veleidoso y superficial. Por el contrario, tienes un gran talento intelectual, pero emocionalmente eres intenso, como un martillo neumático.

¿Estamos de acuerdo en esto?

Fantástico, vamos a avanzar un poco más en la información básica del Zodíaco. Necesitas conocer ese material que hay dentro y fuera de ti. Una comprensión básica de cómo se mueven los signos del Zodíaco te permitirá conocer todo lo que necesitas saber sobre la forma en que operan los planetas en esos signos.

Sin embargo, en primer lugar tenemos que resumir los elementos y cualidades.

ELEMENTOS (TAMBIÉN CONOCIDOS COMO TRIPLICIDADES)

Hay cuatro elementos, y cada signo está gobernado por uno de ellos. Lo que le otorga unos determinados rasgos de personalidad.

- **Fuego:** fogoso, apasionado, entusiasta, intenso.
- **Tierra:** sensato, práctico, fiable, objetivo.
- **Aire:** intelectual, rápido, analítico, comunicativo.
- **Agua:** sensible, intuitivo, emotivo, empático.

CUALIDADES (TAMBIÉN CONOCIDAS COMO CUADRUPLICIDADES)

Tres cualidades añaden otra dimensión a las características de los signos:

- **Cardinal:** orientado a la acción, inclinado a tomar el mando, le gusta iniciar actividades.
- **Fija:** obstinado, prefiere construir sobre estructuras ya establecidas, le agrada la estabilidad y el orden.
- **Mutable:** adaptable, le gusta el cambio, capaz de cambiar de planes en un instante.

Puede parecer difícil recordar toda esta información cuando empiezas a conocer los doce signos del Zodíaco, pero afortunadamente algún alma sabia la ha ordenado muy bien. (Creo secretamente que fue un Virgo el que creó todo este sistema... ¡porque está perfectamente organizado!).

Ejemplos:
- Aries es un signo de fuego y cardinal.
- Tauro es un signo de tierra y fijo.
- Géminis es un signo de aire y mutable.
- Cáncer es un signo de agua y cardinal
  (observa que hemos repetido cardinal).
- Leo es un signo de fuego y fijo
  (observa que empezamos a repetir también los elementos... ¡es un patrón!).
- Y así sucesivamente.

Detente a pensar de qué manera estas combinaciones pueden ejercer influencia sobre la personalidad del signo:

- Aries sería fogoso, apasionado (signo de fuego) y un líder nato (cardinal).
- Tauro sería realista (signo de tierra) y obstinado (fijo).
- Géminis sería intelectual (signo de aire) y adaptable (mutable).
- Cáncer sería emocional (signo de agua) y con inclinación a asumir el mando (cardinal).

Genial, ¿verdad?

Además ten en cuenta que cada signo tiene un componente positivo y otro negativo, o lo que solemos llamar «alta vibración» o «baja vibración». Saber esto puede mostrarte las diversas formas en que la energía del sistema puede manifestarse. ¿Por qué necesitamos esta información? Porque cuando en las próximas lecciones veamos cómo están aspectados los planetas (para bien o para mal), podrás hacerte una idea de cómo un signo positivo puede evolucionar de forma negativa.

Por otra parte, recuerda que *tienes la opción* de manifestar en tu vida los aspectos negativos o positivos que hay en tu carta. (Yo no creo en las cartas «malas»; creo que hay tendencias, y que nosotros tenemos la libertad de elegir cómo queremos presentarnos al mundo).

Aries

Elemento: fuego.

Cualidad: cardinal.

Alta vibración: fogoso, intenso, apasionado, sensual, asume el mando, valiente, original, atrevido, audaz.

Baja vibración: egoísta, impulsivo, impaciente, temperamental, mandón, exaltado, imprudente.

Tauro

Elemento: tierra.

Cualidad: fijo.

Alta vibración: fiable, gentil, paciente, perseverante, decidido, metódico, sensual, artístico, ama la belleza.

Baja vibración: obstinado, materialista, avaro, poco razonable, perezoso, lento, dogmático, codicioso, inflexible, resistente a los cambios.

Géminis

Elemento: aire.

Cualidad: mutable.

Alta vibración: ingenioso, inteligente, intelectual, divertido, adaptable, curioso, le gusta aprender, versátil, espíritu libre, curioso.

Baja vibración: excéntrico, inmaduro, falta de empatía, superficial, tiene dos caras, crítico, chismoso, de humor variable, sarcástico, no fiable.

Cáncer

Elemento: agua.

Cualidad: cardinal.

Alta vibración: sensible, maternal/paternal, cuidadoso, leal, intuitivo, amable, expresivo, sentimental, busca seguridad.

Baja vibración: dependiente, rencoroso, controlador, agobiante, estado anímico variable, aprensivo, taciturno, susceptible.

Leo

Elemento: fuego.

Cualidad: fijo.

Alta vibración: histriónico, atrevido, glamuroso, le encanta estar al mando, exuberante, apasionado, majestuoso, generoso, gran corazón, afectuoso, leal.

Baja vibración: muy dramático, egoísta, susceptible a la adulación,ególatra, autoritario, vanidoso, poco razonable, exigente, arrogante.

Virgo

Elemento: tierra.

Cualidad: mutable.

Alta vibración: perfeccionista, inclinación al servicio, preocupado por los detalles, intelectual, lógico, aplicado, interesado en su desarrollo personal, analítico, casto, ordenado, trabajador.

Baja vibración: meticuloso, tenso, nunca está satisfecho, susceptible, crítico, frío, aburrido.

Libra

Elemento: aire.

Cualidad: cardinal.

Alta vibración: encantador, busca el equilibrio y la armonía, justo, elegante, ama la belleza, colaborador, le interesan los equipos de trabajo y las relaciones afectivas, inteligente, diplomático, idealista, temperamento apacible.

Baja vibración: superficial, incapaz de tomar decisiones, conductas pasivo-agresivas, antepone las relaciones a sus propias necesidades, dependiente, frívolo, busca la aprobación de los demás, vanidoso, evita los conflictos a toda costa.

Escorpio

Elemento: agua.

Cualidad: fijo.

Alta vibración: intenso, profundo, misterioso, psíquico, sexualidad fogosa, fuerte, magnético, emocional, persigue sus propósitos, tiene una mente penetrante, astuto.

Baja vibración: vengativo, controlador, intrigante, cambios de humor, intenciones ocultas, obsesivo, rencoroso, pervertido, hambre de poder.

Sagitario

Elemento: fuego.

Cualidad: mutable.

Alta vibración: sincero, abierto, cándido, optimista, afortunado, pasión por los viajes, buscador, entusiasta, filosófico, jovial, busca la libertad, divertido.

Baja vibración: carece de tacto, torpe, fobia al compromiso, veleidoso, temerario, voluble, frívolo, rebelde.

Capricornio

Elemento: tierra.

Cualidad: cardinal.

Alta vibración: trabajador, disciplinado, serio, fiable, firme, resuelto, capacidad para ocupar puestos directivos, decidido, paciente, diligente, ingenioso, precavido, busca la seguridad, leal.

Baja vibración: utiliza a los demás en su propio beneficio, obsesionado por el estatus, materialista, arribista, competitivo, orgulloso, controlador, tacaño, distante, sombrío.

Acuario

Elemento: aire.

Cualidad: fijo.

Alta vibración: intelectual, excéntrico, visionario, lógico, amistoso, heterodoxo, honesto, racional, objetivo, curioso, idealista, creativo.

Baja vibración: carece de empatía, obstinado, distante, independiente, fobia a los compromisos, rebelde, le gusta discutir.

Piscis

Elemento: agua.

Cualidad: mutable.

Alta vibración: emotivo, sensible, soñador, creativo, intuitivo, compasivo, etéreo, adaptable, le gusta el cambio, capaz de hacer grandes sacrificios, poético, consciente, visionario, generoso, desinteresado, tierno.

Baja vibración: evasivo, poco práctico, tendencias adictivas, exageradamente emotivo, perezoso, no fiable, extravagante, depresivo, poco realista, obstinado, impredecible, es su propio peor enemigo.

Nota: Estas son descripciones básicas. No quiero agobiarte. Solamente son algunas palabras clave para favorecer que fluya tu vena astrológica.

Además, no interpretes negativamente la información referente a la baja vibración. Recuerda que son solo tendencias, y nada más. No todos los Escorpio que conozco son sexuales, malignos y vengativos (¡aunque he conocido algunos que sí lo son!). Y también he conocido algunos Géminis tontos. Hay muchos factores en juego que van más allá de los aspectos atribuidos al signo solar, y nunca olvides que *puedes* elegir. Creo fervientemente en ello. Nunca tienes que privilegiar lo negativo sobre todo lo demás. Encuentra tus puntos fuertes y trabaja con ellos. Intenta detectar los aspectos que no son tan agradables para mantenerlos en buena sintonía. Haz un análisis astrológico de ti mismo antes de sentirte hundido.

· ·

Astrocicio

Una vez más, vamos a comenzar centrándonos en tu signo solar. Rellena los espacios en blanco:

Mi signo solar es _____.
Cuando actúo en alta vibración, esta se manifiesta de la siguiente manera: ___
_____.
_____.

Cuando funciono en baja vibración, esta se manifiesta de la siguiente manera:
_____
_____.

Los planetas

¿*H*as conocido a dos Virgos y piensas que son totalmente diferentes? O tal vez conozcas a un Piscis que no parece ajustarse al perfil estándar de «artista sensible». Eso se debe a que somos mucho más que nuestro signo solar. De hecho, en el momento de nuestro nacimiento todos los planetas del sistema solar se alinean en diferentes signos zodiacales, creando un diseño único para cada persona.

Los planetas representan diversas facetas de nuestra personalidad o vida. Cada uno está conectado con una función distinta y, según en qué signo se encuentre, el planeta puede desplazarse fácilmente, o no.

Hay tres grupos diferentes de planetas: los personales, los sociales y los exteriores.

- Los **planetas personales** se mueven rápidamente por el cielo, y se cree que tienen influencia sobre nuestra personalidad y también sobre la forma en que interactuamos con otras personas. Los planetas de este grupo incluyen el Sol, la Luna, Mercurio, Venus y Marte. (Nota: El Sol y la Luna se denominan también «luminarias» porque son fuentes de luz, y nunca están retrógrados. Pronto nos ocuparemos de los retrógrados).
- Los **planetas sociales** simbolizan la forma en que actúas en el mundo que te rodea, además de los aspectos sociales de tu vida. Júpiter y Saturno forman parte de este grupo. Estos dos planetas atraviesan el cosmos con un ritmo más lento, de manera que su impacto tiene mayor influencia que los planetas personales. Júpiter permanece en un signo zodiacal durante alrededor de un año, y Saturno aproximadamente tres.
- Los **planetas exteriores**, o *planetas colectivos*, son los pesos pesados del cosmos, y su movimiento es más lento. Representan

lo que está sucediendo en el mundo o en la sociedad. Estos cuerpos celestes permanecen en un signo durante siete años o más. Esto significa que tienen mucho tiempo para cumplir con su función. Por lo tanto, su influencia es más generacional que personal (pero el sitio en el cual se ubican en tu carta astral y la manera en que interactúan con otros planetas son esenciales para ti. Más adelante hablaremos de este tema). A este grupo pertenecen Urano, Neptuno y Plutón.

Cada planeta tiene una función que cumplir. Todos los signos del Zodíaco tienen un «planeta regente», lo que significa que el planeta se siente «en su casa» en el signo porque comparte ciertas características. Este es el resumen:

Sol: el Sol gobierna tu personalidad básica. Es tu ego y tu voluntad, el «núcleo» de la persona que eres. También gobierna a los hombres de tu vida o al elemento masculino que hay en ti. El horóscopo que lees en un periódico o revista corresponde a tu signo solar. El Sol rige el signo de Leo.

Luna: la Luna gobierna las emociones, la intuición y la forma en que expresas tus sentimientos. También muestra cómo cuidas a tus hijos y tu relación con tu madre. Es el lado femenino de tu personalidad. La Luna da pistas acerca de lo que un hombre puede estar buscando en una relación. La Luna es el astro regente del signo Cáncer.

Mercurio: Mercurio recibe el nombre del mensajero de los dioses y simboliza la comunicación, el razonamiento intelectual y nuestra forma de aprender. Mercurio gobierna los signos Géminis y Virgo.

Venus: Venus describe nuestra forma de amar. Es nuestro lado romántico; sin embargo, no se limita al amor. Puede mostrar cómo nos relacionamos con todo tipo de personas, ¡desde nuestras parejas hasta nuestros cómplices en un crimen! Venus también simboliza la belleza, el placer, de qué forma nos gusta gastar nuestro dinero. Es el lado femenino y receptivo del sexo. Venus es regente de los signos Tauro y Libra.

Marte: el fogoso Marte simboliza todo lo que nos motiva, incluido nuestro deseo sexual. También es energía, ambición y guerra. Piensa en lujuria y agresividad. (Nota: Siempre comprueba dónde se sitúa Marte en la carta de una persona antes de discutir o pelearte con ella. Hay algunos individuos con los que simplemente no debes meterte, por ejemplo los que tienen a Marte en Escorpio). Marte me indica lo que podría necesitar una mujer en una relación amorosa. Marte gobierna los signos Aries y Escorpio.

Júpiter: Júpiter gobierna nuestro potencial. Aquí es donde tenemos un montón de talento o buena suerte. Es el sitio donde podemos expandirnos. También es el planeta del juego y las apuestas, los riesgos, la filosofía, la publicidad y los viajes. Júpiter es regente de los signos Sagitario y Piscis.

Saturno: Saturno tiene mala reputación porque es el planeta de los obstáculos, las limitaciones, el karma y las lecciones. Marca un aprendizaje asociado a momentos dolorosos, pero si controlas a Saturno, también controlas tu vida (¡o a ti mismo!). La clave está en la disciplina. ¡Trabaja con Saturno y crea tu propia suerte! Saturno gobierna los signos Capricornio y Acuario.

Urano: el genial Urano gobierna la tecnología, la vida moderna, los cambios drásticos, la excentricidad y la libertad. Es el planeta «rebelde, rebelde» de David Bowie. Es aquí donde entra en juego todo aquello que es altamente original. Urano rige el signo Acuario.

Neptuno: Neptuno representa nuestras ilusiones, imaginación, espiritualidad, creencias, fuerza creativa y adicciones. Es estupendo, pero si no se mantiene bajo control puede llevar al escapismo. Neptuno gobierna el signo Piscis.

Plutón: Plutón es el planeta de la transformación y el renacimiento. Es muy poderoso y en él reside el potencial para los cambios duraderos y profundos. Rige los temas relacionados con el poder. Plutón es regente del signo Escorpio.

Habilidades astrológicas

Es importante conocer información acerca de los planetas y los signos, pero también lo es memorizar esos símbolos porque vas a estudiarlos con frecuencia. ¿Cómo los aprendí yo? Dibujando los signos y símbolos una y otra vez, una y otra vez. ¡La repetición funciona!

Astrocicio

Astrocicio

Toma tu carta astral y escribe los nombres de los planetas y signos zodiacales junto a los símbolos de tu carta.

Luego haz una lista con los signos en los que se encuentran tus planetas, así como también las altas y bajas vibraciones para cada uno de ellos.

Por ejemplo:

Mi Sol está en Géminis. Cuando actúo en alta vibración soy curioso, inteligente e ingenioso. Cuando actúo en baja vibración soy chismoso, extravagante y no fiable.

Mi Luna está en Escorpio. Cuando actúo en alta vibración mis emociones son profundas, intensas e intuitivas. Cuando actúo en baja vibración mis emociones son vengativas, celosas y coléricas.

Mi Venus está en Cáncer. Cuando actúo en alta vibración mi forma de amar es sentimental, enriquecedora y tierna. Cuando actúo en baja vibración mi forma de amar es controladora, dependiente y voluble.

¿Comprendes cómo funciona?

¡Ahora es tu turno!

Mi Sol está en _____. Cuando actúo en alta vibración soy _____. Cuando actúo en baja vibración soy _____ _____.

Mi Luna está en _____. Cuando actúo en alta vibración mis emociones son _____ _____. Cuando actúo en baja vibración mis emociones son _____ _____.

Mi Mercurio está en _____. Cuando actúo en alta vibración mis pensamientos son _____ _____. Cuando actúo en baja vibración mis pensamientos son _____ _____.

Mi Venus está en _____. Cuando actúo en alta vibración mi forma de amar es _____ _____. Cuando actúo en baja vibración mis forma de amar es _____ _____.

Mi Marte está en _____. Cuando actúo en alta vibración mi energía se expresa del siguiente modo: _____ _____. Cuando actúo en baja vibración mi energía se expresa del siguiente modo: _____ _____.

Mi Júpiter está en _____. Experimento la suerte de las siguientes formas: _____ _____.

Mi Saturno está en _____. Experimento las limitaciones y las lecciones de las siguientes formas: _____ _____.

Mi Urano está en _____. Mi generación experimenta cambios en los siguientes campos: _____ _____.

Mi Neptuno está en _____. Mi generación experimenta la espiritualidad y la creatividad en los siguientes campos: _____ _____.

Mi Plutón está en _____. Mi generación experimenta la transformación en los siguientes campos: _____ _____.

Ejercicio: tomar notas en el diario

¿Notas que aparece algún patrón o verdad? ¿Qué planetas y ubicaciones zodiacales crees que son los que más te cuadran? ¿Cuáles crees que no te cuadran en absoluto? ¿Por qué piensas que es así?

Planetas retrógrados en la carta astral

etrógrado. Este término podría ser etiquetado como la palabra maldita de la astrología. Por el mero hecho de pronunciarla oirás quejidos a tu alrededor

Incluso los que no son demasiado versados en astrología parecen conocer el drama cósmico asociado con Mercurio retrógrado. Es esa época del año cuando la ley de Murphy parece estar en su apogeo. Todo lo que puede ir mal a menudo sucede. (En un capítulo posterior nos ocuparemos del tránsito retrógrado de Mercurio).

Pero ¿qué ocurre cuando hay un planeta retrógrado en tu carta astral?

Cuando un planeta está retrógrado en tu carta astral, esto significa que la energía en vez de proyectarse hacia fuera, está dirigida hacia dentro o inhibida. La expresión de esa energía tiende a ocultarse, aunque de cualquier modo se puede sentir intensamente. Algunas veces resulta difícil gestionar la energía, o también puede ocurrir que sea expresada con torpeza. Y en algunos casos, está totalmente reprimida o latente.

Hay una escuela de pensamiento que afirma lo siguiente sobre los planetas retrógrados de la carta natal: durante la infancia o adolescencia no se permitió al individuo en cuestión que expresara su energía. Piensa en padres que no animaron a sus hijos a expresar las voces que había en su interior. Entonces, en lugar de ser esa persona bulliciosa que tanto deseas, te reprimes. Es tan sencillo como eso.

De cualquier modo, ¿qué significa *retrógrado*?

Significa que el planeta ha ralentizado su órbita. Para el ojo humano podría parecer que está retrocediendo. Pero no es así.

El Sol y la Luna *nunca* están retrógrados. Todos los demás planetas lo son de vez en cuando. Mercurio está retrógrado alrededor de tres veces al año.

R_x Puedes descubrir qué planetas están retrógrados buscando esa pequeña R o el símbolo de «prescripción» (R_x) en la carta o efemérides.

Como media, la mayoría de las cartas natales tienen dos o tres planetas retrógrados.

Las personas que en su carta astral no tienen ningún planeta retrógrado, o solo tienen uno, desarrollan habilidades para la vida más tempranamente. Si este es tu caso, podrías sentir que tienes todo lo que necesitas para conseguir el éxito, y no es preciso que «busques en tu interior». Sin embargo, si un planeta está retrógrado en tu carta avanzada (nos ocuparemos del material avanzado más adelante), podrías sentir una súbita necesidad de hacer terapia.

Si tienes cuatro o más planetas retrógrados, podrías sentirte como un extraterrestre, es decir, diferente a todo el mundo. Podrías ser más introvertido y reflexivo. En vez de conformarte con lo convencional, quieres avanzar a tu propio ritmo y con tus propios sistemas de valores. Quizás no hayas desarrollado habilidades tempranas para la vida como los individuos del ejemplo anterior que no tienen ningún retrógrado en su carta, pero al hacer introspección y centrarte en tu interior consigues desarrollar la sabiduría.

Vamos a analizar rápidamente qué podrían significar los retrógrados en tu carta natal.

Mercurio: provoca que la mente sea reflexiva. La información se procesa de un modo diferente y aprendes mejor a través de métodos de aprendizaje por absorción o experimentales (¡como por ejemplo usar este libro!). Tu mente puede ser autocrítica, y en ocasiones puedes sentirte desconectado de los demás. Este planeta se expresa a través de la introversión, lo que quiere decir que en tu mundo las cosas fluyen tranquilamente. Algunas veces Mercurio retrógrado en la carta natal puede indicar problemas de comunicación o dificultades para sentirse cómodo al expresar los pensamientos. En otros casos, puede significar dificultades de aprendizaje.

Venus: este retrógrado puede funcionar de dos modos diferentes. Puede indicar problemas para expresar los sentimientos amorosos por vergüenza o por miedo a la intimidad. Esto no significa que tengas fobia al compromiso ni que seas incapaz de tener relaciones profundas; sencillamente tienes problemas para abrir tu corazón. Antes de hacerlo debes sentir confianza. El otro lado de la moneda es el narcisismo. Una persona que se ama más a sí misma que a las demás. Si ese eres tú, intenta resolverlo.

Marte: Marte retrógrado es como arrojar una manta húmeda para apagar un fuego. En vez de indicar la ambición ardiente y sexual que lo caracteriza, la energía ha mutado. La ira y la agresividad están inhibidas, y tu veta competitiva se debilita. El caso más desfavorable es un individuo pasivo-agresivo, o que se deja usar como un felpudo. En algunos casos puedes tener aversión al riesgo y prefieres recorrer la ruta segura. O también puedes ser desesperadamente indeciso. Mi abuela solía decir: «¡Haz caca o levántate ya del orinal!».

Júpiter: Júpiter retrógrado produce una mente muy filosófica y una vida interior rica y expansiva. Podrías ser un poco solitario e indiferente a la riqueza material. En vez de seguir el pensamiento convencional del sistema de creencias heredado de tus padres, tienes tus propias ideas y tu propio código moral.

Saturno: por fuera eres estoico, pero por dentro te preocupas demasiado. Este retrógrado podría liberar tu lado rígido y provocarte el deseo de microgestionar tu mundo, o a la gente que hay en él. Te gusta tener todo bajo control, porque te hace sentir seguro. Asumes responsabilidades con la mayor formalidad del mundo. Pero si la vida familiar durante tu infancia fue demasiado estricta, o a la inversa, carecía de orden, puedes ser exactamente lo contrario, es decir, una persona sin ambiciones a la que nunca le han inculcado la disciplina.

No aceptas la autoridad a menos que seas tú quien la aplique, y en ese caso eres muy rápido a la hora de ordenar a todo el mundo que se sienten rectos y acaten las reglas.

Urano: el dicho «Es una dama en la calle y una loca entre las sábanas» podría haber sido escrito para definir a una persona que tiene Urano retrógrado. Si tienes este planeta retrógrado en tu carta astral, quizás tus gustos sean excéntricos. Y aunque parezcas una persona conformista, interiormente no eres nada convencional. Ese corazón rebelde late intensamente. Hay quien dice que este retrógrado puede producir miedo al cambio y deseo de atenerse a las viejas fórmulas.

Neptuno: Neptuno retrógrado produce fantasías vívidas y tendencia a la evasión. Es posible que seas profundamente espiritual pero que tengas problemas para expresarlo. En los casos más desfavorables este retrógrado puede producir un adicto o un mártir. En los más favorables puede crear un instrumento psíquico muy bien afinado. Eres muy sensible a la energía negativa y necesitas mucho tiempo en soledad para recargar baterías.

Plutón: este retrógrado indica una lucha interior de poder. Podrías estar batallando con una rabia no resuelta y problemas relativos al poder y al control. No te gusta que te digan lo que tienes que hacer, pero tampoco quieres admitir tu propio deseo de controlarlo todo (y a todos). Pobre del que te traicione... ¡porque ante la traición todos tus demonios se desatan!

Para tener en cuenta: El signo en el que se encuentra cada planeta y la casa en la que se aloja también marcan una diferencia en la forma en que se manifiesta la energía de cada retrógrado. Por ejemplo, un Saturno retrógrado en Escorpio y asentado en la octava casa sería superrígido en relación con las cuestiones sexuales, mientras que un

Saturno retrógrado en Aries asentado en la sexta casa podría producir jefes a los que les encanta microgestionar* a sus empleados.

. . . .

Astrocicio

Cuenta los planetas retrógrados que tienes en tu carta. ¿Cuántos hay?

Ejercicio: tomar notas en el diario

¿Cómo crees que estás reflejando (o no) el o los planetas que aparecen como retrógrados en tu carta?

---

* N. de la T.: La microgestión es un modelo de gestión de equipos de trabajo según el cual la persona responsable se centra en observar e intentar controlar todos los pequeños detalles. A menudo tiene un impacto negativo sobre las plantillas y las compañías.

Asteroides y otras cuestiones importantes

ños atrás recibí un texto de alguien que era experto en asteroides. Yo jamás había trabajado con ellos, y debo decir que tenía
mucha curiosidad. La información que obtuve de esa lectura
agregó una capa extra de profundidad a mi carta, y me permitió co-
nocerme mucho mejor. En otras palabras, no los ignores. ¡Definitivamente algo hay en esas rocas que circulan por el espacio!

No todos los asteroides aparecerán en tu *software* astrológico ni
en las efemérides. Necesitarás buscar una configuración de *software*
que permita visualizarlos. Si estás trabajando en la carta de otra persona, quizás tengas que ocuparte de los asteroides. Te aseguro que no
te arrepentirás de haberlo hecho.

A continuación indico los principales asteroides que deberás estudiar.

QUIRÓN*

Quirón es conocido como «el sanador herido» y está asociado al
conocimiento y a la sanación. El mito de Quirón es que fue un
centauro que no encajaba en su familia. Los centauros son conocidos
por su agresividad, pero este centauro inadaptado era extraordina-
riamente amable e inteligente. Quirón fue un maestro y un afamado
sanador.

Uno de sus alumnos, Heracles, lo hirió accidentalmente con una
flecha envenenada. El pobre Quirón no fue capaz de curar su herida,
así que hizo un gran sacrificio y cambió de lugar con Prometeo, que
también estaba pasando momentos difíciles. Por este motivo, Quirón
llegó a ser conocido por su compasión.

---

* El asteroide Quirón se descubrió el 1 de noviembre de 1977, gracias a la sonda
espacial Voyager. Quirón fue un excepcional centauro, criatura con cabeza y torso
de hombre y cuerpo de caballo. Mientras que el resto de centauros eran bestias
muy rudas, el inmortal Quirón se distinguía por su carácter civilizado lleno de
sabiduría, inteligencia y fraternidad.

El sitio donde Quirón se ubica en tu carta muestra en qué te sientes profundamente herido. Sin embargo, si estás dispuesto a afrontar esa herida, esto puede transformarse en un aspecto positivo. Por ejemplo, si tienes a Quirón en la quinta casa quizás hayas tenido una infancia desdichada. Esta experiencia podría darte la compasión que necesitas para ser un trabajador social eficaz o un abogado defensor de los derechos de los niños. Conozco a una persona que tenía esta posición debido a que había sufrido maltrato por parte de miembros de su familia. Trabajó muy duro para romper el ciclo, y hoy es uno de los mejores padres que conozco. Este es un ejemplo perfecto de que trabajar con Quirón puede ayudarte a desarrollar tu mayor y más compasivo potencial. ¡No subestimes el poder de este asteroide!

Tu herida es tu don.

CERES

Ceres tiene un tamaño enorme. De hecho, este asteroide es el más grande de todos, y durante un tiempo se pensó que era un planeta. Igual que Plutón, fue clasificado como «planeta enano». Aunque las personas que nos dedicamos a la astrología todavía tenemos algo que decir sobre el hecho de que se haya rebajado la categoría de Plutón (¡nos oponemos!), aceptamos sin reservas que Ceres es un asteroide.

Ceres fue el primer asteroide en recibir un nombre, el cual se le adjudicó en honor a la diosa de la agricultura. Es la «leona madre» o la «tierra madre» del cinturón de asteroides, de modo que está asociado a la educación de los hijos y a la relación entre padres e hijos.

Ceres está relacionado con los cuidados que recibiste a temprana edad, y también con tu forma de cuidar a los demás. Te indica cómo presentarte como cuidador y cómo quieres que los demás te cuiden.

Si prestas atención a la ubicación de Ceres en la carta de otra persona, sabrás exactamente lo que necesitas hacer para que se sienta segura.

Una de las historias relacionadas con la figura de Ceres es que Plutón raptó a su hija Perséfone y la llevó al inframundo. Esta es una de las razones por las cuales el asteroide Ceres también está asociado al dolor y al duelo, al secuestro y a los problemas de custodia.

PALAS

Palas es el nombre romano de la diosa griega Atenea. La leyenda afirma que surgió de Júpiter completamente formada y preparada para la batalla. Es conocida por ser una feroz guerrera y también por su inteligencia. En otras palabras, ¡es impresionante!

El sitio de tu carta donde Palas se ubica indica en qué ámbitos eres inteligente, creativo y valiente. Es el sitio donde luchas por la justicia y aspiras a poder influir en la sociedad. Palas te muestra también dónde encontrar pautas y cómo organizar las cosas. Por último, este asteroide también puede indicar problemas con tu padre.

JUNO

Juno era la esposa de Júpiter y, al parecer, era muy celosa. No le gustaban el resto de sus concubinas ¡y a menudo mandaba asesinarlas! Juno tuvo que soportar muchas traiciones que le causaron gran sufrimiento, pero resistió y a pesar de todo mantuvo su relación con Júpiter. Leal hasta la médula, Juno representa el compromiso.

En la carta, corresponde al matrimonio y los celos, e incluye el tipo de pareja que tienes o atraes. Este asteroide también puede indicar infidelidad, traición y asuntos relacionados con los derechos de las mujeres.

VESTA

¿Has oído hablar alguna vez de las vírgenes vestales? Este asteroide recibe su nombre de la diosa Vesta. Las vírgenes vestales eran mujeres que vivían en la Antigüedad y se encargaban de mantener siempre encendida la llama eterna de Vesta en los templos. Este trabajo les otorgaba algunos privilegios, como por ejemplo el de tener propiedades. En otras palabras, ¡era una buena compensación!

En la carta astrológica, Vesta indica que eres entregado y devoto. Su ubicación muestra en qué ámbitos practicas el servicio y también donde haces sacrificios. Es tu potencial más puro.

LILITH

Hace muchos años, un amigo estaba obsesionado con la función de Lilith en la astrología. Afirmaba que tenía mucho que ver con el sexo, y lo decía de una forma tan natural que empecé a interesarme por ello.

La historia de Lilith es que fue la primera esposa de Adán. Ella se negó a someterse a él y a desempeñar una función sexual subordinada. Así que se escapó y se convirtió en una deidad demoníaca. Esto no le sentó muy bien a Adán, que se ocupó de matar a su descendencia demoníaca. Lilith a su vez se vengó de él asesinando a los hijos y los nietos de él.

Ella es la sexualidad femenina desatada, la venganza y la mujer despreciada. Lilith muestra en qué sentido eres oscuro, vengativo y sexual. ¡Es material picante!

OTROS ASPECTOS ASTROLÓGICOS DE INTERÉS

NODOS LUNARES

Durante mucho tiempo asumí que los nodos lunares eran una especie de asteroides que flotaban alrededor de la Luna. Realmente no son planetas, sino puntos en los que la Luna se alinea con la Tierra. Puedes detectarlos rápidamente en una carta astrológica: los símbolos parecen herraduras de caballo con sus pequeñas muescas en los extremos. En una carta hay dos:

Nodo Norte y Nodo Sur

El Nodo Norte, también llamado la «cabeza del dragón», muestra lo que debes desarrollar, mientras que el Nodo Sur, la «cola del dragón», indica aquello con lo que te sientes a gusto. El Nodo Sur es el sitio hacia donde te diriges naturalmente porque es muy fácil. Sin embargo, si pasas mucho tiempo en tu Nodo Sur, podrías desaprovechar oportunidades para tu propio crecimiento personal.

En otras palabras, tienes que ir directamente al Nodo Norte para alcanzar todo tu potencial. El Nodo Norte es tu última lección vital, de modo que no lo ignores. Te ayudará a encontrar tu propósito. (¿Por qué la astrología siempre quiere que trabajemos duro?).

PUNTOS ARÁBIGOS - PARTE DE LA FORTUNA

Tal como sucede con los nodos lunares, los puntos arábigos tampoco son objetos físicos. Son puntos matemáticos que hay en la carta formados por tres puntos determinados. Existen muchos puntos arábigos, pero el que más utilizan los astrólogos es el Parte de la Fortuna.

El Parte de la Fortuna se calcula a partir de los puntos matemáticos que hay entre el Sol, la Luna y el Ascendente. Esto simboliza que eres afortunado o has alcanzado el éxito. Si tienes un planeta o ángulo cercano al Parte de la Fortuna, eso también puede indicar talento o una llamada superior.

Habilidades astrológicas

Los principales asteroides y puntos que hay que conocer son Quirón, los nodos lunares y el Parte de la Fortuna. Es importante que los conozcas bien. Aunque no necesitas familiarizarte demasiado con los demás asteroides y puntos arábigos, creo que vale la pena estudiarlos porque conocerás más profundamente la astrología... y también a ti mismo.

Astrocicio

Algunos de estos asteroides comparten características similares con los planetas. Completa estas oraciones (y no dudes en volver atrás hasta la sección que se ocupa de los planetas para encontrar pistas):

Quirón muestra que te sientes herido y necesitas hacer un trabajo intenso como

_____ .

Ceres está asociado a los cuidados maternales como _____

_____.

Juno te muestra en qué te gusta trabajar duro como _____

_____.

Vesta indica en qué haces sacrificios tales como _____

_____.

El Parte de la Fortuna indica que eres afortunado en asuntos tales como _____

_____

_____.

¡Disfruta con todo esto!

Lecturas recomendadas

Astrology for the Soul [Astrología para el alma], de Jan Spiller. Es un libro fabuloso sobre los nodos lunares.

Asteroid Goddesses: The Mythology, Psychology, and Astrology of the Re-Emerging Feminine [Diosas asteroides: Mitología, psicología y astrología del resurgimiento de lo femenino], de Demetra George y Douglas Bloch.

Las casas astrológicas: hogar, dulce hogar

Ya hemos estudiado los elementos, las cualidades, los signos zodiacales y los planetas. Incluso hemos echado una ojeada a los asteroides. Ha llegado el momento de poner en su sitio a estos chicos malos. ¡Estoy hablando de las casas astrológicas!

Cuando mires por primera vez tu carta astral, verás que es una especie de *pizza* grande y deliciosa, dividida claramente en doce porciones, con los planetas esparcidos por encima como si fueran trozos de pimiento picante. ¡Mmmm!

Tomaremos como ejemplo la carta astral de Frank Sinatra. ¡A mí me parece sencillamente exquisita!

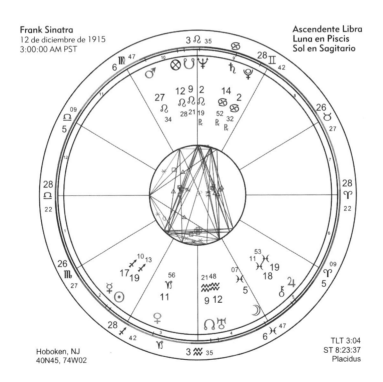

Frank Sinatra
12 de diciembre de 1915
3:00:00 AM PST

Ascendente Libra
Luna en Piscis
Sol en Sagitario

Hoboken, NJ
40N45, 74W02

TLT 3:04
ST 8:23:37
Placidus

Ahora, hablando seriamente y dejando de lado los trozos de *pizza*: la carta es un círculo de 360° que contiene doce secciones llamadas casas, cada una de las cuales tiene 30°.

Estas casas representan diferentes áreas de tu vida. Aquí es donde sucede todo. La primera casa comienza a la izquierda de la carta, y todas las demás la siguen en el sentido contrario a las agujas del reloj.

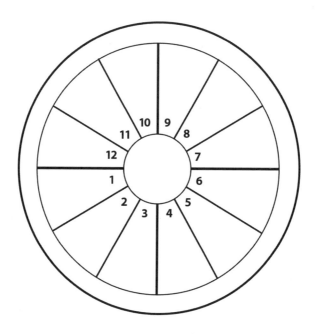

¡Pero todavía hay más! Cada casa también está asociada a un elemento, una cualidad, un signo zodiacal diferente y al menos un planeta. Una vez más, verás aparecer los mismos diseños porque la astrología es así: un sistema claro donde todo encaja perfectamente como el juego del Tetris. A medida que empieces a jugar con tu carta aprenderás cómo se ensambla todo esto.

Esto es lo que necesitas recordar hasta el momento: los planetas muestran lo que está sucediendo y los signos indican cómo se expresa la energía. Las casas señalan «dónde» suceden las cosas. Esto significa que si en una casa aparece un planeta o asteroide, esa área de tu vida está iluminada o activada de algún modo, y esto puede tener un impacto en tu vida o personalidad. En otras palabras, si tienes un planeta asentado en una casa, presta atención. ¡Algo está sucediendo!

Sin más preámbulos...

ESTAS SON LAS DOCE CASAS:

Primera: la cúspide de la primera casa es tu signo Ascendente (hablaremos más de este tema en un próximo capítulo). Esta casa gobierna la forma en que te ve el mundo. Es la imagen que muestras a los demás. Eso quiere decir tu apariencia: tu forma de actuar, de vestir, de liderar y de ver el mundo. Es tu «persona» o ego. Algunas veces somos más parecidos a nuestro Ascendente. Por ejemplo, mi mejor amiga es Géminis, y es una persona sumamente sombría y seria. No me sorprendió descubrir que su Ascendente es Escorpio. Signo regente: Aries. Planeta regente: Marte.

Segunda: corresponde al ámbito de lo financiero. La segunda casa muestra de qué forma ganas dinero, si lo ahorras o no, tus hábitos de consumo y cómo cuidas tus posesiones. Todos los asuntos de dinero —hasta los más turbios— se muestran aquí, desde la ambición de Gordon Gekko* hasta la conciencia de pobreza. Todo lo que valoras se refleja en esta casa. Signo regente: Tauro. Planeta regente: Venus.

Tercera: la tercera casa está conectada con el aprendizaje, la comunicación, la educación y la mente. Aquí es donde ves cómo trabaja tu cerebro y cómo te comunicas. ¿Eres un genio, un líder de opinión o un soñador? Debes mirar esta casa para descubrir cuál de ellos eres. Esta casa también está relacionada con la educación temprana, los

---

* N. de la T.: Protagonista de la película *Wall Street;* un individuo sin escrúpulos y con una ambición desmedida.

hermanos, los vecinos y los viajes cortos. Signo regente: Géminis. Planeta regente: Mercurio.

Cuarta: el hogar, la familia y todas tus raíces están bajo el dominio de la cuarta casa. Aquí está el sitio del que procedes y la primera parte de tu vida, así como tu residencia física. Incluye también aspectos relacionados con tu madre (aunque algunos astrólogos los sitúan en la décima casa). La cuarta casa también es el lugar donde residen los muertos de tu familia. Signo regente: Cáncer. Planeta regente: Luna.

Quinta: la quinta casa trata de la autoexpresión, los romances y la creatividad. Esto puede referirse a los libros que escribes, las clases que das o los hijos que tienes. Sí, los asuntos relacionados con el cuidado de los niños, tanto el hecho de tener hijos como el tipo de padre o madre que eres, se encuentran en la quinta casa. Aquí se muestra cómo podría ser tu vida amorosa y si la fama es una posibilidad. Aquí están también los riesgos y la especulación, tanto en el negocio inmobiliario como en el casino. Y, por último, los juegos, los deportes y los placeres. Signo regente: Leo. Planeta regente: Sol.

Sexta: el trabajo, la salud y las rutinas residen en esta casa. Cómo trabajas, qué tipo de trabajo prefieres, tu entorno laboral y la relación con tus colegas y compañeros: todo eso está en esta casa. Además de tus dietas sanas y tu bienestar físico. Y también las mascotas. Sí, efectivamente, ¡hasta tus amigos peludos o con plumas tienen un hogar en tu carta! Signo regente: Virgo. Planeta regente: Mercurio.

Séptima: la séptima casa nos habla de asociaciones y relaciones: parejas sentimentales, socios y amigos íntimos. Aquí se muestra cómo enfocas las relaciones y las cuidas... o no. Irónicamente, es también el hogar de los enemigos que andan por ahí. Y también de los «eneamigos». Las demandas, los conflictos, los problemas legales y los contratos corresponden a la séptima casa. Signo regente: Libra. Planeta regente: Venus.

Octava: ¡en esta casa ocurren un montón de cosas! El sexo, la economía compartida, los impuestos, la muerte y la intuición forman parte de ella. Muchos psíquicos y policías tienen un buen número de planetas en esta casa. Los préstamos, los legados y los testamentos se atribuyen a la octava casa. La manera en que disfrutas de tu cuerpo y de tu dinero también tiene que ver con esta casa. Signo regente: Escorpio. Planetas regentes: Plutón y Marte.

Novena: la mente superior y los viajes pertenecen a la novena casa. Esta casa favorece todo aquello que abre tu mente: ver el mundo, la educación superior y la espiritualidad. ¿Cómo de lejos puedes llegar, o qué es lo máximo que puedes hacer? La religión, el dogma y los cultos disparatados son parte de esta casa, así como también tus parientes políticos. Signo regente: Sagitario. Planeta regente: Júpiter.

Décima: el Medio Cielo se encuentra en la cúspide de la décima casa, lo que significa que esta casa se ocupa de la carrera, los honores, la reputación y el reconocimiento. Si tienes un montón de planetas en ella, podrías ostentar un cargo público, como por ejemplo ser político o actor. La décima casa también está conectada con el padre (aunque algunos astrólogos dicen que es con la madre —suspiro—; ¿por qué no pueden ponerse de acuerdo los astrólogos?). Signo regente: Capricornio. Planeta regente: Saturno.

Undécima: ¿dónde están sus verdaderos amigos? ¡Precisamente aquí! La undécima casa es la casa de los amigos y la vida social. Corresponde a tu círculo social y los grupos y asociaciones a los que perteneces. ¿Te relacionas con mucha gente, sales con personas no recomendables o eres un lobo solitario? Todo eso se manifiesta aquí. La undécima casa es también el hogar de tus metas y deseos. ¿Qué es lo que quieres que prospere? y ¿quién va ayudarte a conseguirlo? Signo regente: Acuario. Planetas regentes: Urano y Saturno.

Duodécima: es la casa más delicada de la rueda del Zodíaco, es tu «perdición» y tu karma. Aquí está el material interior con el que tienes que trabajar. También es el hogar de los enemigos secretos, la mente subconsciente, la prisión, los hospitales, la sanación, la meditación y el «servir o sufrir». Aquí es donde te escondes del mundo. Si tienes una duodécima casa llena (muchos planetas), no te asustes. Sencillamente, debes recordar que se trata de hacer un «trabajo interior». Signo regente: Piscis. Planetas regentes: Neptuno y Júpiter.

Como puedes ver, todos los aspectos de la vida humana se encuentran en la carta astrológica. Nada queda excluido. ¡En su día, aquellos astrólogos pensaron en todo!

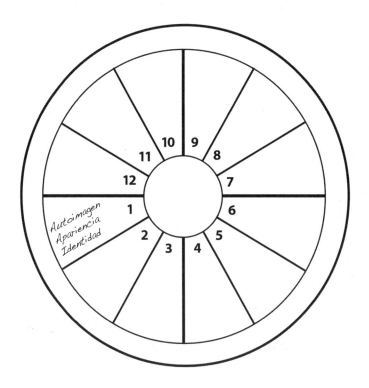

Astrocicio

En la rueda en blanco presentada de la página anterior, rellena todo aquello que esté asociado a cada una de las casas. Yo comenzaré contigo con la primera casa.

Ahora vamos a mirar más detenidamente la carta de Frank Sinatra para que puedas comprender cómo interpretar lo que se refleja en tu propia carta.

En primer lugar, observa que el símbolo Libra está en la cúspide de su primera casa. Esta ubicación indica que su Ascendente es Libra. El número 28 que hay por encima del símbolo se re-

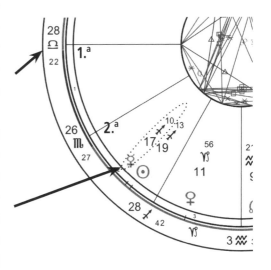

fiere a los grados y el número más pequeño que hay por debajo corresponde a los minutos en que ha entrado en el signo.

Si observas los planetas en la segunda casa, verás el símbolo de Mercurio seguido de un número, el símbolo zodiacal para Sagitario y otro número más pequeño. Esto indica que Mercurio está a 17° de Sagitario en su segunda casa. ¿Comprendes ahora por qué es importante que memorices esos glifos?

Astrocicio

Mira los otros dos planetas que hay en la carta de Frank Sinatra. Luego rellena los espacios en blanco.

En la carta de Frank Sinatra, su _____ está en la _____ casa, en el grado _____ del signo de _____. Su _____ está en la _____ casa, en el grado _____ del signo de _____.

Ahora toma tu carta y completa los espacios en blanco.

Mi Sol está en la _____ casa, en el grado _____ del signo de
_____.

Mi Luna está en la _____ casa, en el grado _____ del signo de
_____.

Mi Mercurio está en la _____ casa, en el grado _____ del signo
de _____.

Mi Venus está en la _____ casa, en el grado _____ del signo de
_____.

Mi Marte está en la _____ casa, en el grado _____ del signo de
_____.

Mi Júpiter está en la _____ casa, en el grado _____ del signo de
_____.

Mi Saturno está en la _____ casa, en el grado _____ del signo de
_____.

Mi Neptuno está en la _____ casa, en el grado _____ del signo
de _____.

Mi Plutón está en la _____ casa, en el grado _____ del signo de
_____.

Mi Quirón está en la _____ casa, en el grado _____ del signo de
_____.

Mi Nodo Norte está en la _____ casa, en el grado _____ del signo de _____.

Mi Nodo Sur está en la _____ casa, en el grado _____ del signo de _____.

Mi Parte de la Fortuna está en la _____ casa, en el grado _____ del signo de _____.

En el gráfico en blanco de la página 74 completa tus planetas, signos y grados. Utiliza lápices de colores y un color diferente para cada planeta. Sé creativo, no te cortes.

Casas angulares, sucedentes y cadentes

omo es evidente, los astrólogos no pueden dejar las cosas así con respecto a las doce casas. Ellos tienen formas más intrincadas de seguir partiendo esta gran tarta ancestral.

Las casas se dividen en tres secciones, llamadas casas angulares, casas sucedentes y casas cadentes. Estas casas están asociadas a las siguientes cualidades: cardinal, fijo y mutable.

Vamos a echarles un vistazo en la carta de la página siguiente.

CASAS ANGULARES

Las casas angulares se consideran las más importantes. Son la primera, la cuarta, la séptima y la décima. Cada una de ellas está asociada a un signo cardinal: Aries, Cáncer, Libra y Capricornio. Estas casas muestran por dónde empezar.

La razón por la que estas casas son tan importantes es que son una suerte de «brújula» que te ayuda a navegar por el mundo. La primera casa es el Ascendente, y es la cara que muestras al mundo. La cuarta casa es el Nadir o IC (*Inum Coeli*), que simboliza tu hogar, tu familia y tus raíces. Es el sitio del que procedes. La séptima casa es tu Descendente, que está conectado con tus relaciones afectivas. Y por último, la décima casa es el Medio Cielo, que corresponde a tu carrera y tu imagen pública, y te indica cuál será el camino que habrás de recorrer en el mundo.

Cuando un planeta se ubica cerca de los ángulos de estas casas, especialmente en los tránsitos (hablaremos más de este asunto en un próximo capítulo), se producen grandes cambios. Es como si tu brújula se inclinara en una dirección completamente nueva.

CASAS SUCEDENTES

Las casas sucedentes son la segunda, la quinta, la octava y la undécima. Están asociadas a los signos fijos del Zodíaco: Tauro, Leo, Escorpio y

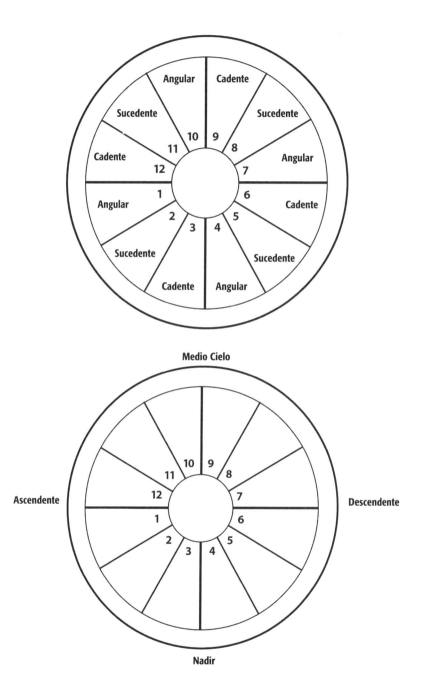

Acuario. Estas casas simbolizan todo aquello que nos hace sentir estables y bien arraigados. Es interesante observar que cada casa tiene también un componente de dinero asociado a ella: la segunda corresponde a tu economía; la quinta señala las inversiones; la octava se refiere a la economía conjunta, los impuestos y los legados, y la undécima indica el trabajo humanitario o la caridad.

Sin embargo, estas casas no solamente gobiernan el dinero. La segunda casa también está asociada a los valores personales; la quinta a los niños, la creatividad, la fama, los romances y la recreación; la octava gobierna el sexo, la muerte y la intuición, y la undécima está conectada con los amigos, las actividades grupales y las metas.

Las casas sucedentes muestran dónde y de qué manera creas una base para tu vida.

CASAS CADENTES

Finalmente, tenemos las casas cadentes, que son la tercera, la sexta, la novena y la duodécima. Estas casas están asociadas a los signos mutables: Géminis, Virgo, Sagitario y Piscis. Algunos astrólogos consideran que son las casas más débiles, aunque yo creo que también desempeñan una función vital.

Las casas cadentes muestran cómo te adaptas a la vida y de qué manera te preparas para hacer cambios. Estas casas están relacionadas con acopiar conocimiento y dejarse llevar.

La mayoría de las personas pensarán que tienen pocos planetas en estas casas. Sin embargo, algunos individuos pueden descubrir que en una de ellas se acumulan un montón de ellos. Por ejemplo, casi todos mis planetas están en las casas sucedentes. Esto muestra que soy una persona sensata y conectada a la tierra y dedicada a crear una base sólida para mi vida.

Astrocicio

Vuelve a la página 69 y mira una vez más la carta de Frank Sinatra. ¿Qué casas parecen tener más acumulación planetaria? ¿Qué es lo que eso te dice de él?

A continuación, mira tu carta. ¿Dónde se congregan la mayoría de tus planetas? Cuéntalos:

Tengo _____ planetas en mis casas angulares.

Tengo _____ planetas en mis casas sucedentes.

Tengo _____ planetas en mis casas cadentes.

¿Qué te dice esto de ti mismo? Apunta todo lo que piensas en tu diario.

Los hemisferios

Hemos dividido la carta en doce casas y luego hemos estudiado las casas angulares, sucedentes y cadentes. Probablemente pienses que la división astrológica ya es suficiente; *sin embargo* (ya sabías que habría un pero, ¿verdad?), aún tenemos otra forma de dividir la carta natal un poco más.

¡Y esa forma es introducir los hemisferios! (Este sería un hombre excelente para un grupo de *R&B**).

Hay cuatro secciones diferentes de la carta que se llaman hemisferios. Cada uno de ellos está ocupado por seis casas. Hay un hemisferio superior (sur), inferior (norte), izquierdo (este) y derecho (oeste).

Cuando mires por primera vez la carta es probable que te sientas confuso al ver que el sur está en el hemisferio superior, el norte en el inferior, el este en el de la izquierda y el oeste en el de la derecha. Y posiblemente te preguntes cuál es la razón. Hay una explicación: la Tierra está inclinada sobre su eje. Esto significa que si no estás en el hemisferio norte realmente debes mirar hacia abajo para ver el sol, y no hacia arriba. Por lo tanto, las cartas se dibujan con el sur en la parte superior. Y lo mismo ocurre en el hemisferio sur, aunque los cálculos son un poco diferentes. Debo decir que me costó asimilar este concepto, de manera que no te preocupes si tienes que estrujarte el cerebro durante un minuto cuando llegues a este punto.

Sin más preámbulos, estos son los cuatro hemisferios:

---

* N. de la T.: *Rhythm and blues,* a menudo abreviado como *R&B,* o *RnB,* es un género de música popular afroamericana que tuvo su origen en Estados Unidos en los años cuarenta a partir del *blues,* el *jazz* y el góspel. La autora bromea con un posible nombre de banda (Los Hemisferios, *The Hemispheres*), haciendo referencia a los nombres que solían adoptar las bandas más populares del género en su época de apogeo (The Temptations, The Impressions, The Animals, The Flamingos…).

El hemisferio sur: es la mitad superior de la carta, compuesta por las casas 7, 8, 9, 10, 11 y 12. Muchos planetas presentes en esta zona indican una naturaleza social, personas que disfrutan del mundo exterior o de estar de cara al público. ¡Estas personas podrían ser extrovertidas!

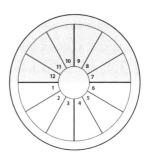

El hemisferio norte: es la mitad inferior de la carta, compuesta por las casas 1, 2, 3, 4, 5 y 6. Tener muchos planetas aquí indica una naturaleza reservada y que se podría ser más introvertido. Ten en cuenta que este tipo de personas pueden ser igual de sociales que las que tienen cartas cuyo hemisferio sur está poblado de planetas; sin embargo, las que tienen esta configuración siempre necesitan retirarse a su «base de operaciones».

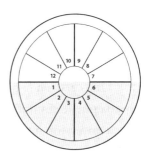

El hemisferio oriental: es la mitad izquierda de la carta, compuesta por las casas 10, 11, 12, 1, 2 y 3. Las personas con muchos planetas en este hemisferio tienden a estar muy motivadas. Les gusta tomar la iniciativa y perseguir lo que desean. Tienen una voluntad fuerte y son muy ambiciosas. Esta parte de la carta es donde siembras las semillas.

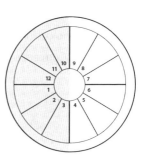

El hemisferio occidental: es la mitad derecha de la carta, compuesta por las casas 4, 5, 6, 7, 8 y 9. Las personas con un énfasis en esta parte de la carta necesitan recibir algo parecido a un empujón para pasar a la acción. En otras palabras, pueden sentarse y dejar pasar el tiempo esperando que las cosas sucedan antes de ponerse en marcha. Esta parte de la carta es donde obtienes las recompensas.

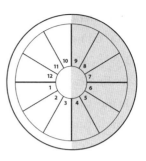

Una carta en la que los planetas se distribuyen de manera equilibrada puede simbolizar a alguien que se mueve entre la introversión y la extroversión, una persona con ambiciones pero también capaz de esperar una oportunidad.

- -

Habilidades astrológicas

Cuando veo una carta por primera vez, me detengo a observar lo que está sucediendo en los hemisferios. ¿Está la carta más cargada en la parte superior, o casi todos los elementos se encuentran en la parte inferior? ¿Hay más planetas en el hemisferio occidental que en el oriental? ¿Parecen estar bien distribuidos los planetas? Comienza a interpretar la carta desde esta perspectiva visual. Es fundamental.

- -

Astrocicio

¡Tiempo de tomar decisiones rápidas! Echa un vistazo a la carta de Marilyn Monroe. Haz una evaluación. ¿Cuál de los hemisferios está más lleno? Toma esta decisión sin pensar demasiado en ello. Bien, ¿qué es lo que esto te dice acerca de ella?

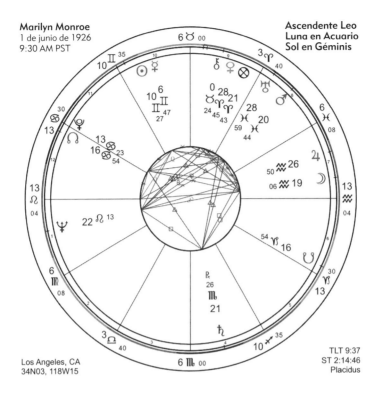

Marilyn Monroe
1 de junio de 1926
9:30 AM PST

Ascendente Leo
Luna en Acuario
Sol en Géminis

Los Angeles, CA
34N03, 118W15

TLT 9:37
ST 2:14:46
Placidus

Ejercicio: tomar notas en el diario

Mira tu carta. ¿Qué hemisferios están de fiesta, y cuáles parecen estar silenciosos como un ratón? ¿Cómo crees que esto se ajusta a tu personalidad? Toma nota de tus respuestas.

Patrones de las cartas

*J*usto cuando pensabas que tenías todos los patrones de las casas clasificados, empiezan a aparecer más cosas. Lo sé, lo sé... ¿Qué demonios sucede? Mira, a esos astrólogos de la antigüedad o bien les gustaba rizar el rizo o tenían un montón de tiempo libre. Pero hay algo que está bien claro: eran meticulosos.

Los patrones de las cartas fueron descritos por primera vez por el astrólogo Marc Edmund Jones en la década de 1940. Concluyó que diversos patrones ayudaban a determinar los rasgos de personalidad. También los utilizó para hacer predicciones, pero aquí no vamos a ocuparnos de eso. Vamos a enfocarnos en la función que desempeñan en la carta astral.

En la sección que corresponde a los hemisferios, encontramos pistas sobre la persona basadas en el hemisferio más cargado de planetas. Jones consiguió identificar otros patrones característicos, que añaden matices a la interpretación de una carta.

De algún modo, son como constelaciones. Tienes que usar un poco tu imaginación para verlos, pero los detectarás rápidamente una vez que aprendas cómo están compuestos estos patrones. Una vez más, cada uno de estos patrones de la carta agrega una nueva capa para interpretar la personalidad del individuo.

Piénsalo del siguiente modo: algunas veces las personas llevan uniformes que te dan una pista sobre su profesión. Por ejemplo, si un tío entra en tu oficina vestido de bombero rápidamente deducirás que ese es su oficio (... a menos que sea un bailarín exótico).

Lo mismo sucede con los patrones de las cartas. Si observas que hay un patrón claramente definido, tendrás una idea más aproximada de cómo podría ser la persona. El patrón no revela el panorama completo, simplemente ofrece otra pista. Pero presta atención porque, tal como afirma Maya Angelou: «Cuando alguien te muestra quién es, créelo; la primera vez». Excepto a ese bombero, porque podría ser un estríper.

Al considerar los patrones de la carta, nos centramos únicamente en los diez planetas principales. De modo que vamos a ignorar los asteroides, los nodos y todo lo demás, para ir directamente a lo básico, y luego entrecerrar los ojos. Con un poco de práctica, sabrás cuál de los patrones está en juego.

· ·

Habilidades astrológicas

Cuando varios planetas se encuentran en un único signo o casa, producen un aspecto que se denomina *stellium*. Es una configuración que pone mucho énfasis en esa parte de la carta. Es como si los planetas estuvieran diciendo: «¡Mírame!». Estos son los patrones de la carta que tienes que conocer:

Cuenco: todos los planetas se hallan en el mismo hemisferio ocupando un espacio de 180° y en uno de los lados de una oposición, como un cuenco de cerezas. En esta configuración no hay más de 60° ni más de dos casas vacías entre ellos. En otras palabras, cuando los planetas ocupan un hemisferio 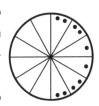 completo esto indica que se trata de una persona autosuficiente e independiente. A menudo se dice que son personas «autónomas». El espacio vacío de la carta suele ser un punto focal para ellas, un lugar al que luchan por llegar. Presta atención al primer planeta que cruza el Ascendente, pues muestra cuál es la energía que más se utiliza para conseguir completar las cosas. Por ejemplo, Saturno aquí indicaría una férrea disciplina.

Cuña: es similar a un cuenco puesto que todos los planetas se hallan en un lado de la carta, pero dentro de un espacio de apenas 120°. ¡Es como un cuenco pequeñísimo! Aquí, la  personalidad se torna excepcionalmente centrada e ingeniosa. Imagina algo intenso y concentrado.

Abanico: lo que se ve es un manojo de planetas, aunque hay un planeta vagabundo (también llamado planeta intereste-lar) que está separado y forma el asa del abanico. La persona-lidad abanico está basada en esa «asa» que funciona como soporte. Por ejemplo, si el planeta fuera Mercurio, las fuertes habilidades de comunicación serían su salsa secreta.

Embudo: es semejante al cuenco pero con un «mango», es decir que hay un planeta que está en el lado opuesto de la mayoría de planetas. Estas personas canalizan su energía a través de ese mango. Si el mango estuviera en Saturno, po-dríamos estar ante un adicto al trabajo. ¿Y si estuviera en Ve-nus? ¡Maníacos sexuales! Otra forma de considerar el mango es que representa su misión, lo que deben alcanzar.

Balancín: ¡esta configuración es fácil de identificar! Parece una pajarita. Los planetas están divididos en dos grupos di-ferentes, separados al menos por 60°. Para estos individuos, el equilibrio y las relaciones son esenciales. Siempre buscan el camino del medio.

Locomotora: todos los planetas se reparten entre 240° y hay tres casas que están vacías. Estas personas son ambi-ciosas, dinámicas y decididas. Solamente les interesa llegar a su destino.

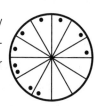

Salpicaduras: los planetas están diseminados por toda la carta como una pintura de Jackson Pollock. Por lo general, no hay más de dos planetas en ninguna casa y unas pocas casas vacías aquí y allí. Las personas definidas por esta con-figuración son versátiles y tienen muchos intereses. Pueden hacer varias cosas a la vez sin equivocarse, aunque también

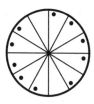

son proclives a dispersar esa energía. Deben aprender a conectarse a tierra, centrarse y terminar todo lo que inician.

Trípode: este patrón es similar al de las salpicaduras, pero aquí los planetas se dividen en tres grupos, y cada uno de ellos está separado por 60° o dos casas, como mínimo. A los individuos que tienen esta configuración les gusta hacer todo a su modo, se niegan a ser encasillados. Si alguna persona camina en la misma dirección que ellos, a menudo toman un camino diferente.

· ·

Astrocicio

Toma tu carta y tapa los nodos, los asteroides y el Parte de la Fortuna. Ahora observa los diez planetas principales que has dejado. ¿Puedes detectar algún patrón?

El patrón de mi carta es _____.

Este patrón indica que soy _____.

Sistemas de casas

Al calcular una carta puedes elegir entre diferentes sistemas de casas. Como es evidente, todos los astrólogos están convencidos de que el método que ellos prefieren es superior a los demás.

Yo utilizo el sistema Placidus. Es el primero que conocí, así que decidí mantenerme fiel a él. Así es como la mayoría de los astrólogos escogen un sistema de casas: leen un libro o asisten a una clase, y luego utilizan el primero que han aprendido.

¿Cómo sabes qué sistema elegir, o cuál es el mejor? Todo consiste en el ensayo y error. Te recomiendo probar todos los sistemas para verificar cuál es el que tiene más sentido para ti. Tienes toda la libertad del mundo para ignorar a todas esas personas que afirman que su sistema de casas es mejor que el tuyo. No tenemos la intención de seguir la moda astrológica.

Sin más dilación, estas son buenas opciones para investigar:

Placidus: es el sistema de casas más utilizado en la moderna astrología occidental. En el sistema Placidus, las casas pueden ser más grandes o más pequeñas de 30°, y esto crea lo que se conoce como casas interceptadas. Si vives lejos del Ecuador (tanto al sur como al norte), estas casas pueden ser realmente desiguales.

Koch: es un sistema similar al Placidus, aunque el método de cálculo es ligeramente diferente. Igual que en Placidus, este método también genera casas que pueden ser más grandes o más pequeñas de 30°; por lo tanto, también aquí hay casas interceptadas. (En cierta ocasión mantuve una discusión con un tío que afirmaba que este era el «único método exacto». Como le dije, los astrólogos siempre defienden los sistemas que han elegido).

Signo completo: he conocido algunas personas que están muy contentas con el método del signo completo. Es uno de los sistemas de casas más antiguos. En él las casas tienen exactamente 30°. La primera casa comienza en el grado cero del signo zodiacal y el resto de las casas también comienzan en el grado cero. Todo está limpio y ordenado.

Casa igual: este sistema de casas es similar al del signo completo, pero el grado del signo Ascendente determina el resto de las casas. En otras palabras, si tu Ascendente comienza en el grado 20 de Géminis, la siguiente casa lo haría en el grado 20 de Cáncer, y así sucesivamente.

Estos no son más que algunos de los sistemas de casas entre los que puedes elegir, pero son los más populares. También existen las casas naturales, Regiomontanus, Campanus y otros más. Puedes experimentar cambiando los métodos de cálculo de las casas de tu *software* de astrología. Insisto en que pruebes todos los sistemas antes de decidir cuál es el que más te gusta y se ajusta mejor a tu forma de trabajar. Eso es lo importante.

INTERCEPCIÓN

Como ya he mencionado, si utilizas el sistema de casas Placidus o Koch, quizás observes que algunas de las casas son más grandes que otras. Cuando esto sucede, podría parecer que faltan algunos signos en las cúspides de las casas. Respira profundamente: ¡esos signos están allí! Pronto descubrirás que se encuentran en la mitad de la casa.

Por ejemplo, yo tengo a Sagitario en la cúspide de la tercera casa, pero Acuario está en la cúspide de la cuarta casa. Por lo tanto, Capricornio está interceptado entre ambos y aparece en la tercera casa. Es una especie de puerta oculta. Si un signo está interceptado, el signo opuesto también lo estará. Poniéndome una vez más como ejemplo, en mi carta Cáncer también está interceptado.

Un signo interceptado puede indicar un bloqueo o una parte oculta de ti mismo que no es evidente a un nivel superficial. Algunos astrólogos creen que los signos interceptados sugieren que en tu infancia no has obtenido el apoyo que necesitabas para desarrollar las habilidades de esos signos. Esto significa que esa energía está latente hasta que un día emerge súbitamente a la superficie, y no siempre de forma adecuada. Piensa en ello como si estuvieras agitando una gaseosa: retiras la tapa y el líquido salpica todo lo que hay alrededor.

He visto intercepciones que se manifiestan de forma diferente. El ambiente en el que vivimos en la etapa más temprana de nuestra vida desempeña una función importante, pues crea condiciones para que la energía del signo interceptado prospere en secreto. Y no se expresa exteriormente hasta mucho tiempo después.

Me pongo nuevamente como ejemplo. Tengo a Sagitario en la cúspide de mi tercera casa, y esto tiene sentido para la mayoría de la gente que me conoce. Soy filosófica y jovial. Me gusta hablar sobre cuestiones espirituales y acontecimientos mundiales, así como también de mis últimos viajes. Pero además tengo una mente extremadamente práctica, ordenada y metódica, y también soy un poco ambiciosa. ¡Igual que un Capricornio! Esa parte de mí surgió tardíamente en mi vida cuando empecé a tomarme en serio mi trabajo. Aunque no tengo un máster en Administración de Empresas, mi cerebro está programado para funcionar como una directora ejecutiva.

Un planeta se considera interceptado cuando se encuentra en un signo interceptado. Por ejemplo, si Escorpio está interceptado en tu séptima casa y tienes a Venus en Escorpio, la intercepción podría indicar que tienes una fuerte tendencia reprimida a ser posesivo. Dicho aspecto de tu personalidad puede irrumpir ocasionalmente, pero por lo general permanece en estado latente.

Una vez más me pondré como ejemplo: Géminis en la novena casa muestra que me gusta estudiar y viajar. Señala que tengo curiosidad por lo que sucede en el mundo. Y todo eso es verdad. Pero además tengo a Venus interceptado en Cáncer, que se encuentra en mi novena casa, y esto muestra que me gusta el hogar. Aunque he viajado mucho, en lo más profundo de mi corazón soy hogareña. Nada me pone más contenta que disfrutar de un vaso de vino y una comida casera mientras veo *Juego de tronos*.

· ·

Astrocicio

Frank Sinatra tenía a Capricornio interceptado en la tercera casa, igual que yo. También tenía a Venus interceptado, pero este se encontraba en Capricornio. Mira las flechas de la figura. ¿Cómo podría Venus interceptado en Capricornio manifestarse en su vida?

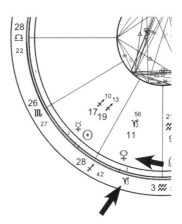

· ·

Habilidades astrológicas

Si no quieres ocuparte de las intercepciones, puedes utilizar el sistema de Casa igual o Signo completo. ¡Todos son buenos!

Fortaleza y debilidad de los planetas y planetas sin aspectos:* ¿Qué es lo que destaca?

¿Qué es lo que sucede cuando tienes un montón de planetas en signos de tierra pero ninguno en signos de agua? ¿O cómo podría funcionar una carta que tiene principalmente signos mutables? Saber qué elementos y cualidades son dominantes o deficientes en tu carta será una pista importante para tu personalidad.

Es sencillo determinar en qué eres fuerte o débil: solo tienes que contarlos. A partir de ahí, puedes tener una idea bastante decente sobre tu forma de actuar.

He aquí lo que podría suceder: si tu carta está llena de signos de fuego y tienes pocos signos de agua, o ninguno, podrías ser apasionado, impulsivo y enérgico, pero tener poca empatía por los demás. Pero si tu carta está rebosante de signos de agua y carece de signos de fuego, esto podría manifestarse como hipersensibilidad y poca motivación.

¿Tienes un buen puñado de signos fijos? Podrías ser obstinado y decidido. ¿Pocos o ningún signo cardinal? Podrías tener problemas para desbloquear situaciones.

¿Comprendes cómo funciona esto?

Cuando un elemento o cualidad es fuerte, generalmente brilla como una luz halógena. Un elemento o una cualidad que están ausentes podrían también destacar como un jugador de baloncesto de dos metros en una habitación llena de niños pequeños. Sin embargo, en ocasiones eso no es tan evidente, especialmente con elementos débiles. En esos casos, el individuo podría tender a compensarlo

---

* N. de la T.: Esta denominación puede ser engañosa, ya que un planeta siempre tiene algún aspecto aunque sea menor. Por lo tanto, se dice que un planeta es inaspectado cuando no forma aspectos mayores dentro de un orbe razonable.

exageradamente o encontrar personas que tienen ese «elemento que les falta» como una forma de «completarse» a sí mismos.

Por ejemplo, yo no tengo fuego en mi carta, excepto en mi Medio Cielo, que está en el grado cero de Leo. Soy una persona muy vehemente por naturaleza y bastante ambiciosa, razón por la cual muchos creen que soy Aries. También me rodeo de signos de fuego o de gente que tiene elementos de fuego intensos en su carta. Mis personas favoritas son las que tienen la Luna en Aries.

¡VAMOS A COMENZAR A OCUPARNOS DE LOS ELEMENTOS!

Una carta «bien equilibrada» podría tener entre tres y cuatro planetas de cada elemento presente. Una carta con un elemento «intenso» podría tener cinco o más planetas en el mismo elemento. Una carta con un elemento «débil» podría tener un planeta, o ninguno, en un elemento.

Para determinar el estado de tu carta debes mirar los planetas además del Ascendente y el Medio Cielo (no cuento los nodos, el Parte de la Fortuna, ni los asteroides).

Fuego intenso: apasionado, confiado, asertivo, impulsivo, independiente, activo, entusiasta, osado.

Fuego débil: perezoso, desmotivado, apático, pasivo, letárgico, desinteresado, miedoso, tímido.

Tierra fuerte: práctico, con los pies en el suelo, metódico, persistente, estable, constructivo, constante.

Tierra débil: desorganizado, poco práctico, improductivo, no fiable, inestable, ineficaz, no realista.

Aire fuerte: intelectual, adaptable, curioso, lógico, conversador, cerebral, expresivo, independiente.

Aire débil: desconectado, fragmentado, no comunicativo, falto de objetividad, indiferente, necio.

Agua fuerte: sensible, emotivo, cuidadoso, enfático, intuitivo, voluble, pasivo, perceptivo, psíquico, impresionable, sentimental.

Agua débil: frío, no emotivo, controlado, indolente, hermético, falto de empatía, indiferente, calculador, cruel, insensible.

No asumas que los rasgos negativos están grabados en piedra. ¡Recuerda que tienes libre albedrío! No todas las personas que carecen de fuego son perezosas (yo, por ejemplo, soy adicta al trabajo), y los individuos que no tienen agua en su carta tampoco son tan fríos como los casquetes polares. Estos rasgos muestran tendencias. Te corresponde a ti identificarlas y trabajar para eliminar las que no son beneficiosas. A continuación presento algunos modos de hacerlo:

Remedio para el fuego débil: encuentra algo que te apasione, comparte momentos con personas vehementes, trabaja con las motivaciones y realiza un seguimiento. Involúcrate en muchas actividades físicas (incluido el sexo).

Remedio para la tierra débil: conéctate a tierra para centrarte. Trabaja para conseguir ser organizado y desarrollar hábitos beneficiosos. Comparte momentos con personas que tienen los pies en el suelo. Arregla el jardín sintiendo la tierra bajo tus pies, pasa más tiempo en la naturaleza.

Remedio para el aire débil: estimula tu parte intelectual con la lectura, los viajes, analiza los sucesos actuales y comparte momentos con gente inteligente. Estudia lo máximo posible.

Remedio para el agua débil: comprométete con una buena causa; estudia temas místicos, música y arte como terapia; comparte momentos con personas sensibles. Encuentra alguien a quien cuidar (pueden ser bichos). Ve al teatro. Abraza a alguien.

¡AHORA VAMOS A OCUPARNOS DE LAS CUALIDADES!

En una carta natal, una cantidad media sería tener cuatro o cinco planetas en una cualidad. Seis o más planetas indicarían dominancia. Si hay dos o menos, la cualidad es «débil». Aunque las cualidades no son tan importantes como los elementos, también tienen influencia cósmica.

Cardinal fuerte: estas personas están orientadas a la acción, llenas de energía y motivadas. Les encanta empezar cosas nuevas, son inquietas, se aburren fácilmente y necesitan estar haciendo algo en todo momento. Son profundamente ambiciosas. Necesitan mucha acción, lo que puede llevarlas a ser impulsivas o a sentirse nerviosas.

Cardinal débil: estas personas no se dan prisa por pasar a la acción, su vibración es más metódica y menos compulsiva. Necesitan un empujón o una motivación consistente antes de ponerse en marcha. ¡Incluso pueden evitar pasar a la acción!

Fijo fuerte: estas personas son obstinadas y se plantan en su forma de hacer las cosas. Son estables y se resisten a los cambios. Tienen una voluntad fuerte, son lentas para arrancar pero luego alcanzan sus objetivos mediante un esfuerzo constante y determinado. Disfrutan dentro de su zona de confort y, aunque no hay nada de malo en ello, de vez en cuando pueden caer en la rutina.

Fijo débil: una carta con un fijo débil podría indicar una personalidad que carece de iniciativa, o que no persevera en las cosas que comienza a hacer, y que no se ocupa de desarrollar una energía estable que le permita completar todo lo que hace. Estos individuos necesitan una organización y una rutina. Probablemente también necesiten desarrollar su fuerza de voluntad.

Mutable fuerte: estas personas son adaptables, volubles, frívolas, y se aburren fácilmente; no les gusta la rutina y tienen tendencia a la dispersión. Igual que sucede con las cartas que cuentan con cardinales fuertes, los individuos que tienen la mayor parte de los planetas mutables ansían la acción. La diferencia es que abandonan las cosas cuando ya no sienten interés por ellas, y por eso pueden tener fama de ser inconstantes y poco fiables. Estas personas deben aprender a mantenerse en el camino, tener los pies en el suelo y terminar lo que comienzan aunque les resulte tedioso.

Mutable débil: la vida es un asunto serio. Estas personas luchan contra el cambio y tienen problemas con el compromiso. Esperan que todo el mundo ceda.

· ·

Astrocicio

Cuenta los elementos y cualidades que hay en tu carta. ¿Qué es lo que destaca? ¿En qué eres un poquito «anémico»? ¿Cómo crees que esto se manifiesta en tu personalidad?

☐ Fuego
☐ Tierra
☐ Aire
☐ Agua
☐ Cardinal
☐ Fijo
☐ Mutable

PLANETAS SIN ASPECTOS: LOS LOBOS SOLITARIOS DE LA ASTROLOGÍA

Cuando lo que pretendes es analizar los puntos fuertes y débiles, puedes encontrarte con una carta en la que un planeta parece ser un lobo solitario. En una carta astral, es el único que se encuentra en un elemento, cualidad o casa en particular. En vez de estar integrado en el conjunto, destaca entre los demás.

A este lobo solitario se lo denomina planeta sin aspectos, y puede crear una dinámica muy potente donde la energía de la carta obtiene un punto focal, como si una bocina estuviera sonando dentro de tu cabeza. Es único y consigue llamar la atención.

Este planeta inaspectado puede ser el más potente de una carta. Si tienes uno en la tuya, deberás interpretarlo en relación con el signo, la casa y el aspecto (ver nota al pie de la página 94). Podría arrojar luz sobre la forma en que canalizas tu energía. Por ejemplo, si tienes un solo planeta fijo, esto indica que tu naturaleza es fluida. Pero si colocamos ese único planeta fijo, digamos que es la Luna, en tu quinta casa, veremos que tienes una férrea determinación con tu trabajo creativo.

He aquí un ejemplo con elementos: supongamos que tienes solamente un planeta en un signo de aire, y ese planeta es Júpiter. Está alojado en tu octava casa, en Libra. Esto podría indicar habilidad para gestionar herencias o impuestos. Si trabajas en ese campo, puedes tener un talento inusual para gestionar los ingresos de otras personas.

¿Y qué pasa con las casas? Supongamos que tienes todos tus planetas en casas sucedentes, menos uno que está en una casa angular. Presta atención a esta configuración porque es importante. Pongamos por ejemplo que el planeta sin aspectos es Géminis y se encuentra en tu décima casa. Podrías ser un político o un escritor famoso, conocido por tus discursos apasionados.

Es divertido jugar con todo esto.

Astrocicio

Observa tu carta. ¿Existe algún planeta vagabundo que esté solo en un elemento, cualidad o casa? ¿Qué es lo que indica sobre ti? ¿Cómo estás canalizando la energía de ese planeta?

¡Nuestro amigo Frank Sinatra tiene un planeta sin aspectos en su carta! Vuelve a la página 69 y mira su carta. ¿Puedes encontrarlo? ¿Y qué nos dice sobre él?

Dominancia, exaltaciones y otras formas de determinar el poder planetario

L a dominancia, también conocida como dignidad, es otro modo de determinar la fortaleza o debilidad de un planeta. Los planetas adquieren poder por estar en determinados signos. Por ejemplo, si el planeta se encuentra en el signo que gobierna, puede expresar su cualidad pura y positivamente. Pero si ese planeta está en un signo que se considera más débil, entonces dominará la baja vibración.

La dominancia es como llevar vaqueros: tus favoritos te sientan muy bien (es como si valiesen un millón de euros) y además te puedes mover cómodamente. No te sucede lo mismo con el resto de tus vaqueros. Si alguna vez has tenido que tumbarte sobre la cama para poder cerrar la cremallera de unos vaqueros muy ajustados que disimula todas las partes de tu cuerpo que quieres ocultar, ya sabes a qué me refiero.

En resumidas cuentas, eso es la dominancia o dignidad.

Hay que considerar cuatro clasificaciones principales:

- **Dominancia:** se refiere a que el planeta reside en el signo que «gobierna». El planeta funciona bien. (Recurriendo de nuevo a nuestra analogía con los vaqueros, esto podría corresponder a tu marca favorita; la marca más fiable, esa que sabes que siempre funciona bien en tu cuerpo). Por ejemplo, Cáncer está gobernado por la Luna, de modo que expresa bien la energía.
- **Detrimento:** se produce cuando un planeta está en el signo opuesto al que gobierna; el planeta está en detrimento, o es débil. La energía del planeta se diluye, o es negativa. (Es como un viejo pantalón vaquero que ya no te cabe y te pones de malhumor cada vez que lo ves en el fondo de tu armario).

- **Exaltación:** alude a la mejor expresión del planeta. Un planeta en exaltación es fuerte y positivo. (Sería como unos vaqueros muy caros que te quedan de muerte y favorecen tus curvas. Incluso puede haber alguna joya ostentosa en los bolsillos).
- **Caída:** se produce cuando el planeta está en el punto opuesto a la exaltación; indica debilidad total y la expresión más negativa del planeta. (Esta sería la marca más económica de vaqueros, que no le sienta nada bien a tu cuerpo y te hace parecer regordeta. Estos vaqueros te aprietan, y te hacen sentir incómoda).

Si un planeta no entra en ninguna de estas categorías, se lo considera «peregrino». (Sería como unos vaqueros negros ajustados: suelen sentar bien, pero tienden a darse de sí o rasgarse con el uso).

VAMOS A UTILIZAR LA LUNA COMO EJEMPLO PLANETARIO

Cáncer es el signo dominante. Aquí la Luna, que gobierna las emociones, es sensible y afectiva. Hay una conexión natural con los sentimientos y la intuición. Las personas que tienen la Luna en Cáncer son emotivas y pueden expresar fácilmente sus sentimientos.

El detrimento correspondería a Capricornio, que es el signo opuesto a Cáncer. Las personas que tienen la Luna en Capricornio tienen fama de ser frías y calculadoras. En vez de dejar que las emociones fluyan libremente, como sucede con la Luna en Cáncer, esta Luna tiende a estar reprimida.

La Luna está en exaltación en Tauro. Esta posición produce una personalidad estable y conectada a tierra. Son individuos con los que siempre puedes contar y fuertes como una roca.

El signo opuesto a Tauro es Escorpio; por tanto, la Luna está en caída cuando se encuentra en Escorpio. Esta Luna tiende a ser misteriosa, posesiva y taimada (pero también sumamente psíquica).

Nota: En cierta ocasión un alumno curioso me preguntó: «¿Por qué hay signos exaltados o negativos? ¿Qué hace que una Luna en Tauro sea mejor que una Luna en Escorpio?».

Mi respuesta fue: «Sencillamente porque es así».

Con franqueza, no tengo una buena respuesta, porque he conocido personas que tienen la Luna en Tauro y son muy poco razonables y difíciles de llevar. Y dado que tengo la Luna en Escorpio, ¡creo que nosotros somos geniales! No tengo la menor idea de por qué tengo esta opinión (¿has tenido una mala experiencia con la Luna en Escorpio?), pero yo no inventé este asunto de la astrología. De manera que sencillamente es así. Es todo lo que puedo decirte sobre esto.

En astrología moderna las dignidades son menos esenciales; en su lugar el énfasis se pone en los aspectos.

De cualquier modo, a continuación presento una tabla breve pero muy práctica que he creado para recordarte estas clasificaciones.

PLANETA	DOMINANCIA	DETRIMENTO	EXALTACIÓN	CAÍDA
Sol	Leo	Acuario	Aries	Libra
Luna	Cáncer	Capricornio	Tauro	Escorpio
Mercurio	Géminis/Virgo	Sagitario/Piscis	Virgo	Piscis
Venus	Tauro/Libra	Escorpio/Aries	Piscis	Virgo
Marte	Aries/Escorpio	Libra/Tauro	Capricornio	Cáncer
Júpiter	Sagitario/Piscis	Géminis/Virgo	Cáncer	Capricornio
Saturno	Capricornio/Acuario	Cáncer/Leo	Libra	Aries
Urano	Acuario	Leo	Escorpio	Tauro
Neptuno	Piscis	Virgo	Cáncer	Capricornio
Plutón	Escorpio	Tauro	Leo	Acuario

Habilidades astrológicas

Recuerda que cada casa también está gobernada por un planeta. Esto significa que un planeta está «dignificado accidentalmente» cuando se ubica en la casa que gobierna. Por ejemplo, si Urano se encuentra en tu undécima casa, estará muy contento porque esta casa está gobernada por Acuario, y Urano es el planeta que gobierna a Acuario.

· ·

Astrocicio

Observa tu carta para ver si tienes planetas en dominancia, detrimento, exaltación o caída. ¿Cómo crees que estás manifestando la energía?

Mi Sol está en el signo _____. Está en dominancia / en detrimento / en exaltación / en caída / peregrino (traza un círculo alrededor de una opción).

Mi Luna está en el signo _____. Está en dominancia / en detrimento / en exaltación / en caída / peregrino (traza un círculo alrededor de una opción).

Mi Mercurio está en el signo _____. Está en dominancia / en detrimento / en exaltación / en caída / peregrino (traza un círculo alrededor de una opción).

Mi Venus está en el signo _____. Está en dominancia / en detrimento / en exaltación / en caída / peregrino (traza un círculo alrededor de una opción).

Mi Marte está en el signo _____. Está en dominancia / en detrimento / en exaltación / en caída / peregrino (traza un círculo alrededor de una opción).

Mi Júpiter está en el signo _____. Está en dominancia / en detrimento / en exaltación / en caída / peregrino (traza un círculo alrededor de una opción).

Mi Urano está en el signo _____. Está en dominancia / en detrimento / en exaltación / en caída / peregrino (traza un círculo alrededor de una opción).

Mi Neptuno está en el signo _____. Está en dominancia / en detrimento / en exaltación / en caída / peregrino (traza un círculo alrededor de una opción).

Mi Plutón está en el signo _____. Está en dominancia / en detrimento / en exaltación / en caída / peregrino (traza un círculo alrededor de una opción).

EL REGENTE DE TU CARTA

Tengo noticias para ti: no todo gira alrededor del Sol. Bueno, los planetas sí que lo hacen, pero en astrología no es la cuestión más importante. Lo realmente significativo corresponde al regente, que es el que muestra la cuestión central en tu vida.

El regente de la carta es fácil de localizar. Observa dónde está tu Ascendente. ¿Cuál es el planeta que gobierna ese signo? ¡Ese es el regente de tu carta! A continuación, encuentra la casa que ocupa ese planeta y entonces obtendrás toda la información sobre lo que está impulsando tu conducta.

Por ejemplo, mi signo Ascendente es Libra, y esto significa que mi planeta regente es Venus. Venus está en Cáncer y reside tranquilamente en mi novena casa. Esto indica un gran amor por la espiritualidad, la cultura, la filosofía y los viajes. Me siento más segura cuando me dedico a leer, estudiar el mundo e intentar descubrir de qué forma encajo en él.

· ·

Astrocicio

¡Ahora es tu turno! Encuentra al regente de tu carta. ¿Qué dice de ti?

Mi Ascendente es _____, que está gobernado por_____.

Ese planeta está en mi _____, en el signo de_____.

Esto significa que yo_____.

RECEPCIÓN MUTUA

Justo cuando pensabas que ya habíamos agotado todo ese asunto de la dominancia y los puntos fuertes y débiles, todavía hay algo más. Sí, lo sé..., son demasiadas cosas para recordar. Pero debes tener en cuenta que con tiempo y práctica podrás asimilar todas estas cuestiones astrológicas. De cualquier manera, lo que viene a continuación es la recepción mutua.

La recepción mutua se produce cuando dos planetas están ocupando el signo que le corresponde al otro. Por ejemplo, si tu Venus está en Sagitario y tu Júpiter está en Tauro, hay una recepción mutua. Esto quiere decir que estos planetas trabajan juntos como un equipo de remo planetario.

Esta configuración es especialmente positiva si uno de los planetas está en una ubicación desfavorable. Por ejemplo, la Luna en Escorpio recibe la ayuda de Marte o Plutón en Cáncer.

Y esa no es la única recepción mutua. También hay una recepción por exaltación. Esto ocurre cuando un planeta ocupa la exaltación de otro signo. Un ejemplo de ello es: si tu Luna se encuentra en Capricornio, es recibida por Marte, que está exaltado en Capricornio. Si tu Marte está en Tauro, se encuentra en recepción con la Luna, que está exaltada en Tauro. ¡De repente, esa Luna ya no es tan mala!

También hay otras recepciones mutuas que debemos considerar; se trata de dos que yo tiendo a buscar. Esto podría ser otra cosa más para aprender (¡muy agotador!), aunque es bueno conocerlas. Comprender las recepciones mutuas es especialmente útil si una carta es complicada. Aprender un poco acerca de la acción de la recepción mutua es como tener un amigo a mano que te ayuda en tiempos difíciles.

· ·

Astrocicio

Mira tu carta para comprobar si tienes algunos planetas en recepción mutua. ¿De qué manera se apoyan mutuamente?

¿Cuál es tu ángulo? Introducción a los aspectos

Retrocediendo a los años en que estaba en el instituto, debo decir que odiaba hacer los deberes, y esto disgustaba profundamente a mis profesores. En mi opinión, eran una pérdida de tiempo. Yo tenía mejores cosas que hacer (o al menos eso pensaba).

En particular, detestaba la geometría, que me aburría mortalmente. Al final del semestre el profesor me comunicó que iba a suspender la asignatura.

Haciéndome la lista, respondí:

—¡Bah!, de cualquier manera jamás utilizaré la geometría.

—Tú verás —me dijo él con la mirada displicente de un arrugado experto en matemáticas, que sabía mucho más que una creída quinceañera.

Y sucedió que poco tiempo después comencé a estudiar astrología. Y en ella hay un montón de geometría. ¡Aquel profesor tenía toda la razón!

Resulta interesante que me encuentre ahora en el mismo barco que él cuando enseño astrología. Todo el mundo se interesa por las partes en las que hablamos de los efectos de los planetas en ciertos signos, y todas las cuestiones asociadas a la interpretación les parecen divertidas. Sin embargo, en cuanto aparecen las matemáticas, se les nubla la mirada... o los ojos se les llenan de lágrimas. La parte de la geometría no resulta tan divertida.

Bueno, quizás no sea un crucero de placer... al principio. Pero una vez que estás en él, no es tan malo. De hecho, empiezas a sentirte como un sabihondo que comprende todos los ángulos. Recita de un tirón todas esas ecuaciones matemáticas, y todo el mundo pensará que eres un genio.

Vamos a sumergirnos en los aspectos: ¡aquí hablaremos todo el tiempo de geometría!

¿QUÉ ES UN ASPECTO?

Un aspecto es un ángulo (geométrico) que un planeta forma con otro. También puede haber aspectos entre planetas y en cualquier punto de la rueda del horóscopo (por ejemplo, un planeta puede formar un ángulo con tu Medio Cielo). Estos aspectos pueden ejercer influencia sobre el planeta, sea positiva o negativa.

Piénsalo en estos términos:

- Los planetas muestran lo que está sucediendo.
- Los signos señalan cómo se está expresando la energía del planeta.
- Las casas indican dónde están sucediendo las cosas.
- Los aspectos muestran la facilidad o la dificultad.

Acerca de los orbes: el orbe es importante, de manera que presta atención, colega. Un orbe se refiere a la exactitud del aspecto. En otras palabras, cuanto más cerca estén los planetas en términos de grados, más significativo será el impacto del aspecto. Yo trabajo solamente con las órbitas ajustadas; prefiero que los planetas no estén separados por más de 5°. Si las órbitas son amplias, el aspecto se debilita. Por ejemplo, el Sol a 20° de Géminis y la Luna a 22° de Géminis formarían un orbe agradable y ajustado. El Sol a 20° de Géminis y la Luna a 1 grado de Géminis sería un orbe demasiado holgado.

Estos son los aspectos principales:

- Conjunción: 0°.
- Sextil: 60°.
- Cuadratura: 90°.
- Trígono: 120°.
- Oposición: 180°.

 Conjunción: los planetas están separados por 0°; prácticamente están uno sobre el otro, como si estuvieran haciendo el *lap*

dance.* Este es el aspecto más potente, y sirve para intensificar la energía entre los dos planetas. Por ejemplo, yo tengo el Sol y Mercurio a 20° de Géminis, asentados en la octava casa, que corresponde a la intuición. Esto muestra que tengo un instinto fuerte, que mi mente y mi intuición están amplificadas. El símbolo es un círculo con una pequeña línea que emerge hacia la derecha como una antena.

Sextil: los planetas están separados por 60°, o se encuentran a dos signos de distancia. Este es un aspecto positivo, y muestra que los planetas están en armonía. ¡Es un aspecto que indica oportunidades! ¡Viva! El símbolo se parece a una pequeña estrella, o al ombligo.

Cuadratura: los planetas forman un ángulo de 90°. Este es un aspecto difícil. Es como si dos planetas estuvieran entre la espada y la pared, y tuvieran que luchar por encontrar la salida. Este aspecto crea tensión, pero al mismo tiempo te impulsa a crecer. Si más adelante tienes que afrontar problemas, serás capaz de resolverlos. La cuadratura puede generar personas más exitosas porque concentran toda su atención en alcanzar el éxito. Recuerda que, independientemente de que tus aspectos sean complicados o fáciles, tú eres quien decide cómo trabajar con esa energía. El símbolo es un cuadrado.

Trígono: los planetas forman un ángulo de 120°. Este aspecto es el más afortunado de todos. Aquí los planetas son superamables y se ayudan mutuamente. Sin embargo, también pueden conseguir que seas un poco perezoso ya que no estás obligado a esforzarte. (Los así llamados aspectos positivos no siempre lo son si no aprovechas sus beneficios o te comportas de manera autocomplaciente). El símbolo es un triángulo.

---

* N. de la T.: *Lap dance*, o baile del regazo, es un tipo de baile sensual que ha alcanzado popularidad durante los últimos años, sobre todo en clubes y salas eróticas.

Oposición: los planetas están separados por 180°. Esto muestra que los planetas están en conflicto, son fuerzas opuestas. Este aspecto es como ser tironeado en ambas direcciones. La salida se encuentra siempre en el medio. Debes comprometerte y desarrollar estrategias. El símbolo se parece a una pequeña mancuerna.

Ahora, antes de que empieces a agobiarte pensando en lo que debes hacer con todas estas cuestiones matemáticas, tengo algunos trucos rápidos para que puedas detectar fácilmente a estos chicos malos.

Conjunción: busca dos astros en el mismo signo. Por ejemplo: Luna en Cáncer, Marte en Cáncer. ¡*Voilá*!* ¡Conjunción!

Sextil: para formar un sextil los planetas estarían cada uno en el signo del otro o en una casa entre ambos. Por ejemplo: Sol en Virgo, Júpiter en Escorpio.

Cuadratura: los planetas estarían en signos que comparten la misma cualidad. Por ejemplo: Venus en Libra, Saturno en Capricornio. Ambos son signos cardinales.

Trígono: un trígono se forma entre planetas que están en el mismo elemento. Por ejemplo: Mercurio en Piscis, Urano en Escorpio. Ambos son signos de agua.

Oposición: este aspecto es el más fácil de identificar. Solo tienes que buscar un planeta que esté en el signo opuesto de otro. Por ejemplo: Luna en Tauro, Plutón en Escorpio.

¿Lo ves? No es tan complicado.

---

* N. de la T.: En francés en el original.

Incluso hay un truco todavía más fácil: el *software* para hacer cartas astrales incluye una pequeña cuadrícula que explica los aspectos. Si usas esta herramienta, pronto te sentirás lo suficientemente confiado como para encontrarlos por ti mismo. Pero si tienes fobia a las matemáticas, puedes utilizar la cuadrícula para no estresarte.

CÓMO LEER UNA CUADRÍCULA DE ASPECTOS

Ahora ya conoces todos esos símbolos, ¿verdad? En ese caso verás que la cuadrícula de aspectos es muy fácil de usar.

Mira la siguiente cuadrícula. Léela de izquierda a derecha, y también de arriba hacia abajo, para ver de qué forma interactúan los planetas. En este ejemplo, comienzas en la columna superior y seleccionas el Sol. Si te desplazas hacia abajo hasta llegar a Marte, verás un símbolo cuadrado. Ese símbolo te muestra que el Sol está en cuadratura con Marte.

	☉	☽	☿	♀	♂	♃	♄	♅	♆	♇	♀	⊖	⊕
☉													
☽	⚻												
☿	☌ P	⚻											
♀	P		P										
♂	□	✶	□										
♃	☌												
♄	□	△	□		☍	□							
♅	□	Q		✶		□	☍						
♆	⚻	☌	⚻		✶		△						
♀	□	Q	□			□	☍	☌	✶				
♂	□	△	□		☍		☌		△				
⊖	△	⚺	△			Ⴤ		∠			⚻		
⊕		△			®		Ⴤ			∠	△		

• •

Astrocicio

Haz una copia de tu cuadrícula de aspectos y tu carta. Busca el aspecto en la cuadrícula y luego vuelve a tu carta. Encuentra ese aspecto en tu carta. ¿Cómo de ajustado es el orbe? ¿Cómo manifiestas tú la energía?

Crédito extra
¡Encuentra aspectos sin utilizar la cuadrícula! ¡Puedes hacerlo!

LA LIGA MENOR: ASPECTOS SECUNDARIOS

Cuando empieces a introducirte en el campo de la astrología, te recomiendo que te limites a los aspectos principales; una vez que te familiarices con ellos ya estarás en camino de ganarle la batalla a la astrología.

Dicho esto, me gustaría incluir unos pocos aspectos secundarios. Quizás no nos revelen nada de lo que nos muestran los aspectos principales, pero pueden añadir información adicional que puede resultarnos útil.

Semisextil: los planetas están separados por 30º. En otras palabras, el aspecto se encuentra en el signo que está en la puerta de al lado. Por ejemplo, si tu Sol está en Aries y los planetas en Piscis, entonces Tauro estaría en un semisextil con respecto al Sol. Como buenos vecinos, los planetas parecen trabajan juntos armoniosamente, incluso aunque no sean semejantes.

Semicuadratura: es un aspecto irritante que se forma entre dos planetas separados por 45º, o por un signo y medio. Este aspecto genera una vibración molesta. Piensa en él como una persona enervante que tienes que ver todos los días en el trabajo. Aunque no te caiga bien, ese individuo no hará naufragar tu mundo, de manera que debes soportar la situación.

Quincuncio: el quincuncio tiene dos planetas a una distancia de 150º, o de cuatro signos. Los planetas en un quincuncio no terminan de cuajar aunque lo intenten. Esto significa que la situación puede ser un poco tensa. Tomemos el ejemplo de tu ex, con quien tienes problemas por la custodia de los niños después del divorcio. Tú pones lo mejor de tu parte para llevarte bien con él, o ella, pero la tensión siempre está presente bajo la superficie independientemente de lo que hagas.

Sesquicuadratura: en una sesquicuadratura los planetas están separados por 135°, o por cuatro signos y medio. Este es otro aspecto estresante. Es como una de esas situaciones en las que estás metido en el barro en un día de lluvia sin paraguas ni botas, de repente suena tu móvil y la que te llama es tu madre, que intenta hacerte sentir culpable por algo que ha sucedido. En otras palabras, ¡es esa clase de tensión que te hace perder los papeles!

Habilidades astrológicas

No *necesitas* aprender los aspectos secundarios. Sin embargo, el conocimiento es poder y por eso te recomiendo familiarizarte con ellos.

Astrocicio

Utiliza tu cuadrícula de aspectos para ver si puedes encontrar cualquiera de estos molestos aspectos secundarios en tu carta. ¿Cómo se manifiesta la energía?

¿CÓMO DEMONIOS INTERPRETAS TODO ESTE ASUNTO DE LOS ASPECTOS?

Interpretar los aspectos planetarios es un verdadero arte. Mi mejor consejo es: separa los temas en diferentes secciones para no agobiarte. Empieza por establecer cuáles son los planetas que están formando el aspecto. El paso siguiente es mirar en qué signos se encuentran. Luego tendrás que analizar cuáles son las casas que están afectadas.

Por ejemplo, vamos a analizar otra vez la carta astral de Marilyn Monroe que te presenté en la página 85.

Su Luna forma una cuadratura con Saturno. La Luna simboliza las emociones, mientras que Saturno es un capataz severo. Esto crea una naturaleza emocional, seria, melancólica y con tendencia a la depresión. Recuerda que la Luna también está conectada con la madre; este aspecto puede indicar un complejo asociado con la figura materna o alguna otra energía conectada con el hecho de haberte sentido defraudado en la niñez.

A continuación, vemos que la Luna se encuentra en el intelectual Acuario, lo que indica una tendencia a analizar los sentimientos y la necesidad de tener libertad personal. Saturno en Escorpio trae lecciones relativas al dinero, al sexo y al poder.

La Luna está en la séptima casa, que gobierna las asociaciones, mientras que Saturno se encuentra en la cuarta casa, que corresponde a los asuntos domésticos y a la madre. Las relaciones amorosas de Monroe estaban profundamente afectadas por la falta de amor de su madre en su temprana infancia, y presuntamente esto dejó cicatrices duraderas en su psiquis. Como una niña pequeña perdida, buscó el bienestar a través de relaciones afectivas con personas prominentes como John F. Kennedy. Sin embargo, esas relaciones también la defraudaron y repitieron una y otra vez el sentimiento de abandono materno.

A medida que analizas los aspectos de una carta, quizás observes que algunos pueden contradecirse mutuamente. Por ejemplo, puedes tener una oposición entre el Sol y Marte, pero también un sextil entre Marte y tu Júpiter natal. En este caso, la energía se compensa o suaviza. Esta configuración muestra la forma de trabajar con las dificultades. Piensa en ella como una puerta trampa o un apoyo adicional.

Si una tonelada de aspectos difíciles le da una paliza a un planeta, no debes asumir que la carta es horrible. Los aspectos negativos a menudo generan una energía que exige al individuo alcanzar el éxito, en tanto que algunas cartas cargadas de aspectos llamados favorables pueden producir individuos perezosos que parecen esperar no tener que mover ni un solo dedo. Pero la vida no funciona de ese modo. ¡Abandona el sofá y sigue adelante!

PLANETAS INASPECTADOS

¿Y qué pasa si un planeta no parece interactuar con ninguno de los demás? Si no puedes encontrar vínculos con otros planetas, a ese planeta se lo denomina «inaspectado» y se le otorga la condición de lobo solitario. Estos planetas funcionan independientemente, sin interferencia. Quienes tienen planetas inaspectados tienden a hacer las cosas a su propio modo. Si tú tienes uno, podrías ser una persona inconformista que vive de acuerdo con su propio código. ¿Qué es lo que hacen los demás? No importa, tú harás justamente lo contrario.

• •

Habilidades astrológicas

Concéntrate en los aspectos que tienen los orbes más ajustados. Esos serán siempre los más importantes y los que más impacto tendrán.

• •

Astrocicio

En la carta de Marilyn Monroe, Marte forma un trígono con Saturno. Marte se encuentra en Piscis en la octava casa, mientras que Saturno está en Escorpio en la cuarta casa. ¿De qué manera esta configuración podría haber influido en su personalidad? ¿Y de qué forma este aspecto positivo de Saturno podría haber facilitado esa cuadratura Luna/Saturno?

• •

Lectura recomendada

Aspects in Astrology: A Guide to Understanding Planetary Relationships in the Horoscope [Los aspectos en la astrología: Una guía para entender las relaciones planetarias en el horóscopo], de Sue Tompkins.

PATRONES DE ASPECTOS PRINCIPALES

Sospecho que te estás agobiando con los aspectos. Respira hondo, socio, ¡porque aún hay más!

Lo que viene a continuación son los patrones de los aspectos.

Los patrones de los aspectos se refieren a figuras y patrones que los planetas forman en tu carta natal. Si tienes tres o más planetas conectados entre sí por un aspecto, pueden formar un patrón. Estos patrones pueden intensificar los aspectos, en especial en el caso de una cuadratura en T, que consiste en dos cuadraturas unidas por una oposición.

Psst... Hay una trampa para ti: muchos programas de astrología te dirán rápidamente si hay un aspecto principal escondido en la carta. Si te confunden los detalles, hay una forma rápida de ver lo que está sucediendo.

Ahora vamos a ocuparnos de los aspectos importantes que necesitas conocer.

CUADRATURA EN T

La cuadratura en T se forma cuando dos planetas están en oposición (180°) y ambos también están en cuadratura (90°) con un planeta en el medio. Si trazas líneas que conecten estos planetas, verás que se forma una letra T.

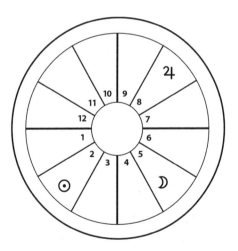

La cuadratura en T es como una mesa de tres patas: la energía es inestable e insegura. Pero hay algo que debes saber: algunas de las personas más exitosas del mundo tienen cuadraturas en T en sus cartas. Por ese motivo una cuadratura en T crea tensión, y el estrés que produce impulsa a las personas a pasar a la acción, particularmente las cuadraturas en T cardinales.

El truco con la cuadratura en T es mirar dónde se encuentra la «pata que falta». Esto indica dónde necesitas enfocar la energía. Es la «solución» al problema de la cuadratura en T.

GRAN TRÍGONO

Al aspecto «gran trígono» lo denomino «El más fácil» porque se supone que trae suerte y tranquilidad en la carta de un individuo. Este aspecto está formado por tres planetas, cada uno de ellos en el mismo elemento (tierra, aire, fuego, agua), formando un triángulo y manteniendo 120º de 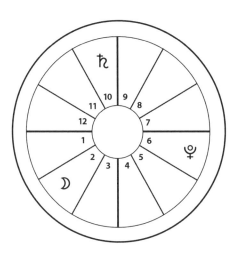 distancia entre cada signo. Es como una pequeña *ménage a trois**ⁱ pla- netaria. A los individuos que tienen grandes trígonos las cosas se les dan fácilmente: tienen armonía, a diferencia de los pobres infelices que tienen cuadraturas en T.

¡Si tienes un gran trígono en tu carta debes sentirte afortunado! Sin embargo, debo decirte algo: he conocido varias personas con un gran trígono que se dejaron vencer por la pereza y han vivido con la esperanza de salir adelante solamente gracias a sus encantos. Si posees este aspecto afortunado, trabaja en él. No desperdicies esa buena energía. Pregunta a esos amigos exitosos que tienen una cuadratura en T qué es lo que están haciendo para tener éxito. Y luego haz lo mismo que ellos.

---

* N. de la T.: En francés en el original.

GRAN CRUZ

¿Recuerdas a nuestra amiga, la cuadratura en T? Imagina si tuviera la pata que falta. Si ese fuera el caso, estarías frente a la Gran Cruz, una configuración en la que intervienen cuatro planetas, todos de la misma cualidad (cardinal, mutable, fijo). Y aunque la pata que faltaba ya está en su sitio, este sigue siendo un aspecto tenso. Al-

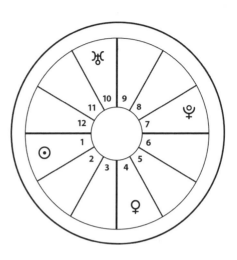

gunas veces estos individuos parecen buscar situaciones dramáticas o una crisis. ¿Cuál es la salida? El camino del medio.

Esto quiere decir que aquí tienes que tener un enfoque tipo zen. Para las grandes cruces cardinales es necesaria una acción estratégica. Las grandes cruces cardinales necesitan aprender a quedarse quietas y encontrar sus raíces. La Gran Cruz Fija debe salir de su zona de confort.

EL YOD O DEDO DE DIOS

El Yod está formado por dos planetas en un sextil, con un tercer planeta formando un ángulo de 150º (quincuncio) en relación con los otros dos. Un Yod, también llamado «dedo de Dios», simboliza un tipo de misión en la que ese tercer planeta es el punto focal. Aunque este patrón de aspectos se

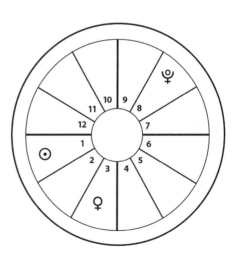

considera raro, estoy rodeada de personas que lo tienen en su carta. Mi marido y mis dos hijos tienen Yods. ¡Me gusta decir que todos ellos me señalan con el dedo!

RECTÁNGULO MÍSTICO

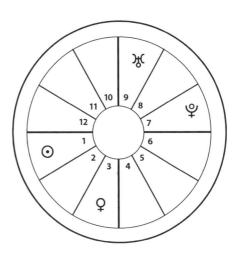

Un rectángulo místico consiste en dos sextiles y dos trígonos, junto con dos oposiciones. Parece un gran rectángulo con una X en el centro. Un rectángulo místico indica armonía interior, y puede significar éxito en tu profesión. Las oposiciones añaden una complicación suficiente como para que te mantengas despierto y alerta, ¡pero toda esa vibración que producen los sextiles y los trígonos puede ayudarte a alcanzar el éxito en lo que te propongas! Es como un ángel guardián astrológico.

EL COMETA

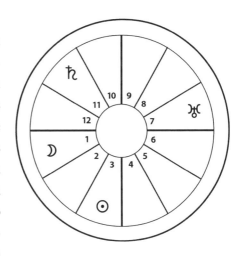

El cometa es un gran trígono con un cuarto planeta que está en oposición con uno de los tres planetas del trígono. Recuerda que los grandes trígonos son «los más fáciles»; la oposición en el cometa actúa como un catalizador y crea un punto focal. Esa es la tensión necesaria para impulsarte a la acción. ¡Puedes volar alto si tienes este aspecto en tu carta!

Astrocicio

Diana, la princesa de Gales, tiene dos patrones de aspectos principales en su carta. ¿Puedes encontrarlos? ¿Qué pistas nos dan acerca de su vida?

A continuación mira tu carta natal. ¿Puedes identificar en ella alguno de estos patrones de aspectos? Y en ese caso, ¿cuáles son los planetas y las casas involucrados? ¿Qué es lo que esto te dice sobre ti mismo?

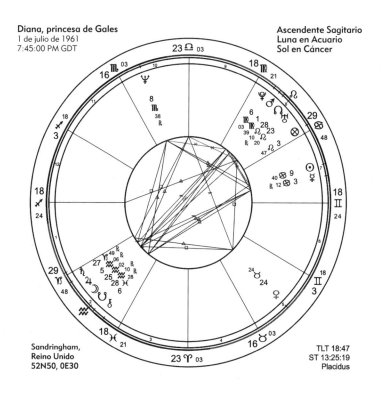

Diana, princesa de Gales
1 de julio de 1961
7:45:00 PM GDT

Ascendente Sagitario
Luna en Acuario
Sol en Cáncer

Sandringham,
Reino Unido
52N50, 0E30

TLT 18:47
ST 13:25:19
Placidus

Cómo leer una efemérides

Cada vez que saco mi efemérides, todo el mundo sale corriendo. «¿Cómo demonios puedes leer eso?».

Para los no iniciados parezco una sabelotodo, pero la verdad es que no es tan complicado. Una vez que ya conoces los símbolos, simplemente es cuestión de encontrarlos y leerlos de izquierda a derecha y de arriba hacia abajo. Además de unas pocas cosas más.

Una efemérides es una tabla que muestra dónde están los planetas en una fecha determinada. Tienes un par de opciones para elegir: puedes comprar una versión impresa o trabajar con una versión digital *online*. Yo soy de la vieja escuela, así que prefiero tenerla entre mis manos. Tengo dos efemérides: una para los años 1900-2000 y otra con fechas que abarcan desde 2000 hasta 2050, de modo que puedo mirar los tránsitos actuales y hacer cartas para personas nacidas después de 1999.

... COMO UN EXPERTO

ESTA ES LA FORMA DE TRABAJAR CON UNA EFEMÉRIDES

Vamos a estudiar la efemérides para enero de 2020 que está en la página siguiente. La hora está establecida en la medianoche de Greenwich, Inglaterra (por eso ves los números 00:00 UT, que significan cero horas y cero minutos, hora universal). Para la hora media de Greenwich, tienes que ajustar tu zona horaria (lo que en algunos casos también significa ajustar el horario de ahorro de luz diurna). Por ejemplo, yo estoy en la zona horaria central, por eso tengo que restar cinco horas de la hora establecida.

Si miras la parte superior de la carta, observarás que las columnas verticales comienzan con el día del mes. La segunda columna marca la hora sideral, pero esta no es necesaria a menos que quieras calcular las cartas a mano; si utilizas el *software* de astrología, no la necesitas. La siguiente columna corresponde al Sol, seguido por

ENERO 2020 00:00 UT

Día	Hora sid.	☉	☽	☿	♀	♂	♃	♄	♅	♆	♇	☊	☊	⚸	⚷	Día
J 1	6 40 28	10♑ 0'34	16♓ 8	4♑23	14♒25	28♏23	6♑40	21♑24	2°R42	16♓16	22♑23	8°R23	8♋14	27♓ 3	1♈36	J 1
V 2	6 44 25	11° 1'44	28° 1	5°58	15°38	29° 3	6°54	21°31	2♉41	16°17	22°25	8♋23	8°11	27°10	1°37	V 2
S 3	6 48 21	12° 2'54	9♈53	7°33	16°52	29°44	7° 8	21°38	2°41	16°18	22°27	8°D23	8° 8	27°17	1°38	S 3
D 4	6 52 18	13° 4'04	21°50	9° 8	18° 5	0♐24	7°22	21°45	2°40	16°19	22°29	8°23	8° 5	27°23	1°39	D 4
L 5	6 56 14	14° 5'13	3♉55	10°44	19°18	1° 5	7°35	21°52	2°40	16°21	22°31	8°23	8° 2	27°30	1°40	L 5
M 6	7 0 11	15° 6'22	16°14	12°20	20°32	1°45	7°49	21°59	2°40	16°22	22°33	8°24	7°58	27°37	1°42	M 6
X 7	7 4 8	16° 7'31	28°50	13°56	21°45	2°25	8° 3	22° 6	2°39	16°23	22°35	8°25	7°55	27°43	1°43	X 7
J 8	7 8 4	17° 8'39	11♊47	15°33	22°58	3° 6	8°17	22°13	2°39	16°25	22°37	8°26	7°52	27°50	1°44	J 8
V 9	7 12 1	18° 9'48	25° 5	17°10	24°11	3°46	8°31	22°20	2°39	16°26	22°39	8°26	7°49	27°57	1°46	V 9
S 10	7 15 57	19°10'55	8♋44	18°47	25°24	4°27	8°44	22°27	2°39	16°27	22°41	8°R27	7°46	28° 4	1°47	S 10
D 11	7 19 54	20°12'03	22°44	20°25	26°37	5° 8	8°58	22°34	2°D39	16°29	22°43	8°26	7°43	28°10	1°49	D 11
L 12	7 23 50	21°13'11	7♌ 0	22° 4	27°50	5°48	9°12	22°42	2°39	16°30	22°45	8°25	7°39	28°17	1°50	L 12
M 13	7 27 47	22°14'18	21°27	23°43	29° 3	6°29	9°25	22°49	2°39	16°32	22°47	8°24	7°36	28°24	1°52	M 13
X 14	7 31 43	23°15'25	6♍ 0	25°22	0♓16	7° 9	9°39	22°56	2°39	16°33	22°49	8°22	7°33	28°30	1°54	X 14
J 15	7 35 40	24°16'31	20°32	27° 2	1°29	7°50	9°53	23° 3	2°39	16°35	22°51	8°20	7°30	28°37	1°55	J 15
V 16	7 39 37	25°17'38	4♎58	28°42	2°42	8°31	10° 6	23°10	2°40	16°36	22°53	8°18	7°27	28°44	1°57	V 16
S 17	7 43 33	26°18'44	19°14	0♒23	3°54	9°11	10°20	23°17	2°40	16°38	22°55	8°17	7°24	28°51	1°59	S 17
D 18	7 47 30	27°19'51	3♏18	2° 4	5° 7	9°52	10°34	23°24	2°40	16°40	22°57	8°D17	7°20	28°57	2° 1	D 18
L 19	7 51 26	28°20'57	17° 8	3°46	6°20	10°33	10°47	23°31	2°41	16°41	22°59	8°18	7°17	29° 4	2° 3	L 19
M 20	7 55 23	29°22'03	0♐44	5°28	7°32	11°13	11° 1	23°38	2°41	16°43	23° 1	8°19	7°14	29°11	2° 5	M 20
X 21	7 59 19	0♒23'08	14° 7	7°10	8°44	11°54	11°14	23°45	2°42	16°45	23° 3	8°21	7°11	29°18	2° 7	X 21
J 22	8 3 16	1°24'13	27°17	8°53	9°57	12°35	11°28	23°53	2°42	16°46	23° 5	8°22	7° 8	29°24	2° 9	J 22
V 23	8 7 12	2°25'18	10♑14	10°36	11° 9	13°16	11°41	24° 0	2°43	16°48	23° 7	8°R23	7° 4	29°31	2°11	V 23
S 24	8 11 9	3°26'22	23° 0	12°20	12°21	13°57	11°54	24° 7	2°43	16°50	23° 9	8°22	7° 1	29°38	2°13	S 24
D 25	8 15 6	4°27'25	5♒33	14° 3	13°33	14°37	12° 8	24°14	2°44	16°52	23°11	8°19	6°58	29°44	2°15	D 25
L 26	8 19 2	5°28'28	17°56	15°46	14°45	15°18	12°21	24°21	2°45	16°53	23°13	8°16	6°55	29°51	2°17	L 26
M 27	8 22 59	6°29'30	0♓ 8	17°30	15°57	15°59	12°34	24°28	2°46	16°55	23°15	8°11	6°52	29°58	2°19	M 27
X 28	8 26 55	7°30'30	12°12	19°13	17° 9	16°40	12°48	24°35	2°46	16°57	23°17	8° 6	6°49	0♈ 5	2°22	X 28
J 29	8 30 52	8°31'30	24° 8	20°56	18°20	17°21	13° 1	24°42	2°47	16°59	23°19	8° 0	6°45	0°11	2°24	J 29
V 30	8 34 48	9°32'28	6♈ 0	22°38	19°32	18° 2	13°14	24°49	2°48	17° 1	23°21	7°55	6°42	0°18	2°26	V 30
S 31	8 38 45	10♒33'26	17♈52	24♒19	20♓44	18♐43	13♑27	24♑56	2♉49	17♓ 3	23♑23	7♋51	6♋39	0♈25	2♈29	S 31

Delta T = 69.80 sec

otros planetas, incluidos los nodos y Lilith (no todas las efemérides incluyen a Lilith).

Encuentra la columna que tiene el símbolo del Sol. Desplázate hacia abajo y verás el símbolo para Capricornio al comienzo, o en el primer día del mes. El número que está frente al símbolo de Capricornio es el grado y los números después del símbolo reflejan la hora.

A medida que te desplaces hacia abajo por esta columna verás que el planeta cambia a Acuario el día 21. Sigue la misma dinámica para cada planeta. ¡Y eso es todo!

Si ves una «R», ese símbolo te indica que el planeta está retrógrado (hablaremos de esto más adelante). Una «D» significa que el planeta está directo, o que ya ha dejado de estar retrógrado.

Vamos a trabajar con un ejemplo. Al comprobar la acción astrológica para el 13 de enero, encontramos:

Sol 10° Capricornio 14
Luna 21° Leo 27
Mercurio 23° Capricornio 43
Venus 29° Acuario 3
Marte 6° Sagitario 29
Júpiter 9° Capricornio 25
Saturno 22° Capricornio 49
Urano 2° Tauro 39
Neptuno 22° Piscis 32
Plutón 22° Capricornio 47
Nodo Norte (verdadero) retrógrado 8° Cáncer 24
Nodo Norte (medio) 7° Cáncer 36
Lilith 28° Piscis 24
Quirón 1° Aries 52

No es muy difícil, ¿eh?

Astrocicio

¡Ahora es tu turno! Escoge una fecha de la efemérides de muestra y luego haz una lista con los grados, signos y minutos.

FECHA		GRADO	SIGNO	MINUTO
	Sol			
	Luna			
	Mercurio			
	Venus			
	Marte			
	Júpiter			
	Saturno			
	Urano			
	Neptuno			
	Plutón			
	Nodo Norte (verdadero)			
	Nodo Norte (medio)			
	Lillith			
	Quirón			

Resumen de los principios básicos

¡Guau! Todo esto ya es mucho, pero esos son los principios fundamentales para comenzar a entender la astrología. Vamos a resumir esta información hasta llegar a lo esencial:

- Los planetas indican las fuerzas que operan.
- Los signos del Zodíaco muestran cómo se expresa la energía del planeta.
- Las casas de la carta astrológica señalan en qué ámbito tienen lugar los acontecimientos.
- Los aspectos apuntan a si los planetas cooperan entre sí o están en conflicto.

A medida que sigas estudiando astrología, recuerda volver siempre a los principios básicos. Enjabonar, enjuagar y repetir. Pronto dominarás el tema. Te lo prometo.

En nuestra siguiente sección nos prepararemos para empezar a interpretar la carta astral ¡por fin! (¡Ya sé que esto es lo que habéis estado esperando, vaqueros!).

TERCERA PARTE

Los pequeños aspectos esenciales

En esta sección nos ocuparemos de las interpretaciones de todos los planetas según en qué signo y en qué casa se ubiquen. Y más adelante encontrarás una lista que podrás consultar al interpretar una carta, y una carta-ejemplo muy roquera.

Ahora que ya conocemos los principios fundamentales, ha llegado la hora de profundizar. En esta parte del libro nos ocuparemos de las interpretaciones posibles para cada planeta que atraviesa los signos y las casas. Estas breves descripciones ofrecen una pauta básica de cómo se expresan los planetas. Como las piezas de un rompecabezas, cada componente contribuye a conformar el panorama completo.

He incluido las interpretaciones de «alta vibración» y «baja vibración» porque la energía puede actuar en cualquiera de los dos sentidos. Recuerda que aquí no hay un estándar de blanco o negro. Los diferentes aspectos de los planetas crean múltiples formas de interpretar una carta. Y además, un pequeño recordatorio: *siempre* puedes elegir cómo manifestar la energía. En cualquier momento, cada uno de nosotros puede optar por trabajar con las expresiones positiva o negativa.

A medida que avances en esta sección, te recomiendo tener la actitud de un detective que busca pistas. Presta atención a cómo se expresa la energía a través de tu propia carta y de las cartas de las personas que conoces. Busca las semejanzas y diferencias. Analiza qué aspectos podrían estar en juego. Tu actitud mental debe ser abierta y curiosa. Podrías descubrir una magnífica forma novedosa de interpretar todas estas cuestiones astrológicas.

El Sol

«**¿C**uál es tu signo, cariño?». Esta podría ser una de las frases para ligar más cursis de todos los tiempos, y sin embargo todavía se utiliza. El objetivo sería iniciar una conversación que podría dar lugar a algo más, pero ¡esta pregunta también consigue que las personas hablen de astrología, principalmente de su signo solar!

Para la mayoría de nosotros, eso es prácticamente todo lo que conocemos de la astrología. Pero si has leído *Astrología para la vida real* hasta aquí, ya sabes que hay mucho más.

No obstante, no subestimemos el poder de los signos solares, porque desempeñan una función vital en la carta astrológica. El signo solar es importante. De hecho, algunos astrólogos piensan que es la parte más relevante de tu carta ya que muestra la forma en que te expresas y manifiestas tu energía y tu potencial. Es tu impulso creativo y tu voluntad. El Sol muestra cómo brillas.

Sin más dilación, vamos a estudiar ahora los signos solares

El Sol a través de los signos

Aries
Cardinal, fuego.
Símbolo: el carnero.
Regentes: Marte y Plutón.
Frase clave: yo soy.
Parte del cuerpo gobernada por Aries: la cabeza.
Palabras clave: entusiasmo, coraje, iniciativa, pasión.

Aries es el primer signo del Zodíaco, de modo que no es de extrañar que te apetezca empezar cosas nuevas. Si has nacido bajo este signo, te gusta tomar la iniciativa. De hecho, eres más feliz cuando estás en las etapas iniciales de un proyecto. Te aburres fácilmente, de manera que no siempre eres muy perseverante. Los desafíos y la acción son necesarios. Sin ellos, pasas rápidamente a otra cosa.

Esta conducta puede generar un carácter impulsivo y traerte problemas. El dicho «los tontos quieren entrar donde los ángeles no osan pisar» probablemente se escribió pensando en un Aries. Es esencial que aprendas a pensar antes de actuar. Por tanto, debes ir más despacio, contemplar diferentes posibilidades y asegurarte de que no estás funcionando en modo reacción.

Dicho esto, es uno de los mejores signos para el liderato. Eres atrevido, y las personas te admiran porque sabes abrirte camino en la vida. Eres original por naturaleza. No quieres ser convencional, ni una copia de ninguna otra persona. Deseas ser el primero en llegar, el que marca las tendencias.

Los Aries son muy competitivos, y esto puede llevarlos a ser un poco agresivos o egoístas. Cuando vas por ese camino, puedes ser como un elefante en una tienda de porcelana. Un poco de empatía puede llevarte muy lejos. No actúes como un niño malcriado, deja que los demás tomen la palabra de vez en cuando. Aunque es bueno ser el primero, también es conveniente jugar limpio.

Alta vibración: líder nato, valiente, original, consigue que las cosas ocurran.

Baja vibración: impulsivo, temperamental, egoísta.

Tauro

Fijo, tierra.
Símbolo: el toro.
Regente: Venus.
Frase clave: yo tengo.
Parte del cuerpo gobernada por Tauro: la garganta.

Palabras clave: estabilidad, practicidad, poder de voluntad, posesivo.

A diferencia de los Aries, que siempre tienen prisa, a los Tauro les gusta tomarse su tiempo. Si has nacido bajo este signo, probablemente no encuentres ningún motivo para apresurarte. Por el contrario, estás satisfecho con moverte lenta y metódicamente. Te gusta disfrutar del viaje.

Eres práctico hasta la médula. Siempre buscas el camino más razonable, y luego sigues fiel a él hasta que consigues el resultado deseado. La determinación y la perseverancia te permiten superar las dificultades y conseguir un final feliz.

Lo que te motiva es el confort y la seguridad. Te gusta la buena vida, y eres capaz de hacer cualquier cosa para conseguirla. Lo tuyo son las posesiones materiales. Cuando amas a alguien, no quieres separarte de él o ella por nada del mundo. Esto también se extiende a otras relaciones. Pese a que eres una pareja fiel, también puedes llegar a ser posesivo. Y si llegas a comportarte como un controlador compulsivo, esto puede causarte problemas en tus relaciones afectivas. Aprende a dejarte llevar un poco, será bueno para ti.

Debido a que Venus es dominante, eres naturalmente creativo. El diseño, el arte, las formas y las funciones te atraen. Las cosas bellas te alegran el corazón. Estás dispuesto a trabajar duro para rodearte de lo mejor. Y aunque los Tauro no tengan mucho dinero, harán todo lo que esté en su mano para mejorar su entorno o su apariencia. Si este es tu signo solar, eres una roca firme de la que todos dependemos. No cabe duda de que eres la primera persona a la que los demás acudirán cuando las cosas vayan mal: saben que tú estarás allí. Siempre.

Alta vibración: sensato, práctico, creativo, determinado.
Baja vibración: materialista, posesivo, terco.

Géminis

Mutable, aire.

Símbolo: los gemelos.

Regente: Mercurio.

Frase clave: yo pienso.

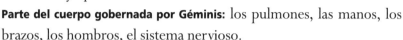

Parte del cuerpo gobernada por Géminis: los pulmones, las manos, los brazos, los hombros, el sistema nervioso.

Palabras clave: intelectual, versátil, comunicación, curioso.

A los Géminis les gusta vivir en su cabeza. Son criaturas inteligentes y generadoras de ideas, con sed de saber. Si has nacido bajo el signo de los gemelos, te gusta aprender. Sientes curiosidad por una amplia variedad de temas que pueden llevarte a tener un conocimiento amplio, aunque superficial. Eres un comunicador nato, para ti las palabras son importantes. Te gusta hablar y escribir, y quizás optes por una carrera en comunicaciones o medios. Puedes ser una persona amable y conversadora, o tensa y nerviosa, especialmente cuando estás aburrido. Que el cielo ayude a esa pobre alma que está cerca de ti cuando no tienes nada que te estimule mentalmente como para decir o hacer algo. Esta situación te inquieta, y tus ojos no dejan de buscar algo nuevo. La mejor versión de ti mismo se manifiesta cuando estás ocupado.

Eres ingenioso y entretenido, por eso puedes disfrutar de una gran popularidad. De tu boca salen palabras bonitas, y seduces a todo el mundo. Como eres muy individualista y, en consecuencia, un inconformista total, no tienes ningún deseo de ser como el resto de la gente. Eres demasiado rebelde para eso.

En tu vida amorosa te gusta tener libertad para ir y venir a placer. Si alguien intenta hacerte una encerrona, buscas la salida más cercana. Te gusta flirtear y puedes hablar prácticamente con cualquier persona. No te comportas de acuerdo con tu edad, ni tampoco aparentas tener los años que tienes. La variedad es la chispa de la vida para ti, pero debes tener cuidado para no ir de un extremo al otro. Por ser muy flexible puedes relacionarte prácticamente con todo el mundo...

y adaptarte a cualquier situación. Esta capacidad de adaptación te permite convertirte en un camaleón cuando es necesario. Pero esto también significa que tus relaciones pueden ser un poco inconstantes. Deja que se manifieste tu verdadero ser, después de todo nunca resulta aburrido.

Alta vibración: inteligente, comunicativo, ingenioso, adaptable a cualquier situación.
Baja vibración: extravagante, inconstante, no fiable, chismoso.

Cáncer

Cardinal, agua.
Símbolo: el cangrejo.
Regente: Luna.
Frase clave: yo siento.
Parte del cuerpo gobernada por Cáncer: el estómago y los pechos.
Palabras clave: sentimental, sensible, buen cuidador, imaginativo.

Eres un alma sensible, mucho más que la mayoría. Por estar regido por la Luna, eres consciente de todas tus sensaciones. De hecho, sientes las cosas profundamente. No solamente eres emotivo, sino también intuitivo. Todos los nacidos bajo el signo de Cáncer tienen una habilidad sorprendente para percibir lo que está sucediendo o lo que está reconcomiendo a una persona. Cáncer gobierna el estómago, de manera que es natural que tengas instintos viscerales.

Tienes cualidades excelentes en el sector doméstico. Te sientes feliz cuidando a otros y creando un nido confortable. Cualquier persona que vive bajo tu mismo techo está muy bien alimentada y cada noche es arropada con un gran abrazo. Amas de una forma maternal y familiar.

Tienes un profundo temor de que te hagan daño. Por lo tanto, a veces te rodeas de una dura coraza para proteger tu vulnerable mundo interior. Sin embargo, esta fachada se resquebraja inevitablemente cuando intervienen tus sentimientos, lo que provoca que te retires para estar a solas.

La seguridad es muy importante para ti, y por ese motivo se te da muy bien ahorrar dinero para cuando lleguen las épocas de vacas flacas. El riesgo no es lo tuyo. Por si acaso, prefieres tener reservado un poco de dinero. Cuando decides hacer alguna inversión, generalmente la haces en el mercado inmobiliario o en cualquier otro campo que parezca seguro.

La amabilidad y la dulzura son tu verdadera naturaleza, pero también puedes ser muy dependiente. Con esta conducta puedes sofocar a tus seres queridos hasta el punto de que se sienten atrapados. El padre helicóptero* es un ejemplo de un Cáncer que se manifiesta de manera negativa.

Te sientes orgulloso de tu historia familiar y podrías estar interesado en conocer tus raíces. O, al menos, es probable que te apetezca mantener las tradiciones familiares.

Alta vibración: sensible, buen cuidador, amable, intuitivo.
Baja vibración: dependiente, controlador, aprensivo, inseguro.

Leo

Fijo, fuego.
Símbolo: el león.
Regente: Sol.
Frase clave: yo quiero.
Parte del cuerpo gobernada por Leo: el corazón y la columna vertebral.
Palabras clave: noble, poderoso, digno, generoso.

---

* N. de la T.: El padre helicóptero, también llamado hiperpadre, educa a sus hijos con un comportamiento sobreprotector y controlador que afecta al desarrollo emocional de los niños.

Cuando los Leo entran en una habitación, todo el mundo lo nota. Ese porte majestuoso y el contoneo de sus caderas marcan la diferencia con los simples mortales. Si has nacido bajo el signo de Leo, sabes que estás hecho de un material resistente. Gobernado por el Sol, eres el más brillante y ardiente del Zodíaco. Irradias confianza y tienes un gran atractivo sexual. Eres orgulloso y te gusta que los demás reparen en ti.

Eres noble. La dignidad es esencial en tu vida. Jamás se te ocurriría humillar a nadie, y obviamente tampoco te gusta que alguien intente hacerlo contigo. Tú valoras el respeto, y lo exiges. También te gustan los halagos, y cuando alguien te elogia ronroneas como un gatito.

Los Leo están gobernados por el corazón, lo que significa que son generosos y cariñosos. No tienes ningún problema en entregarte ni en compartir tus cosas. La mezquindad no va contigo. Dicho esto, puedes ser posesivo, especialmente en el amor. Quieres ser el centro del universo y aspiras a tener una pareja que te coloque en un pedestal. En ocasiones puedes ser muy dramático. Y aunque esta característica puede ser muy buena si eres actor, tu histrionismo puede hacer perder los nervios a los demás.

Te desempeñas bien en cargos de autoridad. Eres un líder nato e inspirador. Cuando te encuentras en una posición de poder, te expresas bien y haces todo lo que está en tus manos para asegurarte de que todo el mundo se siente escuchado. Tu lado más negativo es que eres unególatra vanidoso. Necesitas mantener ese ego feroz bajo control, de lo contrario te arriesgas a irritar a todo el mundo.

Alta vibración: generoso, noble, amable, líder.
Baja vibración:ególatra, susceptible a la adulación, rey del drama.

Virgo

Mutable, tierra.

Símbolo: la virgen.

Regente: Mercurio.

Frase clave: yo analizo.

Parte del cuerpo gobernada por Virgo: intestinos delgado y grueso, bazo y sistema digestivo.

Palabras clave: metódico, perfeccionista, servicial, analítico.

Igual que los Géminis, los Virgo están gobernados por Mercurio y por eso ambos tienen la misma sed de conocimiento. Pero, a diferencia de los Géminis, los Virgo son analíticos. No te conformas con arañar la superficie, quieres conocer todos los detalles. Te gusta saber cómo funcionan las cosas.

Eres meticuloso y detallista, y eso te convierte en una persona cuidadosa y metódica en todo lo que haces. Y cuando pretendes llegar al fondo de las cosas, no dejas ninguna piedra sin mover.

El servicio es importante para ti. No estás interesado en gobernar a nadie; por el contrario, lo tuyo es ofrecer tu servicio. Por esta característica de tu personalidad puedes elegir profesiones como las de educador o enfermero. El trabajo es un dios para los Virgos; corres el riesgo de convertirte en un adicto al trabajo, especialmente si te gusta lo que haces. Pasar demasiadas horas en la oficina puede afectar a tu vida personal ya que te deja poco tiempo libre para tus relaciones.

Debido a tu amor por los detalles también eres un crítico muy ácido. Nadie mejor que tú para decir qué hay de incorrecto en una situación. A veces esa crítica mordaz puede ir demasiado lejos. Si no la mantienes controlada, te arriesgas a molestar a algunas personas y enemistarte con ellas.

La mayoría de los Virgo son limpios y ordenados. Les encanta el orden. Sin embargo, he conocido algunos que eran desordenados, en general por tener demasiadas cosas que hacer como para ocuparse de la limpieza del hogar. Son capaces de seguir con la nariz metida en un libro o permanecer frente al ordenador ignorando el polvo que se acumula rápidamente alrededor de ellos.

Profundamente perfeccionista, deseas hacerlo todo de la mejor manera posible, lo que te convierte en un empleado ideal. Ese perfeccionismo también puede expresarse en tus relaciones afectivas: no hay nadie que pueda satisfacer tus puntillosas exigencias. Relájate un poco, y seguramente descubrirás que hay muchas personas que están a tu altura.

Alta vibración: inteligente, analítico, ordenado, perfeccionista.
Baja vibración: neurótico, siempre buscando fallos, nunca nada es suficientemente bueno.

Libra

Cardinal, aire.
Símbolo: la balanza.
Regente: Venus.
Frase clave: yo equilibro.
Parte del cuerpo gobernada por Libra: los riñones y la parte baja de la espalda.
Palabras clave: armonía, equilibrio, diplomacia, pacificador.

Igual que los Tauro, los nacidos bajo el signo de Libra están gobernados por Venus. Esto significa que amas las cosas bellas y puedes ser creativo. Tu estética es refinada y elegante. La calidad es importante para ti. El aspecto de Venus también indica una personalidad seductora. Eres gracioso, inteligente y sociable, y esto te convierte en una persona muy popular.

Gobernados por la balanza, los Libra tienen un gran sentido de la justicia. La equidad es fundamental, y es frecuente que elijan profesiones legales. Puedes ser un excelente juez o abogado, o un activista por los derechos humanos. Cuando te dedicas a defender causas justas para otros, estás en tu mejor faceta. La diplomacia también es un atributo esencial de los Libra, y por eso tienes un talento natural para la política o las relaciones públicas. Eres inteligente y hábil, y te encanta conocer nuevas ideas. La estimulación mental es crucial para ti, como también lo es comprender el comportamiento humano. Por eso puedes ser bueno en labores de asesoría o como terapeuta. ¡Tienes montones de opciones!

El problema reside en que, por el hecho de tener muchas opciones, los Libra pueden sentirse confusos o desconcertados. En ese caso, comienzas a dudar y esperas que otros hagan lo que te corresponde hacer a ti. Es mejor que confíes en tus propios instintos y tomes una decisión, en vez de depender excesivamente de las opiniones ajenas.

A los Libra les encanta tener una pareja sentimental. Tener una relación estable te hace sentir completo. Encontrar a esa persona especial puede ser la búsqueda más importante de tu vida. Aunque las relaciones realmente te aportan cosas buenas, debes tener cuidado para no perder tu individualidad a lo largo del camino. Empeñarte en mantener la armonía a toda costa puede llevarte a renunciar a tus propias necesidades para complacer a tu pareja. Con el tiempo, esta conducta conduce al resentimiento, y puede conseguir que la relación se desgaste. Rara vez pierdes la paciencia, pero cuando lo haces tu reacción puede ser épica. Sin embargo, la mayoría de las veces recurres a un comportamiento pasivo-agresivo. Esta es una de las características de Libra que debes evitar si quieres tener relaciones sanas.

Algunas veces a los Libra les gusta remover las cosas para tener un problema que solucionar. Y esto suele suceder especialmente cuando estás aburrido. Te muestras puntilloso, y cuando las cosas llegan a un punto crítico, eres rápido para resolver la situación y ponerlas en orden. Entonces consigues los elogios que tan desesperadamente deseas.

Alta vibración: justo, refinado, elegante, buena pareja sentimental.
Baja vibración: pasivo-agresivo, excesivamente complaciente, manipulador.

Escorpio

Fijo, agua.

Símbolo: el escorpión.

Regentes: Marte y Plutón.

Frase clave: yo deseo.

Parte del cuerpo gobernada por Escorpio: los órganos reproductores.

Palabras clave: secretismo, misterio, intensidad, poder.

Los Escorpio tienen mala reputación en la mayoría de los círculos astrológicos. Si dices que eres un Escorpio, las personas cruzan los dedos y se ponen a silbar. Esto es una injusticia. Si has nacido bajo este signo, eres incomprendido y despiertas recelos. Eres intenso y reservado, una combinación que despierta sospechas. Estas no son cualidades negativas, pero de todos modos a menudo se malinterpretan. Los demás pueden asumir que no se puede esperar nada bueno de ti, por el mero hecho de que eres lo suficientemente sabio como para mantener la boca cerrada.

Eres una fuente de poder. Quizás Escorpio sea el signo más poderoso de todo el Zodíaco. Cuando enfocas tu voluntad en un resultado, nada te detiene hasta que consigues llegar a la meta. Si aplicas esto a cambiar el mundo, podrías transformar positivamente la sociedad. Como es evidente, si utilizas este poder en sentido negativo puedes llegar a ser muy dañino. Esa es la cuestión: Escorpio es el ángel o el demonio. Puedes hacer cosas positivas sorprendentemente bien, pero también puedes actuar en la oscuridad. Elige el camino de la luz, y conseguirás grandes cosas. Cosas buenas.

Lo más probable es que tengas una sexualidad intensa por naturaleza. Esto se debe a que estás gobernado por la región genital. Incluso a temprana edad puedes llegar a sentir la fuerza del deseo burbujeando dentro de ti. El sexo te ofrece la oportunidad de fundirte con otra persona, una liberación. Cuando estás enamorado te entregas completamente; sin embargo, cuando tienes una decepción amorosa puedes pasarte al otro lado y convertirte en una persona vengativa, celosa y mezquina. O fría como un sorbete. Debes cuidarte de tu tendencia a la posesión. Y también de la violencia. Ambas tendencias están presentes porque Escorpio es un signo de extremos. Encontrar el camino del medio te mantendrá centrado, y evitarás problemas.

No confías inmediatamente en las personas, ellas tienen que demostrarte quiénes son. Cuando lo hacen, no hay nadie más leal que tú. Permaneces junto a tus amigos hasta el final, aunque sepas que se encaminan hacia el abismo. Pero si alguien te traiciona, lo eliminas de inmediato de tu vida definitivamente. Y aunque perdones, nunca olvidas.

También estás dotado de un sexto sentido muy bien afinado. Este conocimiento perspicaz, o tu profunda intuición, te permite percibir lo que les sucede a los demás. Las carreras asociadas con trabajos detectivescos, la investigación o el ocultismo son afines a tu personalidad.

La discreción es una cualidad propia de Escorpio. ¡Son capaces de guardar una confidencia como ninguna otra persona! También eres como una madre cuando los otros te revelan sus sentimientos. Por si acaso, esa información quedará oculta. Por algo las personas tienden a contarte sus mayores secretos; saben que los temas tabú no te impresionan. Mantienes la boca cerrada, a menos que los demás crucen una línea trazada en la arena. Y jamás utilizas esa información para hacer daño.

Y aunque los Escorpio suelen despertar temores, también son sumamente sexis. ¡Yo me arriesgo con ellos!

Alta vibración: profundo, psíquico, sexi, misterioso.
Baja vibración: taimado, posesivo, celoso, vengativo.

Sagitario

Mutable, fuego.

Símbolo: el arquero.

Regente: Júpiter.

Frase clave: yo veo.

Parte del cuerpo gobernada por Sagitario: las caderas y las piernas.

Palabras clave: verdad, libertad, aventura, entusiasmo.

Los Sagitario son individuos que buscan y defienden la verdad. Si has nacido bajo el signo del arquero, solo te interesa la verdad y nada más que la verdad. También eres muy sincero, expresas tus opiniones desde el corazón y sin endulzarlas. Defiendes tu libertad, incluso cuando estás en pareja. La necesidad de moverte sin ningún tipo de impedimento es vital para tu alma. Sentirte encerrado te genera ansiedad.

Eres optimista por naturaleza. El poder del pensamiento positivo te ayuda a atraer una buena cuota de suerte. La antigua ley de la atracción funciona para ti. Esto se debe en parte a tu planeta regente, Júpiter, que es el planeta de la suerte y la expansión. Independientemente de lo que ocurra, subes a lo más alto, y a menudo pareces salvarte en el último momento.

La filosofía y los viajes te hacen feliz. Te gusta explorar diferentes sistemas de creencias y el mundo en general. Lo más probable es que visites diversos lugares alrededor del globo para poder ver cómo vive la otra mitad de la humanidad. Y cuando no puedes viajar, te encanta consultar libros para estudiar las diferentes culturas. Quizás te interese la educación superior, especialmente la que se refiere a temas filosóficos, religiosos y culturales. A medida que acopias conocimientos comienzas a desarrollar tu propia filosofía sobre el funcionamiento del universo.

Puedes ser impulsivo, especialmente cuando estás aburrido. De pronto te lanzas a algo nuevo y exótico, dejando un caos detrás de ti. Pero como eres tan jovial y alegre, los que tienen que limpiar el desorden que has dejado no se sienten molestos por hacerlo. Esperarán pacientemente que vuelvas, fresco y rebosante de nuevas historias sobre tus grandes aventuras.

No puedes soportar la hipocresía, en ninguna de sus formas. Esperas que las personas sean lo que dicen ser. Debes tener cuidado para no incurrir en una conducta de superioridad moral, uno de tus atributos más negativos. En algunos casos, los Sagitario idealistas pueden llegar a cegarse con los dogmas. En este caso, puedes convertirte rápidamente en un fanático. ¡Eso no sería nada bueno para ti!

Alta vibración: honesto, aventurero, sabio, optimista.
Baja vibración: superioridad moral, inmadurez, siempre quiere tener razón, obstinado.

Capricornio

Cardinal, tierra.
Símbolo: la cabra.
Regente: Saturno.
Frase clave: yo uso.
Parte del cuerpo gobernada por Capricornio: los huesos y las rodillas.
Palabras clave: ambición, organización, gestión, seriedad.

Como cabras montesas, los Capricornio son tenaces. No importa lo escarpada que sea la pendiente, harán lo que sea por llegar hasta la cima aunque tarden una eternidad. Los Capricornio son ambiciosos. Es muy raro encontrar una persona perezosa en este grupo de tierra. Incluso muy pronto en la vida tus metas son enormes y no tienes miedo de trabajar para alcanzarlas. Cuando otros dicen «eso es imposible», tú encuentras la manera más razonable de llegar hasta allí. Teniendo en cuenta su férrea determinación, no debe sorprendernos que tantos Capricornio lleguen a alcanzar el éxito.

Eres el genio de la organización, cualidad que te permite ser un excelente jefe, empresario, administrador o político. No solamente eres muy bueno para crear un orden, sino que también eres capaz de manejar a la gente de una forma que consigues que contribuyan a colmar tus ambiciones.

El sentido práctico es otra de tus mejores cualidades. Cuando surge algún problema, encuentras la manera más pragmática de llevar a tu equipo a la victoria. ¡No me sorprende que la gente se fíe de ti! Estás hecho de un material resistente y fiable.

Aunque por lo general eres serio, podrías tener un ingenio agudo. Tu sentido del humor se manifiesta de una forma muy expresiva, lo que a menudo sorprende a los demás, porque dan por sentado que siempre te ocupas de cosas serias.

El dinero es importante para ti y algunas personas dicen que es el dios de los Capricornio. Tú no sientes devoción por el dinero, simplemente te hace sentir seguro. Te gusta tener dinero en el banco, porque te pone nervioso tener tres deudas. En algunos momentos, también puedes ser un poco avaro. Es muy probable que Scrooge* naciera bajo el signo de Capricornio.

En ocasiones te sientes desconectado de los demás y un poco melancólico. Se suele decir de ti que eres tremendamente solitario. Tienes que abrir espacio en tu corazón para los demás y compartir con ellos un poco de tu vida.

Alta vibración: ambicioso, decidido, práctico, ejecutivo.
Baja vibración: pesimista, materialista, avaro, frío.

---

* N. de la T.: Ebenezer Scrooge es el nombre del protagonista del *Cuento de Navidad,* de Charles Dickens. Un hombre avaro y mezquino de corazón duro.

Acuario

Fijo, aire.

Símbolo: el aguador.

Regentes: Urano y Saturno.

Frase clave: yo sé.

Parte del cuerpo gobernada por Acuario: los tobillos y la circulación.

Palabras clave: rebelde, inconformista, original, humanitario.

La gente a menudo asume que Acuario es un signo de agua porque su símbolo es el aguador. ¡Pero no es así! En realidad es un signo de aire que refresca los pensamientos.

Si eres un Acuario, eres más listo que el hambre, sensato como el que más y un poco excéntrico. También eres inconformista como los Géminis. Marchas a tu propio ritmo, determinado a vivir tu vida como te parece adecuado. Por ser un signo fijo, eres obstinado, especialmente cuando intentan forzarte a ser alguien que no eres.

Disfrutas con un buen debate, y puedes ser amigo de las discusiones. En tu mundo dejas entrar a toda clase de personas. Eres genial y no tienes prejuicios, por eso todos quieren estar cerca de ti. Ese círculo de amigos está más lleno que el océano, y aquellos que tienen la gran fortuna de tenerte como compañero pueden contar con tu lealtad inquebrantable.

Por estar gobernado por Urano, a veces puedes ser impredecible. Un día podemos verte con el pelo teñido de verde y un mono brillante, y al día siguiente con la cabeza rapada y un traje de chaqueta. El cambio te entusiasma y, por tanto, buscas estímulos intelectuales.

Vives en tu cabeza, lo que dificulta que conectes con tus sentimientos. Igual que Spock,[*] esperas que las cosas sean lógicas, pero como el Hombre de Hojalata,[**] una parte de ti está buscando tu

---

[*] N. de la T.: Spock es un personaje de *Star Trek* profundamente racional y analítico, y muy reservado en sus relaciones.

[**] N. de la T.: Personaje de *El Mago de Hoz*. Es fuerte y resolutivo, pero no logra conectar con sus emociones, por eso sale «en busca de un corazón».

corazón. Las emociones tienden a pasar rápido por tu mente, y puede parecer que eres incapaz de emocionarte, o incluso distante y reservado.

Las causas humanitarias otorgan sentido a tu vida. Cuando tienes una buena causa estás en plena forma. Si no la tienes, seguirás buscando un modo de contribuir de una manera significativa, aunque no sea más que ofreciendo tu amistad a las personas que pasan necesidades.

Alta vibración: leal, libre de prejuicios, listo, innovador.
Baja vibración: impredecible, obstinado, rebelde sin causa.

Piscis

Mutable, agua.
Símbolo: el pez.
Regentes: Neptuno y Júpiter.
Frase clave: yo creo.
Parte del cuerpo gobernada por Piscis: los pies.
Palabras clave: empatía, compasión, creativo, místico.

Si has nacido bajo el signo de Piscis, eres sensible y creativo. Te resulta difícil ignorar tus sentimientos porque son muy profundos. También eres muy intuitivo y perceptivo. Puedes detectar los pensamientos y sentimientos de otras personas, los absorbes como si fueras una esponja psíquica.

Esta capacidad te permite ser empático. Tu compasión por los demás puede llevarte a trabajar en profesiones en las que se ayuda a la gente, como pueden ser enfermería o psicoterapia. No tienes ningún problema en dar hasta tu propia camisa. Como Júpiter es el segundo regente del signo, eres muy generoso. La amabilidad es tu modo habitual de actuar.

La creatividad está en tu ADN. Muchos Piscis tienen talentos musicales y artísticos. O, al menos, aprecian las artes. Por ser Neptuno el regente del signo, también puedes tener tendencias escapistas. Cuando estás en buena forma recurres a las artes, y cuando no estás en tu mejor momento utilizas las drogas y el alcohol para procurarte alivio. Hasta que llegas demasiado lejos, y aparece la adicción. Para los Piscis es esencial aprender a estar en el presente, incluso en momentos de dolor.

El lado místico de la vida te interesa. La intuición, los fantasmas, la magia, el ocultismo y todas esas cosas. Estás buscando respuestas, y eso puede conducirte a explorar otros ámbitos.

A lo largo de tu vida tendrás que hacer muchos sacrificios. Deberás pasar por ello con una actitud positiva, sin permitirte caer en la desesperación. Ese peligro existe porque eres un alma sensible, especialmente cuando te expones demasiado a los males del mundo. De vez en cuando necesitas un tiempo sabático para recargar energías; de lo contrario, te sientes agotado y desencantado e incapaz de contribuir a mejorar significativamente el mundo con tu capacidad de compasión.

Conectarte a tierra y centrarte te ayudará a mantenerte en el presente. Cuando estás desconectado, como los dos peces, nadas de aquí para allá a toda velocidad sin llegar a ningún sitio.

Alta vibración: creativo, místico, compasivo, intuitivo.
Baja vibración: escapismo, adicción, depresión, inestabilidad.

El Sol a través de las casas

El lugar donde el Sol se ubica en tu carta natal revela dónde reside el potencial de tu poder individual. Aquí es donde encuentras tu identidad y aprendes en qué necesitas brillar.

PRIMERA CASA

Alta vibración: tienes una presencia muy fuerte. Cuando entras en una habitación todas las miradas se vuelven hacia ti. Tu personalidad es cálida, magnética y desenvuelta. Te van bien los puestos de liderazgo. ¡Estás aquí para brillar como una estrella!

Baja vibración: tu ego puede despojarte de lo mejor de ti. Ten cuidado con las tendencias a «yo, yo, yo». Aprende a compartir el protagonismo con los demás.

SEGUNDA CASA

Alta vibración: se te da bien ganar dinero. Puedes atraer lo que necesitas fácilmente, pero no eres perezoso. Te encanta ir a trabajar y ganar tu sustento. El éxito material te hace feliz, y es probable que alcances la seguridad en tu vida.

Baja vibración: puedes poner demasiado énfasis en tus cosas. Más grande y mejor no significa que seas superior a los demás. Acaso seas uno de esos individuos que tienen todo el dinero del mundo, pero lo disfrutan poco.

TERCERA CASA

Alta vibración: tienes habilidad intelectual. Estás mentalmente bien dotado, y te sientes orgulloso de ello. Como esta es la casa de la comunicación, te encanta compartir ideas e información. Nunca dejas de aprender.

Baja vibración: puedes ser un esnob intelectual o un chismoso malintencionado. Cuando no tienes demasiadas cosas que hacer, empiezas a comportarte como un entrometido o te conviertes en alguien que habla sin parar, aburre a los demás y no deja que nadie tenga oportunidad de decir algo.

CUARTA CASA

Alta vibración: el hogar y la familia significan todo para ti. Eres muy hábil para crear un lugar seguro y cómodo. Gran parte de tu energía está dedicada a cuidar a las personas que quieres o a crear un hogar que parece una obra maestra. Tu madre desempeña una función esencial en tu vida.

Baja vibración: no eres capaz de cortar el cordón umbilical, lo que probablemente significa que tienes conflictos con tu madre. O intentas dominar a tus seres queridos hasta el punto de que solo desean volar del nido. En el peor de los casos, te aferras al pasado o a todo aquello que te resulta familiar.

QUINTA CASA

Alta vibración: esta es la ubicación natural del Sol, y te proporciona la capacidad de expresarte intensamente. Tu personalidad es luminosa, y por eso la gente se siente atraída por ti. El Sol en la quinta casa produce artistas, actores, atletas o personas que disfrutan de estar «en el escenario». Tienes un don para relacionarte con los niños y se te da muy bien educarlos o criarlos. Cuando estás enamorado, amas con todo tu corazón.

Baja vibración: quieres ser el centro de atención todo el tiempo, y esto puede convertirte en un presumido. También puedes intentar controlar a tus hijos, lo que provoca que se resientan contigo. En algunos casos, esta ubicación del Sol puede indicar a un jugador que pierde dinero a través de sus inversiones o en juegos de azar.

SEXTA CASA

Alta vibración: estás muy orgulloso de tu trabajo, y tu identidad puede estar vinculada a lo que haces. Te da mucha satisfacción obtener reconocimiento por haber hecho bien tu trabajo. Y también es vital para ti ser de utilidad para los demás. Te gusta dedicarte a un trabajo significativo donde puedas expresarte plenamente. El caso es que no tiene ninguna importancia a qué te dediques, siempre y cuando lo disfrutes. Con el Sol en esta ubicación, la salud generalmente es muy buena.

Baja vibración: das demasiada importancia al trabajo, anteponiéndolo a cualquier otra cosa. O es posible que te quejes porque te sientes subestimado, y podrías convertirte en el pesado del trabajo. ¡Nadie quiere que haya un acosador en la oficina!

SÉPTIMA CASA

Alta vibración: pones un montón de energía en tus relaciones. Gracias a tu personalidad magnética tienes un buen número de admiradores. Eres capaz de mantener tu propia identidad, incluso cuando tienes una relación amorosa. Puedes relacionarte abiertamente con los demás sin olvidarte de ti mismo. Cuando el Sol se encuentra en esta casa también indica conexiones con figuras de poder.

Baja vibración: te consideras insuperable e intentas dominar a las personas que te rodean. Esto puede producir que esas personas se alejen de ti o se enfrenten a ti. Debes aprender a comprometerte y dejar que tu pareja brille tanto como tú.

OCTAVA CASA

Alta vibración: eres profundo, sexi e intenso. Te mueve la necesidad de fundirte con los demás. Así como también la transformación y el misterio. Quieres llegar al fondo de las cosas, y a menudo lo consigues gracias a tu perspicacia. Dotado de habilidades psíquicas y un agudo detector de tonterías, no resulta fácil engañarte. En algunos casos, el Sol en esta casa indica una habilidad heredada o misteriosa para gestionar el dinero. Podrías disfrutar de una fama póstuma.

Baja vibración: cuando te sientes herido, eres vengativo y obsesivo. En vez de utilizar tu voluntad para buenas causas, lo haces para destruir. O también puedes utilizar los secretos que te han revelado algunas personas en su contra.

NOVENA CASA

Alta vibración: eres muy hábil para comprender cómo funciona el mundo, y por eso te sientes atraído por los viajes y la educación superior. En cuanto puedes te lanzas a ver mundo y te haces amigo de personas de diferentes culturas. La filosofía, la religión y la escritura alegran tu alma. Una actitud optimista es tu forma natural de ser, y te encanta compartir tu amplia visión de futuro con los demás.

Baja vibración: Puedes convertirte en alguien dogmático y demasiado aferrado a sus opiniones. Cuando esto ocurre, te transformas en todo un fanático y un arrogante

DÉCIMA CASA

Alta vibración: tu ambición te llevará a obtener un gran reconocimiento. El poder y el prestigio te excitan y te preocupan, por eso es natural que busques el protagonismo. El liderazgo y la política son tus reinos. La opinión pública generalmente te aprecia, y puedes asumir fácilmente una función de autoridad en cualquier campo que elijas.

Baja vibración: eres un dictador capaz de utilizar cualquier medio poco ético para conseguir tus objetivos, aun cuando eso signifique pasar por encima de los demás. En algunos casos, esto te convierte en un ególatra loco por el poder, tan sensible a la opinión que los demás tienen de ti que no te detendrás ante nada ni nadie que se atreva a enfrentarse contigo. Por lo general, esta conducta está condenada al fracaso y provoca una caída rápida y pública que será tu perdición.

UNDÉCIMA CASA

Alta vibración: te llevas bien prácticamente con todo el mundo, y esto significa que disfrutas de popularidad allí a donde vayas. Eres una persona leal y nunca juzgas a tus amigos. Brillas en los trabajos humanitarios. Gracias a tu tolerancia y compasión puedes hacer mucho bien en este mundo. Eres un amigo en quien se puede confiar, y por eso no es extraño que los demás quieran ayudarte a conseguir tus metas.

Baja vibración: dejas entrar a cualquier persona en tu vida y a menudo te expones a que algunos de tus amigos te utilicen. O, por el contrario, te conviertes en alguien grosero que se aprovecha de sus amigos. En el peor de los casos, eliges compañeros terribles que te impulsan a descarriarte o te conviertes en una especie de rebelde sin causa.

DUODÉCIMA CASA

Alta vibración: no necesitas acaparar la atención. Aunque eso es lo que muchos desean, tú prefieres la introspección y trabajar entre bambalinas. Las épocas tranquilas mantienen tu energía constante y estable. Comprometerte excesivamente con algo durante un tiempo prolongado agota tus baterías. Una carrera asociada con la investigación, la sanación o la medicina es una forma excelente de aprovechar tu actitud desinteresada y tu don para comprender a los demás.

Baja vibración: eres un lobo solitario que no puede enfrentarse con el mundo. O tienes problemas para poner límites, y terminas dejando que se aprovechen de ti. En algunos casos puedes tener poderosos enemigos secretos que planifican tu caída.

En resumen

El Sol muestra cómo te expresas y en qué ámbitos brillas. Es la esencia de tu personalidad, tu identidad y la forma en que te ves a ti mismo.

. . . .

Habilidades astrológicas

Si piensas que tu signo solar no cuadra demasiado con tu personalidad, mira los otros planetas y tu signo Ascendente. Podrían estar influenciando la forma en que expresas tu signo solar.

. . . .

Astrocicio

La manera de utilizar las interpretaciones en este libro determina cómo expresas tu signo solar.

Mi Sol está en el signo de _____. Cuando actúo en alta vibración, me expreso del siguiente modo: _____

_____. Cuando actúo en baja vibración, me expreso del siguiente modo: _____

_____.

Mi Sol está en la _____ casa. Los ámbitos en los que me expreso son
_____.

Cuando me expreso en alta vibración en esos ámbitos, la situación podría describirse así:_____
_____. Cuando me expreso en baja vibración en esos campos, la situación podría describirse así:___
_____

_____.

Ejercicio: tomar notas en el diario

Imagina que eres un personaje de un programa de televisión. Describe a tu personaje utilizando las interpretaciones de este libro. ¿Cómo sería tu personalidad? ¿Qué función te gustaría que desempeñara ese personaje, y cuáles serían los puntos de la trama argumental con los que te sientes más involucrado?

. . . .

Lecturas recomendadas

Los signos del Zodiaco y su carácter, de Linda Goodman. Este es un texto clásico sobre todos los asuntos relacionados con el signo solar. No puede faltar en ninguna biblioteca astrológica.

Astrología para la felicidad y el éxito, de Mecca Woods.

La Luna

El Sol indica cómo nos expresamos, y la Luna muestra cómo manifestamos nuestras emociones. Refleja cómo respondemos a los demás y cómo nos comportamos en el mundo que nos rodea. Señala nuestras reacciones, nuestros patrones habituales e instintos y también el subconsciente.

¡Pero eso no es todo! La Luna gobierna a tu madre y tu relación con ella y además la forma de cuidar a tus hijos. En la carta de un hombre, esta ubicación puede dar pistas sobre lo que necesita en una pareja. En las relaciones amorosas, saber en qué signo está la Luna de una persona te ayudará a comprenderla, lo que significa que podrás satisfacer mejor sus necesidades emocionales.

La Luna través de los signos

Aries

Alta vibración: si tienes la Luna en Aries, expresas tus sentimientos de una forma atrevida, apasionada y directa. Los demás siempre saben qué pueden esperar de ti, y tú prefieres que te traten del mismo modo. Nunca tienes miedo de asumir riesgos emocionales, y en el amor te lanzas de cabeza.

Baja vibración: puedes ser inquieto, o emocionalmente tenso, lo que no te facilita comprometerte con algo o alguien. Te enfadas fácilmente ante cualquier mínima dificultad. Y a pesar de que tu ira puede llegar a ser volcánica, rara vez es duradera. En el peor de los casos, eres egoísta y muestras una actitud de «primero yo». La clave para la Luna en Aries es aprender a dar prioridad a los demás. Por cierto, también la paciencia. Brillarás más si consigues tener un poquito de ello.

Los padres o madres que tienen la Luna en Aries son protectores, pero no deben obligar a sus hijos a hacer cosas que ellos no quieren.

Deja que tu mantra sea: «Antepongo las necesidades de mis hijos a las mías».

Los hombres con la Luna en Aries prefieren una pareja independiente y que se hace cargo de las cosas, y entonces ellos disfrutan del desafío. ¿Demasiado dependiente? Entonces huyen a toda velocidad como un ciervo.

Tauro

Alta vibración: la Luna está en exaltación en Tauro. Si tienes la Luna en Tauro, eres amable, gentil y paciente. Adoras la seguridad y te rodeas de cosas que te hagan sentir seguro. Firme como una roca y leal hasta la médula, eres el amigo a quien se recurre en tiempos de necesidad. No sueles ponerte nervioso con frecuencia. Tu naturaleza tranquila hace que a la gente le apetezca estar cerca de ti.

Baja vibración: ¡oh, oh!, eres terco. Aunque muy rara vez te enfadas, cuando lo haces el enojo te dura un tiempo. A veces puedes ser rígido. Cuando te sientes triste te encierras en tu zona de confort y nadie puede sacarte de allí, excepto tú mismo. Sin embargo, te recuerdo que tu crecimiento emocional se produce fuera de la zona de confort.

Si tienes la Luna en Tauro, eres esa clase de padre o madre que se dedica mucho a sus hijos, del tipo de los que hacen pasteles y los abrazan siempre al final del día. No obstante, debes tener cuidado para no sofocar a los niños. Necesitan espacio para respirar.

Los hombres con la Luna en Tauro quieren una pareja fiel con la que puedan contar. Si eres esa clase de persona, todo irá sobre ruedas. Pero ¿y si eres un espíritu libre? Eso provoca celos y posesión, que luego se pueden convertir en una actitud controladora. No los arrincones, o pronto aprenderás que aunque son amables, no son un felpudo.

Géminis

Alta vibración: tienes una naturaleza inquieta y tus emociones son muy cambiantes. No te apetece darles vueltas a las cosas demasiado tiempo, y por eso te embarcas rápidamente en una nueva experiencia que te parece maravillosa. Tiendes a mostrarte despreocupado la mayor parte del tiempo y eres capaz de hablar con cualquier tipo de persona. Si estás preocupado, hablar de lo que te atormenta resuelve el problema. Eres una persona luminosa, esa que siempre anima la fiesta.

Baja vibración: escondes los problemas debajo de la alfombra porque no soportas afrontar las dificultades. Cuando las cosas se ponen feas, corres como una liebre. En algunos casos puedes ser deshonesto o carecer de empatía.

Si eres padre o madre y tienes la Luna en Géminis eres esa persona divertida y genial que da las mejores fiestas, sin perder ni una pizca de atención en el desarrollo intelectual de tus hijos.

Los hombres con la Luna en Géminis necesitan estimulación mental en sus relaciones. Una relación breve y ligera los excita. No pueden soportar aburrirse. Si no consigues mantener vivo su interés, pasan rápidamente de ti para ir en busca de alguna de sus admiradoras (siempre parecen tener una fila de posibles parejas esperándolos entre bastidores). Cuando las situaciones emocionales se acaloran, las palabras son su arma de distracción masiva.

Cáncer

Alta vibración: la Luna está en su hogar cuando gobierna a Cáncer. Si tienes esta ubicación, eres sensible, sentimental y protector. Te encanta cuidar de los demás, pero también que te mimen. Profundamente intuitivo, tus decisiones son viscerales. Si todo te parece bien, vas a por ello; pero en el caso contrario, das un paso atrás. Tal como sucede con los individuos que tienen la Luna en Tauro, la seguridad es esencial para ti. Esto significa que te sientes mejor cuando estás rodeado de personas y posesiones que te hacen sentir seguro. Tu familia lo es todo para ti. No hay nada que esté antes que ella, jamás.

Baja vibración: es posible que te aferres al pasado. Aunque no hay nada malo en hablar de los buenos momentos vividos, debes prestar atención para no olvidarte del presente. El malhumor es otra característica que debes mantener bajo control, porque cuando estás enfadado o malhumorado es muy fácil que te olvides de tus cualidades positivas.

Cuidar a tus hijos es algo que se te da muy bien. Eres cariñoso y protector. Desde besar rodillas lastimadas hasta contar cuentos a la hora de dormir, sabes perfectamente lo que significa cuidar como una madre.

Los hombres con la Luna en Cáncer pueden ser excelentes padres que dedican mucho tiempo a sus hijos con gran ternura. Sin embargo, a menudo buscan como pareja a una madre en vez de una compañera. Si eres una madre de tipo tierra y te gusta cuidar de alguien, este es tu hombre. Presta atención a la relación que él tiene con su madre, te dará mucha información acerca de cómo trata a sus parejas.

Leo

Alta vibración: esta es una Luna dramática. Si es tu caso, probablemente expresas teatralmente tus sentimientos con gestos ampulosos e histriónicos. Eres sensible, pero también orgulloso. Esto significa que puedes ser violento cuando te hacen daño. Aunque debo decir que también eres profundamente leal. Cuando dices que quieres recuperar a alguien, lo dices en serio. Aspiras a recibir el mismo nivel de confianza que tú ofreces. Si no lo consigues, nadie podrá ganarse tu corazón. Afectuoso y juguetón, eres una persona con la que da gusto estar. Cuando eres el centro de atención, el mundo funciona bien otra vez.

Baja vibración: quieres todo lo bueno para ti, por eso te pones quisquilloso y de mal humor cuando otra persona asume el protagonismo. El narcisismo es el lado oscuro de esta configuración.

Los padres y madres que tienen la Luna en Leo son divertidos y disfrutan de sus hijos. Si esta es tu Luna, recuerdas perfectamente lo que significa ser un niño, y eso te permite bajar a su nivel mejor que cualquier otra persona. Pero si tu Luna está mal aspectada, puedes ser un padre o una madre narcisista, de esos que sienten celos cuando los pequeños brillan más que ellos. También puede suceder que te conviertas en una madre que empuja a sus hijos a hacer cosas que no les gustan, simplemente por quedar bien ante los demás.

Un hombre que tiene la Luna en Leo quiere una obra maestra en sus brazos, de manera que si te gusta este tipo de hombres será mejor que cuides tu aspecto. Un poquito de drama los hace sentir felices. Una esposa atrevida y cariñosa los hace rugir. ¿No hay nada que los excite más? *Reza*. Cólmalos de atenciones, y estarán encantados.

Virgo

Alta vibración: eres una persona con la cabeza fría y muy hábil a la hora de gestionar emergencias. Cuando las cosas se ponen feas, te encargas de solucionar el problema y ordenar el caos. Nadie es capaz de prestar servicio tan bien como tú, y por esta cualidad podrías ser un excelente médico o enfermero. El orden te alegra el corazón. Solo debes asegurarte de que tu obsesión por la limpieza no te lleve a comportarte como Felix Unger.[*]

Baja vibración: la Luna no se encuentra muy a gusto en Virgo. Sus emociones no son cálidas ni confusas, sino reservadas. Cuando la Luna se encuentra en este signo indica que tienes dificultades para expresar tus sentimientos. No quiere decir que no tengas emociones, simplemente que prefieres reprimirlas. También podría ser que filtraras tus sentimientos mentalmente, analizándolos en profundidad. En el peor de los casos, eres un crítico cruel que disfruta atacando a alguien.

---

[*] N. de la T.: Personaje de la película *La extraña pareja,* un individuo meticuloso y obsesionado con el orden y la limpieza, hasta el punto de que es expulsado del hogar familiar por su esposa.

Los padres que tienen la Luna en Virgo pueden ser un poco fríos y desapegados, pero sus hijos están siempre superlimpios y bien cuidados. Si consiguen mantener bajo control su tendencia a criticar, ¡todo el mundo está contento!

Los hombres que tienen la Luna en Virgo se vuelcan en su trabajo, de manera que se llevan bien con parejas que son tan ambiciosas como ellos. Si tienes una gran ética laboral, se volverán locos por ti. Pueden ser críticos severos porque son perfeccionistas. Nada es demasiado bueno para ellos. Vivir con esa actitud puede resultar complicado, incluso para los más devotos.

Libra

Alta vibración: si tu Luna está en Libra, ¡eres un verdadero romántico! Las relaciones alegran tu corazón, y por eso es raro que no estés en compañía. Y no hablo solamente de una relación amorosa, también te encanta pasar tiempo con la familia, amigos, colegas y vecinos. Eres encantador y por eso gozas de mucha popularidad. Te resulta muy sencillo conectar con los demás, porque tiendes a ser tolerante, diplomático y estable. Aceptas a las personas tal como son, a menos que sean crueles. Los malos modales harán que expulses a cualquiera de tu órbita de amabilidad.

Baja vibración: la belleza y la armonía son esenciales para ti, razón por la cual evitas los conflictos a toda costa. En ocasiones, eres capaz de posponer tus propias necesidades con el único propósito de mantener la paz. Esto se te puede ir de las manos y transformarse en la enfermedad de complacer a los demás. Si te das cuenta de que estás actuando en esa dirección, retrocede y pregúntate: «¿Qué es lo que necesito en esta situación?». Eso te permitirá volver al centro.

Los padres y madres que tienen la Luna en Libra son cálidos e indulgentes. Les encanta malcriar a sus hijos y se enorgullecen de sus logros. Sin embargo, deben tener cuidado para no ceder ante cualquier demanda de los niños. Si bien comprarle a tu hijo el último modelo de videojuego puede significar una paz temporal, también se corre el riesgo de que el niño se convierta en un malcriado insufrible. Y esto no es nada bueno.

Los hombres que tienen la Luna en Libra necesitan relaciones amorosas. Aspiran a tener una pareja comprensiva que les prepare un baño de burbujas, les sirva una copa de champán y les frote largamente la espalda al final del día. Lo que más desean es encontrar un alma gemela. La situación mejora sustancialmente cuando los necesitas un poco, porque les encanta sentirse como un caballero en una armadura brillante.

Escorpio

Alta vibración: supuestamente esta es la peor Luna que uno puede tener. Aquí la Luna está en «caída», exactamente lo contrario que sucede en Tauro, donde la Luna está en exaltación. Si tienes esta Luna, eres emocionalmente intenso. Puedes ser ardiente o frío como el hielo, pero rara vez te mostrarás indiferente. En cierto sentido, eres un extremista emocional: cuando amas, lo haces intensamente; pero cuando odias, lo haces de una manera profunda y duradera. Tu forma de darles vueltas a las cosas puede convertirse en un arte. Sin embargo, eres apasionado. Nadie puede provocar excitación sexual como tú. Eres un auténtico hedonista, aficionado a todas las formas de sibaritismo. La Luna en Escorpio señala una naturaleza psíquica con un detector de mentiras que es capaz de ver a través de las paredes. Nadie puede engañarte por mucho tiempo.

Baja vibración: no te gusta que te consideren débil. Escondes tus sentimientos para proteger tu naturaleza sensible. Solo unas pocas personas a quienes consideras suficientemente fiables consiguen conocer esta parte de ti. Si alguien traiciona tu confianza, ese pobre diablo nunca tendrá otra oportunidad. Esta situación despierta tu lado vengativo, la parte menos bonita de tu complicada personalidad. Aprende a desprenderte de las cosas desagradables.

Siempre digo que los padres y madres que tienen la Luna en Escorpio son esos que quieres tener a tu lado si alguna vez te encuentras en una pelea de cuchillos. Son padres leales que harán todo lo que esté en sus manos para proteger a sus hijos. Pero también pueden ser un poco controladores. Deja que los niños sean niños y ocúpate de los asuntos de adultos.

Los hombres con la Luna en Escorpio son muy reservados, y esto los convierte en un hueso duro de roer. Si quieres acercarte a ellos, tienes que pensar como un psiquiatra, ganarte su confianza y hacerlos hablar. El sexo es su dios, de manera que debes estar dispuesta a pasar mucho tiempo en la cama con ellos. Eso los relajará. Y sobre todo, no los hagas enfadar porque pueden ser unos ex muy vengativos.

Sagitario

Alta vibración: si tienes esta Luna eres una persona honesta, amable y de gran corazón. Eres excesivamente generoso y un gran amigo. Como Sagitario es un signo de fuego, eres muy pasional pero emocionalmente inestable. Te gusta ir de aquí para allá, lo que te dificulta establecerte en algún lugar. Mientras los demás están intentando arraigarse, tú estás buscando tu próxima gran aventura. La libertad es una necesidad para ti, y esto significa que no toleras a las personas posesivas. Cuando te sientes agotado, salir a la naturaleza siempre te levanta el ánimo. A tu corazón errante le encantan las conversaciones sobre filosofía y el estado del mundo.

Baja vibración: desapareces en cuanto las cosas se ponen difíciles o aburridas. O intentas convencer a los demás de tus creencias y te desvives por tener razón. En algunos casos, las personas que tienen la Luna en Sagitario pueden convertirse en un Peter Pan perpetuo. Por ser emocionalmente inmaduras, ignoran sus responsabilidades y se niegan a comprometerse.

Los padres cuya Luna se encuentra en Sagitario son tranquilos y despreocupados; sin embargo, en determinados momentos pueden querer imponer su propia justicia. En los peores casos, esta Luna puede indicar padres que desaparecen y se convierten en padres ausentes. Lo que dicen es «quiero mi libertad», aunque en realidad simplemente rehúyen el aburrimiento que supone asumir sus responsabilidades.

Los hombres que tienen la Luna en Sagitario quieren su libertad y exigen que siempre les digan la verdad. Si intentas controlarlos o manipularlos, huyen como ciervos. El mejor plan de acción es ir de frente y darles mucho espacio.

Capricornio

Alta vibración: si tienes la Luna en Capricornio, te gusta mantener tus sentimientos firmemente bajo control. Eres reservado y no ves ninguna necesidad de ponerse en plan sentimental como hacen las personas emotivas. No, tú tienes un muro alrededor de tu corazón, y no muchos tendrán posibilidades de entrar en él. Solo lo harán aquellos que se molesten en conocer cómo se puede traspasar la puerta. No escatimas esfuerzos a la hora de proteger tu corazón, porque lo cierto es que detrás de esa armadura emocional hay una persona muy sensible. Por otro lado, eres responsable y siempre se puede contar contigo. La gente sabe que estás hecho de un material estoico. Cuando estás relajado, tu agudo ingenio brilla.

Baja vibración: puedes ser pesimista y ver el mundo a través de tu oscura nube personal. Allí donde otros ven una posibilidad, tú ves dónde radica el problema. En el peor de los casos, eres egoísta y te preocupas únicamente por lo que puedes conseguir. En vez de considerar las relaciones como una oportunidad de unirte a otra persona, las consideras un camino de piedras.

Los padres y madres que tienen la Luna en Capricornio pueden ser personas severas. Esperan que sus hijos sean como pequeños adultos, una actitud que puede quebrantar el estado anímico de los niños. Les vendría muy bien aprender a dar amor y sentir empatía... y ofrecer a los niños un mundo de valores positivos.

Los hombres que tienen la Luna en Capricornio necesitan una compañera fuerte y fiable. Consideran las citas amorosas como una entrevista de trabajo, de manera que no te desanimes si en las primeras citas parecen un poco superficiales. Una vez que entran en confianza llegan a ser un buen sostén. También disfrutan de las personas que les manifiestan exageradamente sus sentimientos. Si eso es lo que te gusta hacer, no escatimes los cumplidos.

Acuario

Alta vibración: esta es otra de esas Lunas que no son muy sentimentales. Si tienes la Luna en Acuario, eres una persona muy lógica. Todo ese asunto de las emociones es para el resto de los mortales. Te encanta vivir en el reino de las ideas, y esto significa que tienes muchas opiniones acerca de cómo debería ser el mundo y cómo debería actuar la gente. Lo tuyo son las causas nobles; por esta razón sueles comprometerte con actividades importantes. Cuando lo haces, es un deleite verte disfrutar. La libertad de ser tú mismo es esencial para ti. Dejas que los demás sean tal cual son y esperas que hagan lo mismo contigo. No te gusta sentirte encerrado, pero eres leal. Aunque preferirías estar en cualquier sitio librando una batalla por el bien, finalmente eres capaz de asentarte. Si tienes mucho espacio y muchas amistades fuera de casa, puedes quedarte en el mismo sitio.

Baja vibración: tienes problemas para conectarte emocionalmente con las personas. Esto puede generar problemas de compromiso y falta de empatía. En algunos casos, esta Luna produce una naturaleza fría y calculadora, o una persona a quien no le importan los demás. En vez de seguir el recorrido humanitario acostumbrado, estos individuos intentan utilizar a los demás en su propio beneficio.

Los padres y madres que tienen la Luna en Acuario no son convencionales y dan mucho espacio a sus hijos. No hay muchas cosas que los hagan enfadar. Puedes llegar a casa con el pelo teñido de rosa o un hueso atravesando el lóbulo de tu oreja, y ellos no se preocuparán en absoluto. Solo les importa que te muestres abiertamente tal como eres. Son padres geniales que se llevan bien con todos los amigos de sus hijos.

Los hombres que tienen la Luna en Acuario necesitan ante todo una amiga. Si puedes llegar a serlo, entonces te aceptarán sin reservas. Solo debes recordar que necesitan espacio para respirar y tiempo para entretenerse con sus curiosas aficiones. Mientras tanto, ocúpate de ti misma. A ellos les gustan las personas con espíritu independiente.

Piscis

Alta vibración: si tienes esta Luna, eres el más sensible de todos y puedes llorar en un abrir y cerrar de ojos. Tu corazón sufre por todo el mundo. Eres empático por naturaleza y siempre estás dispuesto a acoger a personas o animales desamparados. Bendecido con una intuición formidable, puedes percibir qué es lo que les sucede a otras personas. Puedes leerlas como si fueran un libro abierto y no se te pasa ningún detalle. El sufrimiento te preocupa. Si observas que alguien está padeciendo, estás preparado para salir al rescate.

Baja vibración: experimentas muchos altibajos emocionales, y puedes pasar de un optimismo estilo *hippy* a una profunda depresión. Ten cuidado con esta última posibilidad, porque puede llevarte a consumir sustancias para evadir las situaciones penosas o a sentirte una víctima y culpar a todo el mundo, menos a ti mismo, de tus problemas.

Los padres y madres con la Luna en Piscis se desviven por sus hijos. Ningún sacrificio es demasiado cuando se trata de sus pequeños. Independientemente de lo que hagan los hijos, la puerta de casa siempre permanece abierta. Sin embargo, el lado oscuro de esta posición de la Luna es el mártir que no se siente nunca apreciado por todo lo que hace o que sigue manteniendo un matrimonio desgraciado por el bien de sus hijos.

Los hombres con la Luna en esta ubicación son supersensibles y emotivos. No tienen miedo de derramar lágrimas y parecen saber en todo momento cómo te sientes. Necesitan una pareja sólida y paciente que les permita compartir sus sentimientos sin temor al ridículo. Una persona compasiva y amable hace que aflore su lado más dulce. Disfrutan de la poesía y la música.

La Luna a través de las casas

Independientemente de dónde esté ubicada la Luna en tu carta astral, indica qué es lo que te emociona y de qué te nutres. Debes tenerlo en cuenta porque la Luna es muy cambiante, y las condiciones de tu vida también fluctuarán según el sitio en el que se encuentre.

PRIMERA CASA

Alta vibración: tu personalidad es predominantemente emocional. Llevas tu corazón a flor de piel, lo que significa que expresas tus sentimientos libremente para que todos los conozcan. Tu sensibilidad está amplificada, y las emociones pueden dominarte en algunas ocasiones.
Baja vibración: tus sentimientos a veces pueden ser impulsivos, y tienes tendencia a reaccionar primero y pensar después, especialmente cuando te enfrentas a situaciones estresantes. En algunos casos, esta ubicación indica una persona que se identifica demasiado con su madre y no es capaz de cortar el cordón umbilical.

SEGUNDA CASA

Alta vibración: el dinero es importante para ti. Te gusta tener la cuenta bancaria llena y generalmente se te da bastante bien atraer lo que necesitas. La seguridad te resulta esencial, y tu ambición te lleva a tener independencia económica. Administras muy bien el dinero y puedes tener visión para los negocios. Puedes ganar dinero trabajando de cara al público, o con mujeres.

Baja vibración: tu economía puede ser fluctuante y probablemente esto te cause ansiedad. Por este motivo puedes volverte un poco mezquino. En algunos casos, la Luna en la segunda casa puede indicar un derrochador emocional, es decir, alguien que cuando está estresado hace volar sus reservas.

TERCERA CASA

Alta vibración: si tu Luna se encuentra en esta casa, tienes una imaginación impresionante. Tu mente es soñadora, sensible y receptiva, y por eso te sientes atraído por profesiones creativas. Los factores emocionales influyen en tu pensamiento y tu comunicación. La rutina te aburre hasta las lágrimas. Necesitas salir de tu elemento de vez en cuando, por lo general emprendiendo un viaje.

Baja vibración: no tienes tranquilidad emocional y te mueves con frecuencia porque te cuesta quedarte quieto. Es posible que tengas dificultades para acabar las actividades o tareas que inicias. Debes evitar la falta de sentido práctico; apoya los pies firmemente en el suelo y céntrate.

CUARTA CASA

Alta vibración: a tu corazón le gusta estar en familia. Necesitas tener relaciones sanas y felices con tus seres queridos. Si eso no es posible, buscas un clan en otra parte. Es tu necesidad de pertenencia. Un hogar cómodo también es vital para tu bienestar emocional. Si no te sientes seguro en el lugar donde estás, te moverás hasta encontrar el espacio adecuado. La relación que tienes con tu madre es estrecha; muy probablemente, tu vínculo con ella se caracterizó por un gran cariño mutuo.

Baja vibración: no puedes quedarte en el mismo sitio demasiado tiempo, así que tiendes a ir de aquí para allá. Las condiciones familiares de tu temprana infancia pueden teñir tu pensamiento, o acaso tengas problemas para olvidar heridas pasadas. Si tu Luna está afectada en la cuarta casa, es posible que dependas de tu madre y tengas dificultades para valerte por tus propios medios.

QUINTA CASA

Alta vibración: eres un romántico empedernido. Tus emociones se centran en tus aventuras amorosas. También actúas impulsado por el placer y siempre estás buscando una próxima diversión. Como la quinta casa gobierna las inversiones, puedes tener instintos asesinos en relación con la bolsa y la especulación. Esta también es la casa de los hijos. Si tu Luna está aquí, eres fértil y es posible que tengas una amplia descendencia. Tienes buena mano con los niños y puedes ser una madre o un padre excelente, o un buen maestro o maestra.

Baja vibración: dado que le das mucha importancia a la gratificación, puedes cambiar de pareja cuando las cosas se tornan rutinarias. O puedes ser codependiente e incapaz de ofrecerle a tu pareja su propio espacio. Esta Luna también puede indicar una imprudente conducta ludópata o pérdidas económicas debido a inversiones arriesgadas. Si te gusta jugar al póquer, deberías saber cuándo parar. Cuando tu Luna está intensamente afectada, puedes ser un padre helicóptero que no deja a sus hijos hacer lo que más les gusta.

SEXTA CASA

Alta vibración: te apetece tener un trabajo en el que te sientas a gusto. Para ti es esencial hacer una labor importante y tener un ambiente laboral armonioso. Puede interesarte trabajar de cara al público, o también en la industria alimentaria. O tal vez sencillamente te guste cocinar.

Baja vibración: el estrés emocional afecta a tu salud. Esto a menudo se manifiesta como problemas digestivos. Debes mantener el equilibrio en tu trabajo y en tu vida para evitar esos molestos síntomas. También puedes experimentar fluctuaciones en relación con el empleo. Los problemas laborales afectan a tu bienestar y se convierten en un incentivo para buscar otra cosa, lo que significa que puedes cambiar muchas veces de trabajo.

SÉPTIMA CASA

Alta vibración: pones una gran carga emocional en las relaciones. Te sientes feliz cuando estás en pareja y por eso buscas relaciones a largo plazo, y no solamente en el amor sino también en el trabajo. Los vínculos afectivos de calidad son esenciales para tu bienestar. La empatía es un don natural para ti. Percibes cómo se sienten los demás y eres una persona compasiva.

Baja vibración: la codependencia es el lado oscuro de las Lunas que están en la séptima casa. Tu felicidad puede depender en exceso de los demás, motivo por el cual puede resultarte complicado valerte por ti mismo. De alguna manera, estás buscando una figura materna o paterna que cuide de ti. Esto genera relaciones desiguales, y por tanto puedes incurrir en situaciones que no son buenas para ti. Por otro lado, tus relaciones amorosas también pueden ser muy cambiantes. En cuanto las cosas se ponen difíciles o aburridas, buscas tu propio camino.

OCTAVA CASA

Alta vibración: esta es la ubicación definitiva para los individuos intuitivos. Si tu Luna se encuentra en esta casa, posees instintos bien afinados. Puedes leer a las personas como si fueran un libro abierto, y por eso tienes un don natural para trabajar como psíquico, médium o detective. Te gusta la intimidad, y tu ansia por fundirte con otra persona le concede un aspecto sensual a tu personalidad. El contacto físico no te parece suficiente: tú necesitas una conexión sólida y profunda. La Luna en la octava casa puede revelar también un talento para administrar el dinero.

Baja vibración: algunas veces tus límites con los demás son débiles. O podría ser que te esfuerces por encontrar intimidad emocional en tus relaciones. Esto puede provocar que cambies de pareja constantemente. Esta configuración también indica que vigilas muy atentamente tus gastos y tu economía en general, especialmente en lo que se refiere a impuestos y herencias.

NOVENA CASA

Alta vibración: tienes el anhelo de ver mundo, y por eso te embarcas en muchos viajes. Si no puedes viajar, recurres a los libros y las películas para intentar comprender cómo vive la otra mitad del planeta. Esa curiosidad también puede hacerte elegir una carrera relacionada con la filosofía y la cultura. Tu brújula moral es fuerte y siempre encuentras una forma de volver al rumbo correcto cuando te has apartado del camino.

Baja vibración: eres inquieto, siempre estás convencido de que ahí fuera hay algo mejor. Esto puede hacer que te mantengas en movimiento constante, como un canto rodado que no acumula musgo. Debes protegerte del fanatismo. Estar convencido de las propias creencias es positivo; sin embargo, intentar persuadir a los demás no lo es. En el peor de los casos, la Luna en la novena casa puede producir un hipócrita religioso.

DÉCIMA CASA

Alta vibración: quieres gustar a la gente, conseguir que te quieran. Ansías el reconocimiento, así que puedes tender a elegir profesiones en las que estarás expuesto a la opinión pública. Si consigues ser famoso, estás en la gloria. Sabes instintivamente lo que el público quiere, así que eres capaz de conseguir que tu deseo de reconocimiento se materialice. La política se te da naturalmente bien, y por eso también podrías tener una profesión en ese campo. Si eres una persona creativa, puede ser más adecuado para ti dedicarte al arte. No te importa demasiado qué es lo que eliges, siempre que consigas aplausos.

Baja vibración: es probable que te preocupes demasiado por la opinión que los demás tienen de ti, y esto puede llevarte a tomar decisiones basadas en lo que crees que te hará más popular. Moldear tu persona para adaptarte a los caprichos de otros podría hacerte parecer veleidoso, incapaz de defender tus convicciones. También puede suceder que cambies frecuentemente de ocupación debido a una falta de satisfacción emocional.

UNDÉCIMA CASA

Alta vibración: los amigos son como la familia cuando la Luna está en la undécima casa. Necesitas pertenecer a una tribu, y buscas esa conexión a través de grupos y actividades sociales. Cuando tu vida hogareña se torna insostenible, reemplazas con alegría a tu familia por tus amigos. Tu círculo de amistades es amplio y puede incluir todo tipo de personas. Los amigos te ayudarán a hacer realidad tus esperanzas y tus metas.

Baja vibración: puedes ser inconstante con los amigos, por lo que puede haber una puerta giratoria. No se trata de que seas un pésimo amigo, sencillamente hay muchas otras personas por conocer. Es probable que tengas un gran grupo de relaciones, pero muy pocos amigos íntimos. Fijarte objetivos puede resultarte complicado porque a veces no te ocupas de ellos el tiempo suficiente como para que puedan materializarse. Si aprendes a acabar lo que has empezado, podrás hacer realidad todos tus deseos.

DUODÉCIMA CASA

Alta vibración: pasar tiempo a solas es un bálsamo para tu alma. La soledad no te inquieta en absoluto; de hecho, la ansías. Es la mejor forma de poner en orden tus sentimientos. Recurres a períodos sabáticos frecuentes como una forma de terapia. Tu estado natural es ser intuitivo y compasivo. Tu subconsciente es activo y podría ofrecerte orientación. Esto puede llevarte a elegir un trabajo que consista en ayudar a los demás.

Baja vibración: tus sentimientos pueden estar teñidos por experiencias pasadas, y esto podría provocar neurosis. Debes protegerte de tu excesiva sensibilidad porque tus sentimientos podrían resultar fácilmente heridos. En ocasiones puede resultarte difícil comprender tus propias motivaciones. Por lo tanto, necesitas recurrir a la introspección para sentirte en paz.

En resumen

La Luna muestra cómo expresas tus sentimientos y qué es lo que podría ser emocionalmente importante para ti. También da pistas sobre cómo cuidas a tus hijos y qué tipo de pareja podría desear un hombre.

. . . .
Habilidades astrológicas

Una de las mejores maneras de comprender lo que tus seres queridos necesitan de ti es mirar la Luna. ¿Está en Cáncer? En ese caso podrían querer que te ocupes de sus necesidades. ¿La Luna está en Sagitario? Debes darles espacio. ¡En cuanto entiendas a la Luna, podrás llevarte bien con todo el mundo!

. . . .
Astrocicio

Utilizando las interpretaciones de este libro, indica de qué manera expresas tu signo lunar.

Mi Luna se encuentra en el signo de_____. Cuando actúo en alta vibración, expreso mis emociones del siguiente modo:_____

_____. Cuando actúo en baja vibración, expreso mis emociones del siguiente modo:_____

_____

_____.

Mi signo lunar está en mi_____ casa. Los ámbitos en los que me siento emotivo son:_____

_____. Cuando me expreso en alta vibración en esos ámbitos: _____

_____. Cuando me
expreso en baja vibración en esos ámbitos: _____

_____

_____.

Recuerda una etapa de tu vida en la que te sentiste realmente feliz. ¿Cómo se
ve la felicidad a través de la lente de tu Luna? ¿Y qué pasa con esa época en la
que estabas furioso? ¿Cómo expresa la rabia tu Luna?

· ·
Lecturas recomendadas

Estos dos libros escritos por la famosa astróloga Donna Cunningham se ocupan
de la luna en profundidad:

Moon Signs: The Key to Your Inner Life [Signos lunares: La clave de tu vida in-
terior], de Donna Cunningham.
The Moon in Your Life: Being a Lunar Type in a Solar World [La Luna en tu vida:
Ser un tipo lunar en un mundo solar], de Donna Cunningham.

Mercurio

Mercurio es el mensajero de los dioses, y en astrología indica cómo nos comunicamos y pensamos. ¿Quieres saber cómo se expresan las personas? Lee lo que viene a continuación.

Mercurio través de los signos

Aries

Alta vibración: eres temerario y te expresas de una forma cándida y apasionada. Piensas rápido y no te andas con miramientos. Esta característica te da fama de ser franco y directo. Te gustan los desafíos mentales y nunca tienes miedo de asumir riesgos.

Baja vibración: hablas sin pensar, lo que a menudo te conduce al síndrome de «abrir la boca y meter la pata». La impulsividad te lleva a tomar decisiones apresuradas de las que luego puedes arrepentirte. También tienes un temperamento vehemente y una forma agresiva de actuar que aleja a las personas. Esta configuración puede indicar asimismo una actitud egoísta de «primero yo».

Tauro

Alta vibración: tu pensamiento tiende a ser conservador y metódico. Eres práctico y reflexivo, y prefieres no apresurarte a la hora de tomar decisiones. Un enfoque pausado te permite considerar primero todas las posibilidades. Una vez que has tomado una decisión, te atienes a ella. Te expresas de una forma serena y amable, y es posible que tengas una voz agradable. El arte y las cosas bellas te conmueven.

Baja vibración: puedes ser obstinado. Este rasgo de tu personalidad causa que seas obcecado y te resistas a ceder. Además, eres tan lento a la hora de tomar decisiones que los que te rodean se ponen enfermos de esperar que te muevas. Puedes perder oportunidades debido a esta conducta.

Géminis

Alta vibración: Mercurio rige Géminis, y por eso esta es su mejor ubicación. Tienes una mente aguda y un ingenio rápido. Y eres inteligente. Eres hábil para entrar y salir de cualquier situación. La comunicación se te da naturalmente bien. Puedes conversar prácticamente con cualquier persona. Tienes talento para asimilar temas complejos y explicarlos de una forma que sea comprensible para los demás. Tu mente es curiosa, por eso siempre estás aprendiendo.

Baja vibración: es posible que tus conocimientos sean amplios pero superficiales. Te aburres fácilmente y pasas con facilidad de una a otra situación, lo que te hace ganar fama de inconstante. También puedes tender a ser un cotilla malicioso.

Cáncer

Alta vibración: tienes una mente sensible y una aguda intuición. Tu corazón gobierna tu pensamiento, lo que quiere decir que tiendes a dejarte guiar por los sentimientos cuando tienes que tomar una decisión. Por momentos puedes ser tímido, pero una vez que entras en calor eres encantador. Tu mente es como la de un elefante, nunca olvidas. Expresas libremente tus emociones, todo el mundo sabe lo que sientes porque siempre tienes el corazón en la mano.

Baja vibración: protestar, fastidiar y estar de malhumor es tu forma de actuar cuando no estás en el lugar adecuado. A veces las emociones pueden nublar tu pensamiento, y esto puede llevarte a tomar malas decisiones. También guardas rencores mucho después de la fecha de caducidad de lo que te ha hecho sufrir.

Leo

Alta vibración: te expresas de una forma dramática que a menudo te coloca en el centro de la atención. Tienes un gran corazón, eres inteligente, capaz de transmitir ideas a través de gestos entusiastas y grandes muestras de emoción. Si eres artista, probablemente eres muy bueno en tu trabajo. Eres brillante a la hora de ver la perspectiva general de una situación, y no tienes miedo de convertirte en un líder.

Baja vibración: puedes ser un fanfarrón insoportable que aburre a todo el mundo con interminables historias de su vida. Esa necesidad de atención puede hacerte actuar como un presumido impertinente. También puedes exagerar las cosas, y podrías ser conocido como alguien que es dado a contar cuentos chinos.

Virgo

Alta vibración: Mercurio es tu regente, de modo que se encuentra muy a gusto en esta ubicación. Eres una persona muy lista, con una mente analítica. Te gusta examinar cada detalle con cuidado, porque eres un verdadero perfeccionista. Tienes gran habilidad para encontrar el origen de los problemas, así como las soluciones prácticas. Cuando Mercurio está en Leo, tienes una visión de conjunto, y cuando está en Virgo, te encargas de resolver la letra pequeña.

Baja vibración: puedes ser un crítico mordaz. Cuando adoptas esa actitud, te pones muy puntilloso. También te obsesionas con las pequeñas cosas. Por otra parte, tu mente puede ser negativa o neurótica.

Libra

Alta vibración: tu forma de pensar es amable, justa y positiva. Puedes ver las dos caras de la moneda y, en consecuencia, eres capaz de ser objetivo. La diplomacia y la cortesía son esenciales en tu vida, lo que significa que a menudo eres muy consciente de la imagen que los demás tienen de ti. Quieres gustar, y por eso tiendes a ser gracioso y encantador. Concedes mucha importancia al arte, la belleza y la armonía.

Baja vibración: puedes ser indeciso, hasta el extremo de ni siquiera ser capaz de tomar decisiones sobre las cuestiones más triviales. Por tu deseo de complacer a los demás puedes ocultar tus verdaderos pensamientos. O también puedes comportarte de una forma pasivo-agresiva y utilizar tus palabras para manipular a los demás.

Escorpio

Alta vibración: tienes una mente profunda y penetrante que te permite ver por debajo de la superficie. Por tu sensibilidad y tus cualidades psíquicas, difícilmente pueden engañarte. Misterioso y reservado, rara vez revelas lo que realmente piensas. Mientras algunos le cuentan a todo el mundo sus problemas, tú no pronuncias ni una sola palabra. Tiendes a ser escéptico, solo crees en los hechos.

Baja vibración: cuando te enfadas, eres volcánico. Arremetes y buscas venganza. Tienes fama de ser envidioso. También tienes tendencia a señalar las debilidades de una persona, y luego utilizarlas en beneficio propio. En el peor de los casos, puedes llegar a ser cruel.

Sagitario

Alta vibración: tienes una disposición optimista y una mente filosófica. Eres inteligente pero te aburres con facilidad, lo que te lleva a anhelar aventuras en lugares remotos y experiencias excitantes. La honestidad es un rasgo natural en ti, y esto significa que sueles ser directo. Las personas te consideran como una especie de sabio.

Baja vibración: a veces te subes a la parra, y entonces puedes parecer un sermoneador engreído. Tu honestidad puede llegar a ser brutal. Aunque es bueno decir «las cosas tal cual son», debes aprender a tener un poco de tacto. De lo contrario, te arriesgas a que las personas que quieres se alejen de ti.

Capricornio

Alta vibración: eres serio, ordenado y estoico. Estas cualidades te convierten en un excelente estudiante. Eres brillante, muy sabio para tu edad y con una habilidad sin parangón para concentrarte. En cuanto enfocas tu mente en algún tema, no tardas en dominarlo. Te gusta microgestionar cosas y personas. Resolver problemas te hace sentir feliz.

Baja vibración: a veces puedes sentirte deprimido, y entonces pareces un alma en pena. Sin embargo, cuando estás sometido a un gran estrés actúas de forma dominante, agobiando a otras personas. En ocasiones, mantienes una distancia atemorizante con los demás, que te da fama de ser una persona fría.

Acuario

Alta vibración: lógico e inteligente, eres como el señor Spock. Tu forma de pensar es fabulosa, original y un poquito excéntrica. Tienes facilidad para comprender lo abstracto, y puedes ser un genio en algún campo en particular. Innovador y pionero, eres capaz de crear el próximo invento más importante. ¡Vas muy por delante de la época que te ha tocado vivir!

Baja vibración: por ser de un signo fijo, puedes ser bastante terco. Si crees tener razón, te tornas insoportable. Puedes ser discutidor y también testarudo. Algunas personas te consideran un bicho raro por tus actitudes poco convencionales.

Piscis

Alta vibración: la creatividad fluye a través de ti. Todas tus palabras y pensamientos son poéticos y mágicos. Sumamente intuitivo, sientes las cosas muy profundamente. Por esta razón tiendes a dejarte llevar por tus sentimientos, aunque a veces te parezca que carecen de sentido. Tienes visión de futuro, y puedes ser un poco soñador. La música, la sanación, el arte y las cuestiones asociadas a lo psíquico forman parte de tus talentos.

Baja vibración: puedes ser un poco perezoso intelectualmente, un eterno soñador que no materializa sus deseos. El mal humor y una mentalidad de víctima son dos lados oscuros de Mercurio en Piscis. Esta ubicación también puede indicar problemas emocionales o una personalidad evasiva. Debes tener cuidado con las drogas y el alcohol, porque adormecen tus poderosos sentidos.

Mercurio a través de las casas

El sitio donde se aloja Mercurio muestra lo que piensas y comunicas. Son áreas de tu vida que están en tu mente… y en tu boca.

PRIMERA CASA

Alta vibración: eres curioso y conversador, lo que significa que te gusta saber lo que sucede en el mundo… y compartir información. Podrías ser un escritor talentoso y prolífico, o alcanzar el éxito en una profesión relacionada con la comunicación.

Baja vibración: te gusta mucho escucharte hablar, lo cual puede convertirte en un tipo aburrido. Si insistes en ser el más inteligente de todos los que te rodean, los demás se cansarán de ti y de tus arrogantes diatribas.

SEGUNDA CASA

Alta vibración: piensas demasiado en el dinero, por lo que puedes sentirte atraído por profesiones asociadas con las finanzas o el emprendimiento. Tienes talento para los negocios, y siempre estás aprendiendo cómo puedes ganar más dinero. Tus ideas brillantes pueden proporcionarte éxitos financieros. Tu mente es práctica y busca la seguridad, motivo por el cual te centras en los resultados.

Baja vibración: la preocupación por cuestiones económicas puede generar una actitud materialista. Piensas que si antepones las personas a las ganancias, siempre perderás.

TERCERA CASA

Alta vibración: eres más inteligente que la media y puedes conseguir grandes logros intelectuales. Te resulta muy fácil aprender, lo que significa que puedes ser un excelente estudiante. La comunicación es vital para ti. Te encanta compartir ideas. Eres naturalmente afín a cualquier ocupación asociada a la comunicación, como por ejemplo periodista, escritor, experto en relaciones públicas, asesor de medios u orador. La correspondencia es una de tus actividades favoritas.

Baja vibración: eres un entrometido al que le gusta cotillear. Tu tendencia a divulgar información que debería ser secreta te trae muchos problemas.

CUARTA CASA

Alta vibración: tu hogar es un sitio con una gran actividad mental. Es probable que haya un énfasis especial en los estudios. Quizás tus padres te transmitieron el valor de una buena educación, y gracias a ellos has dominado este campo. Tu casa también puede ser un lugar de trabajo; por ejemplo, tal vez tengas allí tu despacho o una biblioteca. Entre tus diversos intereses pueden encontrarse el mercado inmobiliario, la genealogía, la política y los viajes.

Baja vibración: puedes tener problemas para afincarte, y es probable que por ese motivo te muevas mucho. Los desacuerdos políticos e intelectuales con la familia te conducen a un distanciamiento. Hablar mal de tus seres queridos puede traerte problemas.

QUINTA CASA

Alta vibración: te interesa mucho el arte en general, por eso podrías elegir una ocupación asociada a lo creativo: escritor, guionista, dramaturgo, profesor, crítico de arte, actor o artista. Tiendes a expresarte de forma dramática y te gusta compartir tus ideas creativas. En el amor, necesitas estimulación mental. Como padre, te involucras profundamente en la educación de tus hijos. También puedes tener talento para las inversiones.

Baja vibración: eres rápido a la hora de acabar con una relación que ya no te estimula intelectualmente. También es posible que seas un crítico cruel que disfruta machacando a artistas o a tu pareja. En el peor de los casos, esta ubicación puede indicar un jugador que asume riesgos insensatos con su dinero. Si ese es tu caso, podrías perderlo tan pronto como lo ganas.

SEXTA CASA

Alta vibración: gran parte de tu energía mental está dedicada a tu trabajo y a adquirir conocimientos especializados. Eres analítico y tu mente es ágil, de manera que necesitas un trabajo que te estimule mentalmente. Disfrutas haciendo un buen trabajo y puedes llegar a ser perfeccionista. Los campos de la ciencia, la investigación y la salud se beneficiarían de tu mente maravillosa.

Baja vibración: puedes trabajar hasta la extenuación. También puedes ser hipocondriaco y estar siempre convencido de que puedes desplomarte por un simple resfriado. Puedes tener hábitos poco razonables en el trabajo, lo que podría causarte problemas con tus colegas.

SÉPTIMA CASA

Alta vibración: no te gusta trabajar solo, prefieres trabajar con un socio. Tienes buena disposición para hablar cuando las cosas se ponen feas en tus relaciones. La conexión intelectual es esencial para tu felicidad. Rara vez te quedas sin tema de conversación. Nunca evitas un debate apasionado. Las profesiones asociadas con la ley, las ventas, la asesoría y el *marketing* son ideales para tu estilo de comunicación franco y directo.

Baja vibración: puedes ser propenso a discutir, lo que te causa problemas en tus relaciones. Debido a tu tendencia a dominar a tu pareja, puedes hacerle creer que nunca es lo suficientemente buena. Resulta bastante difícil mantener tu interés durante mucho tiempo. Esto significa que te aburres con facilidad, y eso te lleva a buscar algo nuevo que te resulte excitante.

OCTAVA CASA

Alta vibración: te encanta profundizar en las cosas porque tienes una mente curiosa. Eres capaz de percibir claramente las situaciones y personas. Tienes un potente detector de tonterías y mentiras, y asombrosos instintos. Esta habilidad te permite descubrir incluso el secreto mejor guardado. Mientras otros se van de la lengua, tú mantienes la boca cerrada. Revelas muy pocas cosas, si acaso alguna. Para ti no hay asuntos prohibidos; las cuestiones tabú y los temas escandalosos te entusiasman. Una profesión asociada a la planificación financiera, la metafísica, los seguros o los trabajos de detective sería perfecta para ti.

Baja vibración: eres rencoroso y puedes ser vengativo. Tus enfados son persistentes... y buscas resarcirte aunque pase mucho tiempo.

NOVENA CASA

Alta vibración: sientes interés por todas las cuestiones que afectan al mundo, y puedes pasar mucho tiempo viajando para ver cómo vive la otra mitad de la población. También te interesan la filosofía, la educación superior y la religión. Tienes una potente brújula moral, y generalmente haces lo correcto. Eres un estudiante eterno que puede llegar muy lejos en su aprendizaje. Y aunque no tengas estudios superiores, seguirás estudiando durante toda tu vida.

Baja vibración: puedes ser un poco dogmático con tus ideas, y eso puede llevarte a intentar convencer a los demás de tus opiniones o tu religión. También puedes ser un fanático religioso que cree tener superioridad moral, o peor aún, un religioso hipócrita.

DÉCIMA CASA

Alta vibración: podrías ser un gran orador público con capacidad para inspirar a la audiencia. Tus palabras tienen un aura de autoridad, de modo que no es sorprendente que la gente te admire. Este rasgo de tu personalidad es ideal para un cargo público o una posición de liderazgo. Las profesiones afines a tu forma de ser son: guionista, ejecutivo, asesor de medios, experto en relaciones públicas o líder de opinión. Te gusta aprender y concentrarte en asuntos que puedan ayudarte a conseguir lo que ambicionas.

Baja vibración: es posible que tengas mucha labia y que comuniques al público lo que quiere escuchar, cuando en realidad en tu propia vida haces algo completamente diferente. La deshonestidad puede ser un medio para llegar a un fin y una forma de adquirir poder.

UNDÉCIMA CASA

Alta vibración: te relacionas con la gente sin ningún esfuerzo. Tienes una habilidad innata para las relaciones públicas y puedes hablar con cualquier persona prácticamente de cualquier tema. Si hay alguien que sepa relacionarse y construir redes, ese eres tú. Disfrutas comunicándote con amigos y colaboradores. Te atraen las actividades grupales y el trabajo humanitario. Tu círculo social a menudo incluye intelectuales e *influencers*. Uno de ellos eres tú.

Baja vibración: es probable que seas amigo en las buenas épocas, pero te alejas en cuando las cosas se ponen feas. O que utilices a tus amigos en tu propio beneficio, lo que finalmente te explota en la cara. En algunos casos, esta ubicación produce individuos «de rebaño», propensos al pensamiento grupal pero incapaces de pensar por sí mismos.

DUODÉCIMA CASA

Alta vibración: prefieres quedarte las cosas para ti mismo. En lugar de compartir lo que piensas, procesas tus pensamientos y emociones en privado. Puedes parecer tímido e introvertido. Esto es así porque necesitas tiempo para confiar en los demás. Una vez que lo haces, te abres, pero no hasta entonces. La intuición guía tus decisiones. Siempre confías en tus instintos y sabes cómo guardar un secreto.

Baja vibración: puedes ser propenso a la dispersión, o a quedarte anclado en el pasado, absolutamente incapaz de vivir en el presente. Tu tendencia a preocuparte puede dar lugar a una neurosis, y esto a su vez podría desembocar en trastornos mentales.

En resumen

Mercurio es el comunicador. Observa a Mercurio para comprender cómo piensas, procesas la información y te comunicas.

· ·

Habilidades astrológicas

¿Te has encontrado alguna vez enzarzado en una discusión desagradable con alguno de tus seres queridos? Observa dónde se encuentra Mercurio, y podrás conocer la mejor forma de acercarte a ellos la próxima vez que estén buscando pelea.

· ·

Astrocicio

Usando las interpretaciones de este libro, determina de qué manera Mercurio influye en tu pensamiento y en tu estilo de comunicación.

Mi Mercurio está en el signo de _____. Cuando actúo en alta vibración, pienso y me comunico del siguiente modo:_____

_____

_____

_____. Cuando actúo en baja vibración, pienso y me comunico del siguiente modo:_____

_____

_____

_____.

Mi Mercurio está en la_____ casa. Los temas que me atraen y que me gusta compartir con los demás son:_____

_____

_____. Cuando me expreso en alta vibración al hablar de esos temas: _____

_____

_____. Cuando me expreso en baja vibración al hablar de esos temas: _____

_____

_____.

Ejercicio: tomar notas en el diario

¿Cuál era tu clase favorita cuando eras niño? Como adulto, ¿qué es lo que te gusta aprender? ¿De qué forma prefieres comunicarte con los demás?

. . . .

Lectura recomendada

The Power of Mercury: Understanding Mercury Retrograde and Unlocking the Astrological Secrets of Communication [El poder de Mercurio. Comprender a Mercurio retrógrado y desentrañar los secretos astrológicos de la comunicación], de Leslie McGuirk.

Venus

Venus es el planeta del amor, así que naturalmente arroja luz sobre la forma en que amamos. Conocer dónde está Venus en la carta de las personas que amas te ayudará a comprender su estilo romántico. Gracias a Venus conseguirás bordar el tema del cortejo. Pero no deberías asumir que no puedes llevarte bien con tal o cual signo para formar una pareja sentimental, porque eso no es verdad. Una vez que tengas claro de qué manera expresan su amor, congeniaréis a la perfección. Venus te enseñará cómo hacerlo.

Venus a través de los signos

Aries

Alta vibración: eres ardiente, apasionado y aventurero, y esto te convierte en un maravilloso amante. Te gusta ligar, y puedes ser agresivo como un ariete* cuando miras a los ojos a alguien que te gusta. La ambición te motiva, por eso eres luchador, ambicioso y emprendedor. Eres un amante fogoso y siempre consigues que cualquier situación sea emocionante.

Baja vibración: puedes ser un poco impulsivo, lo que puede llevarte a tener relaciones sexuales tórridas. Si quieres evitar conflictos, debes observar cuidadosamente a tu pareja antes de saltar a la cama. Te aburres con facilidad, y pasas rápidamente a otra relación antes de haber dado por terminada la que tienes. Puedes ser un amante profundamente egoísta a quien solo le preocupa su propia satisfacción. No es raro que algunas personas piensen que eres un cretino.

---

* N. de la T.: Antigua máquina militar para derribar murallas, puertas y otros obstáculos que consistía en un tronco de madera largo y pesado, acabado en uno de sus extremos en una pieza de hierro.

Tauro

Alta vibración: Venus rige a Tauro, y por consiguiente está muy cómodo en esta posición. Te gusta el confort. La seguridad te resulta esencial en las relaciones sentimentales, así que buscas una pareja que te haga sentir seguro. Eres cariñoso, romántico y propenso a lo sensual. Te gusta que te seduzcan, y seducir. Cuando alguien te gusta, lo expresas muy directamente. Tu idea de la felicidad es una confortable velada en casa en la que puedas atender a la persona que amas. Eres una pareja fiel y sólida como una roca.

Baja vibración: puedes ser sumamente posesivo. Esta tendencia puede despertar tus celos, especialmente cuando sientes que tu relación está amenazada. También puedes ser controlador y enviar mensajes de texto día y noche hasta que tu móvil echa chispas.

Géminis

Alta vibración: eres el ligón del Zodíaco, alegre, juguetón y divertido. Te gusta relacionarte y conocer nuevos compañeros de juegos, y puedes tener más de una admiradora esperándote entre bambalinas. Sabes cómo coquetear y conseguir que a alguien se le bajen los pantalones gracias a tu encanto. Las buenas conversaciones te resultan imprescindibles. Si una persona quiere ganar tu corazón, debe empezar por conquistar tu mente brillante. Tu vida a menudo es como una comedia romántica llena de aventuras divertidas. Eres un tío muy avispado.

Baja vibración: no te gusta sentirte atado, y por eso tienes fama de inconstante. Esto puede dar lugar a una personalidad tipo Peter Pan, lo que significa que tiendes a negarte a crecer y echar raíces. No puedes soportar el aburrimiento, motivo por el cual puedes tener más de una relación al mismo tiempo. Sin embargo, si juegas con el corazón de las personas, corres el riesgo de terminar solo.

Cáncer

Alta vibración: eres un excelente compañero sentimental. Nadie cuida a las personas que ama tan bien como lo haces tú. Eres totalmente maternal, y puedes apartarte de tu camino con el fin de asegurarte de que tu pareja está bien atendida y se siente a gusto y querida. Las fantasías románticas te motivan. Tienes una imaginación fértil, y puedes ser muy creativo en la cama. La seguridad emocional lo es todo para ti. Lo mejor para tu tierno corazón es una pareja que te haga sentir que te necesita; eso te da seguridad.

Baja vibración: la codependencia se debe a que Venus en Cáncer se ha descontrolado. Es probable que este rasgo te lleve a hacer lo imposible por complacer a tu pareja, y en el peor de los casos esto puede llevar a que se comporte de forma abusiva. Tal vez veas a tus amores potenciales a través de unas gafas color rosa y que te aferres a las relaciones ya desde sus comienzos. Sin embargo, con esta actitud solo conseguirás darte con la cabeza en la pared en cuanto descubras que la otra persona no era lo que tú imaginabas.

Leo

Alta vibración: eres un amante atractivo y fascinante a quien le complace deslumbrar a sus parejas. Te gusta prodigar atenciones y cariño a las personas que quieres o a las que pretendes impresionar. En el amor, todo lo haces a gran escala. Las escenas románticas ostentosas en el dormitorio consiguen que el objeto de tu deseo quiera un poco más. Eres una persona muy fiel, y cuando te comprometes lo haces sin condiciones. Si te ponen en un pedestal, aceptas el honor y te esmeras por cumplir con las expectativas. Eres muy orgulloso pero, siempre que no te sientas desbordado, eres capaz de ronronear como un gatito.

Baja vibración: puedes ser celoso y agresivo, lo que significa que si alguien quiere meterse en tu terreno puedes reaccionar intensamente. También eres muy sensible a la adulación, y cualquier persona que tenga labia puede llevarte a la cama. Si te dejas llevar por tu ego, te conviertes en un individuo egoísta y narcisista que espera que su pareja satisfaga todas sus necesidades sin dar nada a cambio.

Virgo

Alta vibración: a pesar de que no eres conocido precisamente por ser espontáneo, puedes ser una apuesta excelente para tener una relación amorosa a largo plazo. Siempre que la otra persona acepte tus normas, evidentemente. Esa persona debe ser intelectual porque tu cabeza gobierna tu corazón. Las conversaciones estimulantes son tu debilidad. Virgo está relacionado con el servicio, y por esta razón eres una pareja comprometida que cuida con cariño al ser amado. Si este tiene paciencia para tolerar tu forma de ser quisquillosa e irritable, se verá recompensado con tu alto nivel de devoción.

Baja vibración: puedes ser un poco frío. Peor aún, puede ser supercrítico, el tipo de persona que mangonea a su pareja. No debe sorprenderte que la gente se canse de ti. A nadie le gusta sentirse inferior. ¡Relájate!

Libra

Alta vibración: puedes ser la persona más romántica del mundo. Cartas de amor, chocolates, dulces y pequeños regalos: cuando cortejas a alguien lo haces a lo grande. Eres sofisticado y encantador, un amante ideal que hace del amor un arte. Consigues deslumbrar y conmover a la gente, y te encanta que te traten con el mismo respeto. La belleza y la armonía te motivan. Por eso cuidas tu aspecto y te gusta gustar. Siempre destacas, y te esfuerzas para construir relaciones dignas y armoniosas.

Baja vibración: es probable que seas demasiado idealista, y te enamores de la idea de estar enamorado. Esto puede llevarte a endiosar a las personas, y te quedas hecho polvo cuando el cuento de hadas se desvanece. También puedes ser indeciso. Incapaz de elegir entre una u otra persona, podría resultarte imposible comprometerte y entregarte. En el peor de los casos, esta ubicación puede indicar a alguien que renuncia a sus necesidades para complacer a su pareja. Cuando sigues ese camino, te pierdes a ti mismo en el proceso.

Escorpio

Alta vibración: tienes un impulso sexual legendario que te convierte en un amante apasionado y ardiente. ¿Cómo es tu forma de amar? Intensa y voraz. Entras a matar. Cuando alguien te interesa, no lo ocultas. No dejas lugar a dudas sobre tus intenciones mientras te diriges implacablemente hacia el objeto de tu deseo. Ansías fundirte con el otro, lo que significa que es mejor que tu pareja esté preparada para el desafío cuando las cosas se acaloren.

Baja vibración: puedes ser posesivo, celoso e inestable. Eres vengativo cuando te hacen daño en el amor. Si la confianza se rompe, ya no será posible recuperarla. Puedes ser tan frío como el hielo y alejarte de los demás o, por lo contrario, controlar a tu pareja hasta el punto de que tu conducta se torne obsesiva.

Sagitario

Alta vibración: esta es una ubicación tranquila para Venus. Si tienes a Venus en este signo, eres coqueto y divertido. Te encanta pasarlo bien, siempre que seas capaz de mantener tu libertad. Eres independiente y te gusta moverte de aquí para allá, lo que significa que no tienes ninguna prisa por sentar cabeza. En cuestiones de amor, ¿por qué comprometerse cuando allí fuera hay un mundo tan grande por descubrir? Nunca mientes a tu pareja, ella sabe de inmediato cómo te encuentras. Cuando estás enamorado, eres apasionado y vehemente. Si tu pareja te da espacio para respirar, allí te quedas.

Baja vibración: eres incapaz de entregarte, y puedes embarcarte en la siguiente aventura dejando detrás de ti una lista de amantes o amores.

Aunque no hay nada de malo en echar una cana al aire, tienes que ir de frente para evitar confusiones. También puedes ser brutalmente sincero, lo que suele resultar muy hiriente. ¿Acaso tu pareja realmente necesita saber que esos pantalones le hacen el trasero gordo? *De ninguna manera.*

Capricornio

Alta vibración: quizás no seas la pareja más romántica e imaginativa del mundo, pero eres la mejor apuesta para una relación a largo plazo. No eres muy fogoso, pero lo compensas con tu disposición a comprometerte. Cuando amas eres práctico y prudente, porque quieres asegurarte de que la persona que quieres desea estar contigo para siempre. Te impulsa la ambición, y la responsabilidad es tu afrodisíaco. Una pareja que sepa cómo mantener equilibrado el talonario de cheques y se acuerde de bajar la tapa del retrete... ¡es tu pareja perfecta! Cuando dices «sí», lo dices de corazón. Sabes cuidar muy bien a los demás, y por eso eres la mejor opción para aquellos que buscan seguridad.

Baja vibración: pueden considerarte un tío frío y calculador, más interesado en el estatus social que en la compañía genuina. Si tu principal preocupación es si la otra persona estará a la altura de tu estatus social, necesitas ver qué es lo que te pasa. Es probable que seas demasiado reservado, y por este motivo acaso pierdas oportunidades en el terreno amoroso. En algunos casos, esta ubicación puede indicar a alguien que antepone la ambición al amor.

Acuario

Alta vibración: eres excéntrico y nada convencional. Haces las cosas a tu manera y te encanta tener mucho espacio para experimentar con el amor. Tus relaciones vienen y van, aparentemente como caídas del cielo. Un encuentro fortuito puede conducir a un romance tumultuoso que acabará rápidamente en cuanto te aburras o te sientas atraído por alguna otra aventura excitante. Te encantan las conversaciones chispeantes y los compañeros inusuales, y estás abierto a tener parejas no ortodoxas, e incluso a practicar el poliamor. Llegas a entregarte en el amor, pero la persona que desee conquistar tu corazón debe empezar por ser tu amiga.

Baja vibración: puedes ser obstinado, un rebelde sin causa que quiere hacer lo que le da la gana sin preocuparse en absoluto por la persona amada. Además, pierdes el interés si sientes que ella no está a la altura de tus estrafalarios criterios. Y en este caso, eres frío como el hielo.

Piscis

Alta vibración: Venus en Piscis es la mejor ubicación. Eres un tipo romántico y soñador, dispuesto a sacrificar cualquier cosa por amor. Te enamoras intensamente, y puedes llegas a idealizar a tu pareja, pasando por alto sus defectos y elogiándola frente a los demás, incluso cuando se equivoca. Eres sumamente amable, un alma gentil que nunca pensaría en hacer daño a nadie, y mucho menos a las personas que ama. Lo que necesitas es un alma gemela que sea capaz de dar tanto como tú. Nunca te comprometes por menos. Si llegan a ti con sonetos y flores, estás perdido.

Baja vibración: te conviertes en un felpudo y dejas que cualquiera se aproveche de tu tierno corazón. Debes aprender a percibir cómo es la situación si quieres evitar las escenas románticas desagradables. Cuando te hacen daño en el amor, sufres mucho y tiendes a buscar alivio a través de las drogas, el sexo casual o las relaciones amorosas con pervertidos. También puedes interpretar el papel de mártir romántico, el eterno sufriente que se niega a aceptar que él mismo ha creado su propio drama.

Venus a través de las casas

Ahora vamos a estudiar cómo amas, qué es lo que atraes y de dónde procede (o a dónde va a parar) tu dinero.

PRIMERA CASA

Alta vibración: si Venus se aloja en tu primera casa puedes ser un verdadero bombón. Esta ubicación a menudo indica un aspecto físico muy atractivo o, al menos, alguien que sabe cómo sacarle partido a su apariencia. Tienes una personalidad encantadora que atrae a la gente. Te hace feliz estar en un ambiente bonito. Una carrera creativa o cualquier otra que te permita trabajar de cara al público son perfectas para tu personalidad cordial.

Baja vibración: puedes tener tendencias narcisistas. Ser una persona «yo, yo, yo» podría perjudicar tu reputación. Cuando no puedes conseguir lo que quieres, te comportas de una forma pasivo-agresiva.

SEGUNDA CASA

Alta vibración: te gusta la riqueza y todas las cosas bellas que hay en la vida. Probablemente eres muy bueno para atraerlas, especialmente el dinero. Esta ubicación de Venus indica que puedes tender a gastarlo de forma extravagante. Disfrutas haciendo regalos a las personas que quieres y ¡a ti mismo! Puedes ser sumamente generoso porque te gusta distribuir la riqueza. Afortunadamente, al parecer sueles ganar más dinero justo cuando los cofres empiezan a vaciarse. También es posible que te cases con alguien de buena posición. Una profesión relacionada con la belleza o el arte sería muy adecuada para ti.

Baja vibración: puedes gastar más allá de tus posibilidades o hacer regalos con segundas intenciones. Es posible que consideres el dinero como una forma de ascender en la escalera social, y esto podría conducirte a un matrimonio de conveniencia por puro interés económico.

TERCERA CASA

Alta vibración: tu pensamiento es creativo y eres hábil en el uso de las palabras. Expresas tus ideas de forma poética, por lo que podrías estar muy a gusto trabajando como escritor. Si esa no es tu meta, es muy probable que aprecies la literatura y las artes. Tienes una forma muy agradable de comunicarte, así que también podrías ser un excelente diplomático o mediador, o dedicarte a una ocupación en la que necesites transmitir ideas de forma elocuente y tranquila. Sueles viajar por placer, y tu agenda social está siempre llena.

Baja vibración: por ser buen conversador, les dices a las personas lo que desean escuchar. Sin embargo, tus palabras amables enmascaran la verdad. Puedes utilizar tu labia para abrirte paso en situaciones que pueden resultarte beneficiosas. Aunque también puedes ser mentalmente perezoso.

CUARTA CASA

Alta vibración: necesitas tener un hogar armonioso y bonito, y eres capaz de hacer todo lo que esté en tus manos para conseguirlo. Tu casa debe ser una obra maestra elegante. Aun cuando no tengas mucho dinero, tu gusto por el diseño y tu atención por los detalles hacen que los espacios en los que te mueves sean limpios y ordenados. Las relaciones con tu familia son cariñosas y te sientes muy unido a tus padres, en especial a tu madre. Es posible que recibas una herencia.

Baja vibración: tus padres tal vez te hayan sofocado de alguna manera. Esto puede haber sido un obstáculo para cortar el cordón umbilical. O tal vez te ha llevado a pasar demasiado tiempo en casa en un esfuerzo por mantener tu calidad de vida.

QUINTA CASA

Alta vibración: el placer es importante para ti, así que buscas la buena vida y los momentos de diversión. A lo largo de tu existencia tendrás muchas oportunidades románticas y aventuras. No cabe duda de que eres afortunado en el amor. Puedes ganarte la reputación de ser un mujeriego. Sin embargo, cuando sientas cabeza puedes ser la persona más fiel. También eres un padre cariñoso. Si trabajas como artista, profesor o músico, probablemente tengas mucho talento.

Baja vibración: eres muy inconstante en el amor e incapaz de elegir entre la opción A y la opción B. Cuando alguien ya no te despierta interés, estás preparado para pasar rápidamente a otra cosa. El juego puede representar un grave peligro para ti; podrías perderlo todo si no tienes cuidado.

SEXTA CASA

Alta vibración: gracias a tu amor por el trabajo y tu voluntad, seguramente conseguirás encontrar una ocupación que sea de tu agrado. Las relaciones con tus colegas y jefes son cordiales. Es posible que incluso encuentres el amor en la oficina. Siempre aspiras a tener un ambiente laboral armonioso. Las mejores profesiones para ti son las de diplomático, agente, mediador, diseñador y relaciones públicas. Tu salud general es buena; aun así debes mantener tus caprichos bajo control.

Baja vibración: acaso te entregas a tu carrera con tanto tesón que dedicas poco tiempo a tu vida personal. O puedes pasar de un trabajo a otro si el ambiente no se ajusta a lo que esperabas. También es posible que un romance en el trabajo sea la causa de un escándalo. Esta ubicación podría indicar asimismo problemas de salud por cometer algunos abusos.

SÉPTIMA CASA

Alta vibración: esta es una buena ubicación que indica amor. Puedes atraer un matrimonio feliz o una asociación comercial muy beneficiosa. En tu mente, el amor es el camino final hacia la felicidad, motivo por el cual pones demasiado empeño en encontrar «a la persona indicada». Sabes cómo conectar con los demás y te desempeñas maravillosamente bien en equipo. Si tu trabajo implica relacionarte con la gente (por ejemplo, terapeuta o consejero matrimonial), entonces estás en tu elemento.

Baja vibración: puedes ser propenso a tirarte de cabeza en las relaciones, lo que supondría casarte por la única razón de estar en pareja. O también puedes soportar a una pésima esposa por no causar problemas o negarte a ver a los demás tal como son.

OCTAVA CASA

Alta vibración: puedes beneficiarte de un matrimonio o de otro tipo de compañías, por lo general a través de una herencia, una pensión alimenticia o un enlace con alguien de una clase social más alta. Las relaciones amorosas y el sexo son una cuestión muy seria para ti. Aspiras a tener una relación profunda y fidelidad. Tu parte sensual te gobierna, y por ello eres muy vehemente en la cama.

Baja vibración: tu naturaleza sexual puede tener un lado obsesivo que podría convertirte en una persona celosa. También es posible que te cases por puro interés económico. Tienes una parte considerablemente hedonista; si no la controlas podría llevarte a una vida de abusos y holgazanería.

NOVENA CASA

Alta vibración: Adoras la filosofía, la religión, los estudios superiores y los viajes. Puedes hacer viajes largos o casarte con alguien de una cultura diferente. Lo más probable es que te lleves muy bien con tus parientes políticos. La libertad es esencial para ti y, por lo tanto, necesitas una pareja que te dé espacio. Esta ubicación produce individuos con un alto nivel de educación y que han viajado mucho, y también expertos en filosofía o religión.

Baja vibración: puedes anhelar tanto la libertad que no te decides a comprometerte con nadie. Cuando las cosas se ponen feas, tomas la carretera y dejas atrás el caos y los corazones heridos. Aunque no hay nada de malo en tener pasión por los viajes, debes tener cuidado para no convertirte en un canto rodado siempre en movimiento que no acumula moho.

DÉCIMA CASA

Alta vibración: la gente te adora. ¿Y por qué no habría de hacerlo? Eres carismático y popular. Tú tienes que estar bajo los focos, porque allí es donde brillas. Si tu profesión está relacionada con el arte, es posible que recibas excelentes críticas por tu trabajo. Las mujeres pueden ser muy buenas aliadas para tu desarrollo profesional. También puedes recibir favores de personas que ocupan puestos de poder. Eres un auténtico profesional cuando se trata de establecer redes de contactos.

Baja vibración: Utilizas a las personas para llegar a lo más alto. En vez de ser leal con ellas, calculas qué es lo que puedes obtener y las olvidas cuando ya han servido a tus propósitos. Los escándalos amorosos pueden teñir la relación que estás intentando construir con tanto empeño.

UNDÉCIMA CASA

Alta vibración: eres popular y tienes una vida social muy activa. Tus amigos son cariñosos y siempre te cubren las espaldas. Te ayudan a conseguir muchos de tus objetivos. Las relaciones amorosas pueden surgir a través de tu círculo social. Los amigos pueden convertirse en amantes, y los amantes en amigos. Establecer una red de contactos puede vincularte con *influencers* y personas con talento artístico.

Baja vibración: si no eres prudente a la hora de mezclar amigos y romances, tu vida social puede llegar a convertirse en un verdadero lío, e incluso puedes vivir situaciones dramáticas. Otra posibilidad es que utilices a la gente para salir adelante, y por eso tengas muy pocas amistades profundas. Las malas compañías pueden hacerte descarriar; debes tener mucho cuidado con las personas que dejas entrar en tu círculo.

DUODÉCIMA CASA

Alta vibración: amas la soledad y te encanta estar tranquilo. Los *ashrams* y los centros de meditación alegran tu alma. Cuando no estás divirtiéndote, estás ocupado ayudando a otras personas porque eres un tipo compasivo. La intuición guía tus decisiones, y por eso tiendes a dejarte llevar por los sentimientos y no por la cabeza. Es probable que canalices tus intensos sentimientos a través de una inspiración creativa. Eres un poco tímido, especialmente a la hora de expresar tu interés por alguien. Podrías pasar mucho tiempo trabajando entre bambalinas, haciendo buenas acciones. Esta posición de Venus también ofrece protección espiritual en la forma de un ángel guardián.

Baja vibración: es posible que mantengas amores secretos o que permitas que te utilicen personas inescrupulosas. Las emociones gobiernan tu vida, y esto puede llevarte a tomar malas decisiones, especialmente en el amor. Otro problema pueden ser los límites débiles. Cuando alguien ha herido tus sentimientos, puedes pasar rápidamente a sentirte una víctima y actuar en consecuencia.

En resumen

Venus es el planeta del amor. Te muestra cómo amas, qué es lo que te encanta y qué atraes.

. . . .

Habilidades astrológicas

¿Quieres seducir a esa persona tan especial? Observa dónde está Venus. ¿Su Venus está en Cáncer? Trae flores y chocolates. ¿Está en Sagitario? Contrata un viaje a algún lugar exótico. ¡Venus te da la clave de cómo puedes ganar su corazón!

. . . .

Astrocicio

Utilizando las interpretaciones de este libro, considera de qué manera Venus influye en tu forma de amar.

Mi Venus está en el signo de_____. Cuando actúo en alta vibración, expreso el amor del siguiente modo:_____

_____

_____. Cuando actúo en baja vibración, expreso el amor del siguiente modo:_____

_____.

Mi Venus está en mi _____ casa. Las áreas en las que atraigo y amo son:_____

_____.

Cuando me expreso en alta vibración en esas áreas: _____

_____

_____.

Cuando me expreso en baja vibración en esas áreas: _____

_____

_____.

Ejercicio: tomar notas en el diario

Si pudieras crear un manual sobre cómo tener un romance contigo de acuerdo con tu Venus, ¿qué incluirías en él?

· ·

Lectura recomendada

Love and Sex Under the Stars: Use Astrology and the Planets Venus and Mars to Make Your Love Life Everything You Want It to Be: Venus and Mars, the Planets of Love and Sex [Amor y sexo bajo las estrellas: Usa la astrología y los planetas Venus y Marte para tener la vida amorosa que deseas], de Nancy Frederick.

Marte

Venus simboliza nuestro lado femenino, suave y romántico, y Marte es el principio masculino: la agresividad, la ambición, la determinación y la energía están bajo su dominio. Y también el deseo sexual. Marte es el iniciador y el que nos hace perseguir nuestros sueños..., nos guste o no.

En la carta de una mujer, Marte indica el tipo de pareja que necesita o las personas por las que se siente atraída. Como Marte es el planeta del guerrero, indica también la manera de luchar de cada uno. Saberlo puede ayudarte a determinar si quieres entrar en guerra con alguien... o no.

Marte a través de los signos

Aries

Alta vibración: eres atrevido, agresivo y apasionado. Cuando te fijas en alguien o algo, vas a por ello con gusto, venciendo a todos los que se interponen en tu camino. Eres competitivo, y estás decidido a ganar a toda costa. Tu confianza y bravuconería son legendarias. Eres extremadamente ambicioso, pero una vez que has conquistado lo que querías pasas rápidamente a otra cosa. Eres un amante ardiente y vigoroso, y rara vez te quedas sin energía. Eres intrépido y valiente, y probablemente seas implacable y cruel.

Baja vibración: puedes ser impulsivo y enojarte fácilmente, lo que puede llevarte a tomar decisiones imprudentes. Tienes una veta dominante, y puede resultar difícil vivir contigo. No hay nada malo en asumir el mando, pero si te dedicas a acosar a la gente no conseguirás hacerte querer. Tu lado competitivo podría llevarte a pasar por encima de los demás.

En la carta de una mujer, Marte en Aries puede indicar una personalidad dominante que, no obstante, también desea una pareja aguerrida.

Esta característica puede provocar problemas en una relación afectiva si tiene una pareja débil que no sabe ganarse el respeto o una pareja agresiva que le crea dificultades.

Las personas que tienen a Marte en Aries son combativas e intensas. Pueden actuar precipitadamente cuando están enfadadas. Si desatas su lado impulsivo, pueden tomar pésimas decisiones. Lo mejor es que los dejes solos, porque cuando están rabiosos pueden ser mortalmente persistentes.

Tauro

Alta vibración: eres decidido y callado, un tipo fiable con el que siempre se puede contar para acabar el trabajo, independientemente de lo que se tarde. Sin embargo, te mueves un poco despacio. Te gusta pensar bien las cosas y planificar cuidadosamente tu rumbo antes de pasar a la acción. Una vez que te has comprometido con un trabajo, nada ni nadie te detendrá. No hay muchas cosas que te pongan nervioso, pero cuando te enfadas el enojo te dura mucho tiempo. Eres un amante sensual, con una enorme resistencia. ¡Hacer el amor durante toda la noche es un deleite para ti! Le das mucha importancia a la seguridad, por eso prefieres una pareja estable y un sueldo fijo.

Baja vibración: eres muy rencoroso y lo pasas mal cuando tienes que pedir disculpas por haberte equivocado. Debido a tu terquedad, es difícil razonar contigo cuando estás molesto. Esto puede llevar a la gente a considerarte un tipo irracional. Demasiado interés en acumular posesiones puede desembocar en una situación en la que lo único que te importa es el materialismo o controlar a los demás.

En la carta de una mujer, Marte en Tauro muestra generalmente una necesidad de seguridad. Esto indica que necesita una pareja que sea estable y tenga los pies en el suelo. Si además tiene una economía saneada, eso ya es un premio extra.

Las personas que tienen a Marte en Tauro pueden ser muy obstinadas cuando se enfadan. Ganan las batallas manteniéndose firmes en su posición, aun cuando estén equivocadas. La mejor manera de vencerlas cuando están resentidas es mantenerse ocupados y entretenidos. Como dice el refrán: ¡la mejor venganza es vivir bien!

Géminis

Alta vibración: eres intelectual y tu ingenio es agudo. Esto te confiere una fuerza que es bueno reconocer y con la que hay que contar. Te encanta hablar, y puedes conversar prácticamente con cualquier persona. Esta locuacidad te resulta muy útil, pues te da la capacidad de poder expresarte en cualquier situación. Te estimulan los juegos intelectuales y la búsqueda del conocimiento. Quieres conocer los hechos, las curiosidades y todos los secretos. De alguna manera, siempre te las arreglas para llegar al fondo de la cuestión. Las relaciones deben estimularte a un nivel mental, de lo contrario te alejas de ellas. Eres un brillante artífice de las palabras, que son tus armas preferidas. En un juego de ingenio, eres inigualable.

Baja vibración: puedes tener un carácter asesino, sarcástico y malicioso, y utilizas la información para humillar a sus oponentes. Te resulta muy difícil comprometerte con alguien y tienes fama de ser jugador... o un bicho raro. Te distraes fácilmente y además tiendes a la dispersión, motivo por el cual casi nunca acabas muchas de las cosas que empiezas a hacer.

Las mujeres que tienen esta ubicación necesitan una pareja ingeniosa e inteligente que les dé mucha libertad. Si, por el contrario, su compañero es demasiado posesivo, huirá como una gacela.

Los individuos que tienen a Marte en Géminis ganan batallas gracias a su mente aguda y a su facilidad de palabras. Este es el carácter asesino malicioso de una persona que es capaz de humillar a su contrincante con una observación devastadora. En una batalla de ingenios, estas personas están bien equipadas y pueden ser las más listas. La mejor táctica para deshacerse de ellas es ser lo más aburrido posible. O no dejar de hablar de uno mismo. No debes permitirles meter baza. ¡Eso es todo!

Cáncer

Alta vibración: harás cualquier cosa por tus hijos porque tu familia lo es todo para ti. Lo que más te importa en esta vida son tus hijos y la seguridad. No te preocupa nada más. Esto significa que eres una mamá leona feroz que protege su hogar. También eres muy sensual y tienes una imaginación erótica fantástica. Siempre das prioridad a las necesidades de tu pareja, pero también eres sumamente receptiva y estás preparada para atacar de inmediato al menor atisbo de seducción.

Baja vibración: en realidad esta es una ubicación débil para el feroz Marte, porque las emociones tienden a interponerse en el camino. Aunque por lo general eres amable, también eres celoso y posesivo, y tienes un humor muy cambiante. Cuando las emociones se desequilibran, no hay forma de hacer nada. Puedes ser pesado y mezquino. Eres gruñón y actúas de forma melodramática, cosa que deberías evitar si quieres que la gente que te rodea esté a gusto... y siga siendo productiva.

Tal como sucede cuando Marte está en Tauro, la mujer que tiene a Marte en Cáncer quiere seguridad. Si se siente protegida y segura, ¡es tuya!

Cuando los individuos que tienen a Marte en Cáncer se enfadan, pueden ser muy mezquinos. Aunque finalmente sus emociones siempre sacan lo mejor de ellos. Si hieres sus sentimientos o amenazas su seguridad, el juego se habrá terminado.

Leo

Alta vibración: este es el Marte de los reyes y gobernantes, ¡de manera que puedes sentirte afortunado si tienes a Marte en Leo! Eres noble y valiente, un líder osado que inspira a las personas a seguirlo. Sabes cómo hacer las cosas y cómo conducir a tu equipo a la victoria. Y lo haces de una forma ostentosa y drástica. En el terreno sexual eres ardiente y cariñoso. En el dormitorio eres capaz de generar vapor con gran histrionismo. Necesitas una pareja que te trate como un rey. Y si lo consigues, eres fiel. Cuando sabes lo que quieres, eres tenaz. Tu determinación te da potencial para la grandeza. Cuando estás al mando, todo el mundo gana.

Baja vibración: tienes un ego enorme, y esto significa que bajas la guardia cuando te halagan o te caes a pedazos cuando alguien hiere tu orgullo. Te ofenden las críticas y sueles ignorar los buenos consejos. Puedes ser impulsivo en el amor, y tirarte de cabeza en una relación demasiado pronto. Si mantienes tu orgullo bajo control, serás mucho más feliz.

En la carta de una mujer, su pareja debe ser indulgente, aduladora y digna. Si quieres seducir a una de estas damas, debes traerle flores, vino y joyas. Trátalas como las reinas que son.

Cuando van a librar una batalla, los Leo son feroces y tenaces. Están dispuestos a hacer un esfuerzo adicional y tomarse todo el tiempo que sea necesario para sobresalir. Sin embargo, hay una forma muy fácil de hacerlos caer: herir su ego.

Virgo

Alta vibración: eres astuto e ingenioso. Tienes el don de la inteligencia y del análisis, y facilidad para la estrategia. Gracias a estas características, puedes superar en pensamiento e ingenio a la mayoría de las personas. Y además lo haces de una forma tan cordial que jamás te consideran una amenaza. Esto te da una ventaja: la capacidad de moverte y entrar a matar sin despeinarte. El trabajo es tu dios, y tienes una inclinación por el servicio. ¿Disciplina? La tienes a montones. Te sientes a gusto si puedes trabajar solo, lejos de la mirada de los demás.

Organizas los detalles y calculas cuál es la mejor manera de conseguir la perspectiva más completa. En el terreno sexual, no eres el más vigoroso de los amantes. Incluso tal vez seas un poco puritano, y prefieras relacionarte primero a través de la mente. No puedes soportar a los haraganes, y esperas que todo el mundo trabaje tan duro como tú.

Baja vibración: eres quisquilloso e irritable, y por eso no eres la persona más fácil para convivir. Puedes ser intrigante y manipulador, buscando la forma de sacar ventaja de las personas. También es posible que seas controlador y un crítico mordaz. Y eso no está nada bien.

Las mujeres que tienen a Marte en Virgo adoran a los individuos adictos al trabajo. Deploran la vagancia. También quieren parejas que sean limpias. Tienes que estar muy aseado para ellas y lavarte los dientes. Si además sacas la basura, serán tuyas para siempre.

Cuando se trata de salir a la batalla, no te molestes en meterte con alguien que tenga a Marte en Virgo. Tienen una mente fría y estratégica que es difícil de prever. También son manipuladores, capaces de vengarse a pesar de su apariencia mansa e inofensiva. Esa apariencia contribuye a que sean subestimados, y los convierte en formidables oponentes. La mejor táctica: crear confusión. Puedes eliminar gases en su presencia, con el mayor sonido posible. O encontrar una tarea que requiera ser muy detallista para que se obsesionen con ella. ¡En cuanto se den cuenta de lo que has hecho, ya habrás desaparecido!

Libra

Alta vibración: te preocupa que la justicia sea igual para todos, lo que significa que eres una persona que juega limpio. La diplomacia y la imparcialidad tiñen todas tus acciones, porque siempre estás intentando hacer lo correcto, incluso aunque la otra parte no lo haga. Te desempeñas muy bien en los debates y siempre eres capaz de ver la otra cara de la moneda. Si tienes una buena causa para defender, estás en tu salsa. Esta es la ubicación para los abogados incansables, los jueces sabios o los fiscales brillantes. Eres un amante encantador, sumamente galante. Tu relación de pareja debe contener todos los elementos, y nunca te cansas ni te aburres.

Baja vibración: el lado oscuro de esta posición es la indecisión. Puedes pasarlo mal a la hora de tener que tomar decisiones; o te asaltan todo tipo de dudas después de haberlas tomado. Si tienes demasiadas opciones, te paralizas y te quedas clavado como un poste. Debes protegerte de las tendencias pasivo-agresivas.

Las mujeres con Marte en Libra anhelan encontrar un caballero galante. Al igual que las que tienen a Marte en Leo, les encanta que las seduzcan. Bienvenidos los romances, y cuanto más frecuentes, mejor. Nunca se cansan. Ten en cuenta que para ellas también es importante la cortesía. Su interés languidece ante cualquier forma de crueldad.

A las personas que tienen a Marte en Libra les gusta jugar limpio y saben muy bien cómo hacerte sentir fatal si te metes con ellas. Nadie actúa como un mártir o un santo mejor que ellas. Si tienes que estar codo con codo con estos defensores del bien, la mejor táctica es no hacerles saber lo que estás haciendo. Debes darles la mayor cantidad posible de pistas falsas. Distráelos con demasiadas opciones, y pronto se sentirán inseguros y ya no parecerán santos.

Escorpio

Alta vibración: esta es una posición formidable e intensa para Marte. Tu ambición es inmensa, y tu determinación no tiene parangón. Cuando estás concentrado en un objetivo, estás dispuesto a hacer todo lo que sea necesario para alcanzarlo. Eres inteligente y disciplinado, capaz de mover montañas. No es ninguna sorpresa que tengas capacidad para realizar hazañas épicas. En las relaciones amorosas, el sexo es sumamente importante. Eres un amante apasionado, con gran resistencia y una intensa imaginación erótica. Te impulsan tus pasiones y una fuerza natural.

Baja vibración: haces caso omiso de los demás, o los maltratas, apartándolos de tu vida cuando se interponen en el camino de tus ambiciones. Eres un enemigo despiadado, y cuando alguien te decepciona se desatan todos los demonios. Planearás la venganza, y no cejarás en tu empeño sin importarte el tiempo que tardarás en conseguirlo. También podrías llegar a jugar sucio. En el amor puedes tener celos enfermizos y llegar a ser un tipo posesivo que no le da a su pareja espacio para respirar.

Las mujeres con esta ubicación necesitan fidelidad absoluta. Quieren una pareja en la que puedan confiar al cien por cien. Y también mucho sexo. Si estás por la labor de amarlas, mantén tus ojos y tu mente (y también tus entrañas) fijos en ellas.

Si decides entrar en guerra con una persona que tenga a Marte en Escorpio, estás condenado a perder. Se vengará de ti aunque le lleve toda una vida. Si ves esta configuración en la carta de alguien, aléjate de él, *Disco Lady.*[*] No va a merecer la pena.

Sagitario

Alta vibración: eres una persona directa, independiente, y te encanta viajar. Las normas y las limitaciones no van contigo. Quieres libertad y la posibilidad de vivir según tus propios códigos. Si no te sientes encerrado, te ocupas perfectamente de lo que tienes que hacer. Necesitas espacio, de lo contrario te irritas y distraes. No temes asumir riesgos y por lo general eres afortunado. Es posible que tengas habilidades atléticas. Eres un orador brillante y muy hábil para defender tus opiniones. Tienes un fuerte instinto sexual, pero prefieres moverte libremente. Esto significa que acaso te apetezca tener más de una pareja o estar con alguien que te permita hacer tu vida.

---

[*] N. de la T.: Referencia a un tema musical de Johnnie Taylor.

Baja vibración: luchas por mantenerte fiel, lo que puede hacer daño a tus parejas. También puedes distraerte fácilmente, hasta el punto de no ser capaz de ocuparte de tus cosas. Tu naturaleza inquieta puede impedirte que te entregues a una persona o te comprometas con una actividad. Vigila tu tendencia a la superioridad, porque ahí es donde empiezas a perder la paciencia... y la recompensa.

A una mujer que tiene a Marte en Sagitario le gusta tener una aventura romántica que le permita tener mucho espacio personal; debes brindarle todo el que te resulte posible. Si se siente verdaderamente libre, se quedará a tu lado. Una pareja a la que le guste pasar tiempo al aire libre, o que ame a los animales, es un punto a favor.

A las personas que tienen a Marte en Sagitario les gusta discutir, así que si estás dispuesto a mantener un debate interminable debes saber que intentarán machacarte. La mejor forma de hacerlos tropezar es ofrecerles el razonamiento más ilógico e inadmisible. Puede que no tenga ningún sentido, pero debes actuar como si lo tuvieras muy claro. Y luego prepárate para ver explotar su cabeza: ¡no son capaces de asimilarlo!

Capricornio

Alta vibración: tienes grandes ambiciones. Quieres estar en lo más alto. No es de extrañar que lo consigas porque eres persistente y paciente. Igual que una cabra montesa, apuntas alto. Además, eres capaz de superar retos imposibles para llegar a tu destino. Tienes talento para trabajar en un cargo directivo, y puedes elevarte a grandes alturas en tu profesión, independientemente de lo humildes que hayan sido tus comienzos. La gente confía en ti, y por ese motivo ocupas a menudo puestos de liderazgo. Acabas todo lo que haces y animas a la gente a dar lo mejor de sí mismas. La responsabilidad no representa ninguna amenaza para ti; por el contrario, te motiva. Necesitas una pareja ambiciosa. Eres un amante ardiente y un compañero respetuoso.

Por momentos puedes reprimir tu naturaleza sexual y canalizar esa energía en el trabajo. Cuando estás en guerra con alguien, consigues la victoria a través de estrategias brillantes y de tu fuerza de voluntad. **Baja vibración:** ¿tendencias maquiavélicas? Sí. Tu deseo de controlar te convierte en una especie de dictador. También puedes ser un adicto al trabajo, y bloquear las posibilidades de mantener una conexión más profunda con tus seres queridos. Tienes poca tolerancia con las personas que no trabajan tanto como tú, y por eso podrías comportarte como un cretino en el trabajo.

Las mujeres que tienen esta ubicación necesitan una pareja ambiciosa. No soportan a los haraganes. Igual que las que tienen a Marte en Virgo, prefieren a alguien que aspire al éxito. Si eres ambicioso, y además perteneces a la *jet set*, lo tienes todo a tu favor.

Al igual que las personas que tienen a Marte en Escorpio, esta ubicación indica a un oponente fuerte. Recuerda que son muy persistentes, como los *pitbulls*. Y también son capaces de elaborar planes muy complicados cuando lo necesitan. Es mejor dejarlos en paz, porque se cansarán si no tienen nada que morder.

Acuario

Alta vibración: tus facultades mentales son muy fuertes, eres muy hábil para gestionar tu negocio de forma práctica y sencilla, y para inspirar a los demás con tu honestidad. ¿Qué se te podría reprochar? Eres ambicioso y no actúas en beneficio propio sino por camaradería. Quieres que todo el mundo obtenga lo que aspira a conseguir, y por eso se te dan muy bien los trabajos humanitarios. Las amistades son muy importantes para ti, y logras que cualquiera sea tu amigo, incluso un enemigo. Eres conocido por tu integridad, originalidad y capacidad de pensar por ti mismo. A veces puedes ser un poco rebelde, especialmente cuando sientes que te están pidiendo que te conformes con lo que hay. En la sexualidad eres un poco reservado, y esto puede traducirse en falta de disponibilidad emocional. Antes de entregarte, necesitas tener una conexión mental. Pero cuando dicha condición se cumple, eres una apuesta excelente para tener una pareja a largo plazo.

Baja vibración: eres frío como el hielo, una especie de señor Spock que no le presta mucha atención a los sentimientos. Privilegias los hechos a las personas, y eso puede hacerles creer que no les importas. Algunas veces te rebelas sin razón aparente. Los abogados del diablo están muy bien en algunas ocasiones, pero ¿vale la pena echar leña al fuego continuamente? Claro que no. También eres terco, hasta el punto de llegar a ser irracional.

Esta posición en la carta de una mujer indica que para ella la libertad es muy importante. Así como también la honestidad y la compenetración intelectual. No tiene ninguna prisa por comprometerse. Solo dirá «sí, quiero» cuando esté completamente segura de que la relación vale la pena.

Si te enredas en una pelea con estos bienhechores astrológicos, comprobarás que pueden llegar a ser muy testarudos. El mejor camino es desaparecer. Poner distancia. Desconectar. No llegarán muy lejos si solamente una de las partes sigue peleando. En consecuencia, si dejas de hacerlo, ellos también se detendrán.

Piscis

Alta vibración: tienes una gran intuición y toneladas de compasión. Debido a estas cualidades tiendes a servir a la humanidad de algún modo. Tienes una gran imaginación, y podrías inclinarte por una carrera creativa. En el amor eres receptivo y cariñoso. Te gusta complacer. Los romances deben ser épicos; te apetece que te hagan perder la cabeza. En última instancia, eres un alma sensible y creativa, con un corazón tierno y una naturaleza amable.

Baja vibración: esta es una posición débil para Marte, y con frecuencia indica que las emociones se interponen en el camino. Las relaciones pueden ser un poco complicadas, y puedes pasar rápidamente a una nueva relación en cuanto la anterior fracasa. A veces puedes moverte por la vida sin una dirección clara, como si no tuvieras ancla ni timón. Tu tendencia a la evasión puede llevarte por el camino de la adicción. Sin embargo, con esta configuración eres lo suficientemente sabio como para evitar las drogas. Te resulta difícil confrontarte con los demás, y por eso a veces permites que las personas te avasallen. Debes tener cuidado con la inseguridad y la negación, que normalmente te llevan a tomar malas decisiones.

Las mujeres que tienen esta configuración sueñan con un héroe romántico. Quieren perder la cabeza por él y ser profundamente protegidas. Quieren vivir un cuento de hadas, y necesitan una pareja amable que les brinde su apoyo. Si vas a ser su caballero andante con una brillante armadura, jamás te conviertas en un sapo.

Ante una posible confrontación, su ánimo decae. Por lo tanto, si pretendes estar codo a codo con una de estas amables criaturas, debes tratarla con amabilidad. La vida es demasiado dura para ellas.

Marte a través de las casas

El sitio donde se ubica Marte indica en qué eres firme, decidido y apasionado, y en qué circunstancias pasas a la acción.

MARTE EN LA PRIMERA CASA

Alta vibración: tienes una presencia imponente y feroz, y tenerte cerca es emocionante. Eres energético, vital, y rebosas entusiasmo. Allí donde está la acción estás tú, probablemente poniendo algo en marcha. Posees una habilidad natural para el liderazgo, y nunca tienes ningún reparo si hay que trabajar duro. Puedes tener una contextura fuerte con un físico musculoso.

Baja vibración: actúas antes de pensar, lo que puede conducirte a vivir situaciones peligrosas. O también puedes reaccionar con violencia cuando te sientes amenazado. Iniciar cosas es muy fácil para ti, acabarlas no lo es tanto.

SEGUNDA CASA

Alta vibración: eres ambicioso con el dinero, y trabajarás muy duro con el fin de conseguir tus objetivos económicos. El dinero es una motivación para ti. Puedes ser muy competitivo a nivel económico y bastante posesivo cuando se trata de tus bienes personales. Te gusta trabajar por tu cuenta, y podrías ser un excelente empresario.

Baja vibración: puedes ser inflexible y prepotente, y también deshonesto. Podrías llegar a recurrir a una actividad delictiva para aplacar tu sed de dinero. Si alguien toca tus cosas, puedes ponerte como un energúmeno. Y en cuanto a tus hábitos de consumo, el dinero te quema en el bolsillo. Las compras compulsivas suelen dar lugar a graves problemas económicos.

TERCERA CASA

Alta vibración: tienes una mente rápida y aguda, y eres capaz de pensar sobre la marcha. Sueles ser agresivo y descarado cuando te comunicas, alguien que no se anda con rodeos. La sinceridad brutal es tu fuerte. Debido a este rasgo de tu personalidad podrías tener una afinidad natural por cualquier profesión en la que sean necesarios los debates, como por ejemplo abogado o comentarista político.

Baja vibración: sacas conclusiones rápidamente y te formas juicios sin contar con hechos que los avalen. O eres uno de esos tipos a los que les gusta persuadir a los demás imponiendo sus convicciones y tienen poca consideración por sus opiniones. En algunos casos esta ubicación puede indicar a alguien que utiliza la excusa de «yo voy siempre con la verdad por delante» para herir a los demás. También es posible que tengas problemas con tus hermanos y vecinos, además de con los viajes. Un buen consejo: nunca firmes un contrato bajo presión. Te puedes salir el tiro por la culata.

CUARTA CASA

Alta vibración: tu hogar está lleno de energía, y esto lo convierte en un sitio que bulle de actividad, donde entran y salen muchas personas. Tienes talento para el sector inmobiliario y podrías ser muy manitas. ¡Esto significa que restaurar casas podría ser una excelente ocupación para ti! Si alguien habla mal de algún miembro de tu familia, sales rápidamente en su defensa.

Baja vibración: quieres llevar la batuta, y puedes intentar dominar a las personas con las que convives. Esto suele dar lugar a conflictos con tus seres queridos, que se cansan de tu tendencia a controlar. A veces tus relaciones pueden ser inestables y llegar a ser violentas. Cuanto antes abandones el hogar familiar, tanto mejor. Esta posición puede indicar problemas con las propiedades, como por ejemplo una casa destruida por una catástrofe natural.

QUINTA CASA

Alta vibración: cuando se trata de perseguir tus intereses románticos, no eres nada tímido. Si alguien te gusta, vas a por esa persona más rápidamente que un conejo a una hoja de lechuga. Esta búsqueda activa del placer te reportará unas cuantas conquistas. ¡Eres espabilado! Quizás te gusten los deportes o te intereses por la enseñanza.

Baja vibración: te metes en la cama con alguien demasiado rápidamente, y esto puede causar que te arrepientas al día siguiente o un embarazo no deseado. También puedes ser sexualmente exigente y sentir celos cuando tu pareja no pone en la relación todo lo que tú esperabas. Las apuestas fuertes podrían hacerte perder mucho dinero.

SEXTA CASA

Alta vibración: eres un adicto al trabajo con una gran resistencia. Gracias a tu sólida ética laboral y el deseo de hacer bien las cosas, eres el más productivo de toda la oficina. La atención por los detalles te convierte en un perfeccionista en el trabajo. Te impulsa la necesidad de alcanzar el éxito y ser útil. Las rutinas son importantes para ti, y esto significa que inviertes un montón de tiempo en organizar las cosas.

Baja vibración: en el trabajo puedes ser el infierno sobre ruedas, el colega crítico que se queja de que nadie trabaja tanto como él o el jefe que controla compulsivamente a sus empleados, haciendo que todos se sientan infelices. ¿Acaso podemos sorprendernos de que haya un tiempo de respuesta más alto cuando tú estás en la oficina? También puede suceder que trabajes hasta la extenuación, lo que puede tener un impacto sobre tu salud y producirte un gran desgaste.

SÉPTIMA CASA

Alta vibración: cuando se trata de las relaciones, del tipo que sean, nunca tienes ningún temor de ir tras lo que quieres. Persigues activamente a la persona que deseas, o a un socio comercial, y una vez que has conseguido conectar con ellos estás completamente decidido a que la relación funcione. Esta es una de las mejores posiciones para personas que tienen trabajos relacionados con la ley. Si eres abogado, probablemente serás un *pitbull*.

Baja vibración: a veces puedes ser impulsivo en tus relaciones. Este comportamiento puede generar todo tipo de dramas. Las relaciones pueden estar caracterizadas por la discordia, motivo por el cual se producen separaciones drásticas.

OCTAVA CASA

Alta vibración: tienes una conducta agresiva en relación con el dinero, especialmente cuando se trata de la economía de otras personas o de finanzas corporativas. Estás dispuesto a asumir riesgos, pero afortunadamente tu intuición es muy poderosa y los riesgos reportan recompensas. Tu sexualidad es más ardiente que la de la mayoría, y necesitas una pareja que aporte pasión a la relación y se acople a tus juegos pícaros. El sexo aplaca tu naturaleza agresiva; es la liberación perfecta para las tensiones que acumulas.

Baja vibración: demasiada atención al sexo puede hacer fracasar las relaciones. Ten cuidado con los impuestos, las herencias y las pensiones alimenticias. Cualquier comportamiento temerario relacionado con estas áreas podría costarte muy caro. Podrías terminar teniendo problemas legales.

NOVENA CASA

Alta vibración: los viajes te ayudan a ampliar tu perspectiva. Tu amor por los viajes es enorme, y puedes embarcarte en la aventura de conocer el mundo. Los viajes emocionantes a tierras lejanas suelen formar parte de tu agenda. Te sientes orgulloso de tus propias ideas, y tiendes a intentar convencer a los demás. Cuando encuentras una corriente política o religiosa con la que estás de acuerdo, todo el mundo tiene que enterarse.

Baja vibración: tienes una mentalidad cerrada y una propensión a sermonear, un fanático que no tiene absolutamente ninguna tolerancia con las creencias de los demás. O también podrías adherirte a religiones extrañas. Si eres el líder de algún culto disparatado, podrías intentar obligar a las personas a hacer cosas que no desean hacer.

DÉCIMA CASA

Alta vibración: nadie es capaz de trabajar tanto para llegar a lo más alto. Tienes hambre de estatus social, y esto alimenta tus ambiciones. Eres competitivo y harás todo lo que esté en tus manos para superar a tus oponentes. Te motiva la búsqueda de la fama y el poder. Podrías ser un excelente ejecutivo o político, porque tienes el poder y el carisma necesarios para inspirar al público.

Baja vibración: tu ambición de poder es implacable. No te detienes ante nada cuando se trata de alcanzar tus objetivos, aunque eso signifique pisotear los derechos de los demás. Si te mantienes en ese camino, es muy probable que caigas en desgracia.

UNDÉCIMA CASA

Alta vibración: das mucha importancia a los amigos. Te encanta trabajar en grupo o ser el líder. Tus amistades pueden estar basadas en tus ambiciones profesionales. Por ejemplo, puedes ser muy hábil para establecer conexiones. O puedes tener socios que son influyentes de alguna manera. Tienes muchas relaciones, pero solo unos pocos amigos íntimos. Ese círculo interior es exclusivo, y está reservado únicamente para la escasa élite en la que confías... o de la que te beneficias.

Baja vibración: existe la posibilidad de que tus amigos te traicionen o que haya luchas de poder en los grupos. O tal vez decidas compartir tu tiempo con tipos peligrosos que te llevarán por mal camino.

DUODÉCIMA CASA

Alta vibración: te gusta trabajar entre bambalinas, gestionando operaciones para evitar que los demás te controlen o que se opongan a tu forma de hacer las cosas. También es probable que ambiciones trabajar en un hospital, institución u organización benéfica, como una forma de mejorar el mundo. Tu mente inconsciente es aguda, y puede gobernar muchos de tus actos. Al comprometerte con cualquier situación, o en el momento de tomar decisiones, debes tener muy claros tus motivos.

Baja vibración: tienes profundos y oscuros secretos, que quizás sean de naturaleza sexual. También tienes algunos enemigos secretos que pueden estar interesados en conspirar para provocar tu caída.

En resumen

Marte es el planeta de la energía y la pasión. Indica cómo haces el amor o la guerra.

Habilidades astrológicas

Te aconsejo que mires dónde se encuentra Marte en la carta de una persona antes de meterte con ella. Si está en un signo fuerte y bien aspectado, quizás prefieras pensarlo dos veces antes de entrar en la batalla.

Astrocicio

Utilizando las interpretaciones de este libro, descubre dónde está Marte. Así sabrás dónde reside tu pasión.

Mi Marte está en el signo de_____. Cuando actúo en alta vibración, expreso mi pasión de la siguiente manera: _____
_____.
Cuando actúo en baja vibración, expreso mi pasión de la siguiente manera: __
_____
_____
_____.
Mi Marte está en mi_____ casa. Las áreas en las que soy agresivo y ambicioso son:_____
_____
_____. Cuando me expreso en alta vibración en esas áreas: _____
_____
_____. Cuan-
do me expreso en baja vibración en esas áreas: _____
_____.

Ejercicio: tomar notas en el diario

¿Cómo tiendes a reaccionar cuando algo te enfada? ¿Y de qué forma coincide, o no, con la posición de Marte en tu carta?

Lecturas recomendadas

Mars: The War Lord [Marte: El señor de la guerra], de Alan Leo.

The Mars Book [El libro de Marte], de Donna van Toen.

Júpiter

Júpiter es el planeta de la buena fortuna y la expansión. Indica en qué tienes abundancia y en qué campos eres talentoso. Júpiter es el mayor planeta del cosmos, y cuando aparece en tu carta indica dónde y cómo tú también puedes ser grande.

Júpiter a través de los signos

Aries

Alta vibración: eres un líder innovador y atrevido. No te complace formar parte del rebaño. Tú necesitas estar al frente, explorando nuevas fronteras. ¡Tienes un espíritu emprendedor, pionero y valiente! Por lo tanto, ¡no es de extrañar que muchas personas se sientan inspiradas por ti! Tu suerte se manifiesta a través de aventuras y de tu tendencia a asumir riesgos, iniciar cosas nuevas y ser valiente.

Baja vibración: puedes ser un poco pedante y agresivo. Tal vez te sientes amenazado por experiencias nuevas, o por personas que acabas de conocer, y por eso tiendes a retraerte. Esta conducta puede hacerte perder buenas oportunidades en la vida.

Tauro

Alta vibración: eres como un imán para el dinero, y siempre atraes todo lo que necesitas. No solamente eres bueno para atraer dinero, también tienes mucho talento para gestionar tus reservas. Si tienes esta configuración, es posible que llegues a acumular una gran riqueza. Eres generoso, y compartir tu abundancia es una necesidad para ti. Si das tanto como recibes, siempre obtendrás más. Y en tu universo hay abundancia.

Baja vibración: puedes ser un avaro, un glotón o un acaparador. En vez de tener el don de la generosidad, te conviertes en una persona codiciosa o tacaña. También puedes desaprovechar lo que se presenta en tu camino.

Géminis

Alta vibración: tienes talento intelectual y una mente curiosa y brillante que te ayuda a llegar lejos en tu educación. La comunicación se te da muy fácilmente. Te expresas correctamente en cualquier situación y puedes aprender idiomas sin esfuerzo. Nunca dejas de aprender ni de compartir lo que sabes. Esta es una ubicación excelente para maestros y profesores, escritores, periodistas, lingüistas, comentaristas sociales, historiadores o comerciantes.

Baja vibración: es posible que quieras abarcar demasiado y te conviertas en aprendiz de todo, maestro de nada. O acaso tengas conocimientos muy amplios pero superficiales. En algunos casos esta posición puede indicar comentarios maliciosos, especialmente si Júpiter está mal aspectado.

Cáncer

Alta vibración: esta es la mejor ubicación para Júpiter, y a menudo indica una buena educación y una naturaleza amable y generosa. Siempre serás capaz de conseguir ayuda cuando más lo necesites, y también eres la persona que más probablemente ayudará a cualquiera que se encuentre en apuros. Eres un padre cariñoso, y tu hogar es cálido y acogedor, aunque tus medios sean modestos. Te encanta cocinar y alimentar a tus seres queridos, y podrías ganarte la vida como cocinero. Es posible que recibas alguna herencia. Eres un gran apoyo para tus padres. Sabes cuidar a los demás, y el universo quiere asegurarse de que a ti también te atienden y te cuidan.

Baja vibración: dependes excesivamente de tu familia, o nunca te decides a abandonar tu propio terreno. Esto significa que tienes una visión limitada del mundo, lo que puede llevarte a tener una vida muy protegida y una mente de miras estrechas.

Leo

Alta vibración: eres optimista, vital, creativo y luchador, un verdadero triunfador. Todo lo que haces, lo haces a lo grande. Sabes cómo entretener e inspirar, y esto significa que puedes tener talento para las artes escénicas. Si asumes una función de liderazgo, las personas se sienten a gusto dejándose guiar por ti. También eres un niño en tu corazón, y eso te convierte en un padre o maestro fantástico. Te gustan los niños. Podrías ser afortunado en los juegos de azar.

Baja vibración: el lado oscuro de esta configuración es la extravagancia. Puedes exagerar demasiado las cosas y pasarte de la raya, hasta el punto de perder a lo grande. Debes vigilar tu ego, porque la soberbia precede a la caída.

Virgo

Alta vibración: Júpiter no está muy a gusto en Virgo. Aquí el planeta está en detrimento, lo que quiere decir que la energía no está funcionando bien. Recuerda: Júpiter quiere expandirse, pero Virgo se preocupa por los detalles. Dicho esto, tienes una ética laboral fantástica y la capacidad de solucionar cualquier problema que se presente. Tienes excelente facultades críticas que te permiten distinguir lo que está mal y lo que hay que hacer para remediarlo. Una carrera asociada al diseño, la educación o la medicina sería muy adecuada para tu mente aguda y tu necesidad de servir a los demás.

Baja vibración: eres un adicto al trabajo que jamás descansa. O eres un perfeccionista, y consideras que nadie puede hacer el trabajo mejor que tú. Como es natural, a ninguno de tus compañeros le gusta tu actitud, así que probablemente no seas muy popular en la oficina. Demasiadas preocupaciones pueden afectar a tu salud.

Libra

Alta vibración: tienes una personalidad cautivadora y eres una persona increíble. Gracias a tu gran talento para conectar con la gente, tienes una enorme red de relaciones y una vida social muy activa. Rara vez careces de pareja o admiradores. ¡Todo el mundo te quiere! Eres diplomático y pacifista, y por eso podrías fácilmente ser un abogado, un activista por los derechos humanos o una «mariposa social» que sabe dónde están los mejores locales de vida nocturna. Te gusta hacer que la gente se conozca y tienes un talento natural para las relaciones públicas, las ventas o las empresas de contactos.

Baja vibración: vives tu vida través de los demás, y te pierdes a ti mismo en el proceso. Por eso puedes sentirte solo, aunque estés rodeado por tus admiradores.

Escorpio

Alta vibración: eres temerario e intuitivo, el tipo de persona que puede desentrañar nuestros secretos y misterios. Llegas a donde nadie más se atreve a llegar. Quieres conocer la verdad... y lo consigues. Tienes una mente empresarial y talento con el dinero. Según algunos textos de astrología, esta ubicación indica una herencia. También puede señalar una libido bastante dominante. Amas el lado misterioso de la vida y siempre confías en tu sexto sentido bien afinado.

Baja vibración: todo lo haces en exceso: drogas, sexo, comida, gastar dinero. O también puede ocurrir que utilices tus dones intuitivos como una forma de manipular a los demás para que obedezcan tus órdenes.

Sagitario

Alta vibración: tienes una amplia perspectiva filosófica, y podrías ser un viajero que recorre el mundo. Y aunque no consigas viajar, tienes una curiosidad infinita por otros países y sistemas de creencias. Por ser una persona bondadosa de corazón, tu potente brújula moral y tu amor por la verdad guían todos tus movimientos. La educación y las nuevas experiencias te ayudan a crecer y comprender el universo, y también a encontrar tu lugar en él.

Baja vibración: es probable que valores tus propias opiniones e intentes convencer a los demás para que adopten tu forma de pensar. Cuando te crees tus propias fantasías o mentiras, pierdes el rumbo.

Capricornio

Alta vibración: el jovial Júpiter se siente ilimitado en el conservador Capricornio. Dicho esto, eres un ciudadano ejemplar que ama los valores tradicionales. Quieres alcanzar una posición de poder, porque sabes cómo estar al mando y organizar las cosas. Tienes talento para tratar con el público, de manera que la política es un espacio perfecto para tu ambicioso ser. Puedes llegar a lo más alto, y hacerlo con la mayor dignidad. El poder y la riqueza son posibles. En otras palabras, puedes conseguirlo todo y llegar a ser famoso.

Baja vibración: no debes olvidarte de pensar en los demás mientras estás en tu camino ascendente. Deja hablar a tu corazón y da prioridad a las otras personas. De lo contrario, podrías estar muy solo en la cima.

Acuario

Alta vibración: tienes una mente abierta, eres intelectual y vas por delante de tu época. Puedes ver el futuro, lo que te da la capacidad de ser innovador en cualquier campo que elijas. Eres el primero en descubrir las cosas más geniales. Tu actitud tolerante te allana el camino para tener un círculo social amplio. Las cuestiones humanitarias son lo tuyo, podrías ser una persona con poder para cambiar el mundo. Absolutamente inconformista, no tienes ningún interés en ser nadie más que tú mismo. También quieres que las demás personas se sientan libres para ser ellas mismas.

Baja vibración: acaso prefieras quedarte al margen de la sociedad, como un proscrito total. Es evidente que eres rebelde, pero cuando eso significa no ser capaz de convivir con el resto del mundo, ¿qué sentido tiene?

Piscis

Alta vibración: eres un genio creativo, capaz de inspirarte con cualquier experiencia. También eres profundamente compasivo, y siempre buscas la forma de aliviar el sufrimiento de los demás. Júpiter en Piscis te otorga una naturaleza cariñosa, dones musicales y habilidades místicas. Cuando el mundo se torna demasiado difícil, un poco de soledad te permite recuperar la fe. Eres una persona bondadosa, un alma noble que se esmera por animar a los demás.

Baja vibración: puedes retirarte del mundo hasta el punto de que tu actitud sea una evasión. Cuando rehúyes los problemas, no aprovechas tu potencial. Puede suceder que individuos inescrupulosos intenten beneficiarse de tu naturaleza bondadosa. Si no estableces límites claros, pasarán por encima de ti una y otra vez.

Júpiter a través de las casas

El sitio donde está ubicado Júpiter te muestra dónde eres expansivo y afortunado.

PRIMERA CASA

Alta vibración: eres amable y optimista, y tienes una gran personalidad. Buscas el bien en todas las situaciones. La gente te quiere, y disfrutas de una vida social muy activa. Los viajes amplían tus horizontes, así que siempre estás preparado para agarrar las maletas. Tu ética podría allanarte el camino para ser un líder espiritual muy inspirador.

Baja vibración: puedes convertirte en un egocéntrico, hipócrita o arrogante, que hace muchas promesas pero nunca las cumple. Es posible que pienses en lo que no puedes hacer en vez de pensar en lo que sí puedes hacer, o en los problemas en vez de las soluciones. También puede suceder que evites todo lo que no te resulta familiar.

SEGUNDA CASA

Alta vibración: eres afortunado con el dinero y puedes tener una mente empresarial. Esta combinación puede dar lugar a una buena fortuna, ya sea heredada o amasada a través de tu trabajo. Siempre serás recompensado por tus esfuerzos, o acaso tengas una situación financiera afortunada que te da una ventaja inicial en la vida.

Baja vibración: gastas por encima de tus posibilidades y te gusta alardear de tus posesiones materiales. En ocasiones, puedes llegar a envalentonarte y asumir riesgos insensatos que pueden resultar en importantes pérdidas económicas.

TERCERA CASA

Alta vibración: eres un gran pensador. Ves el mundo a través de una lente amplia, optimista y orientada a lo espiritual. La educación te interesa, y por eso aprendes todo lo que puedes. Los viajes, y pasar tiempo con otras culturas, abren más tu mente. Tienes una excelente relación con tus hermanos y vecinos.

Baja vibración: tienes grandes conflictos con hermanos y vecinos. O podrías estar demasiado apegado a lo familiar, hasta el punto de no aventurarte jamás a salir de tu terreno. Una actitud Pollyanna* podría impedirte ver cuál es la situación real.

---

* N. de la T.: *Pollyanna* es una novela de Eleanor H. Porter publicada en el año 1913. Su protagonista trata de encontrar el lado bueno de cualquier situación y de hacer feliz a todo el mundo a toda costa. Actualmente en psicología (especialmente en el ámbito anglosajón) el término «Pollyanna» se usa para describir a una persona que es optimista de manera exagerada; una válvula de escape que a menudo enmascara conflictos sin resolver o sentimientos reprimidos.

CUARTA CASA

Alta vibración: cuando Júpiter se encuentra en esta casa tienes una buena educación y un hogar feliz. Deberías tener relaciones armoniosas con tu familia y ser capaz de tener una casa muy cómoda. Podrías tener una familia numerosa o albergar fuertes creencias religiosas. Puedes heredar reliquias o propiedades familiares. Eres un pilar en la comunidad.

Baja vibración: tu familia puede ser una carga. O puede resultarte agobiante en algún sentido, normalmente debido a las creencias religiosas. La situación puede llevarte a abandonar la casa familiar lo más pronto posible.

QUINTA CASA

Alta vibración: tienes el don de la creatividad y eres un imán para los niños. Esto significa que puedes ser un padre o un maestro fantástico. También es posible que tengas una familia numerosa. Eres capaz de llegar muy lejos para asegurarte de que tus hijos reciban una buena educación y estén bien cuidados. Tendrás muchas oportunidades románticas, o tal vez solo seas afortunado en el amor.

Baja vibración: ten cuidado con los juegos de azar porque podrías sufrir grandes pérdidas económicas. También puedes ser promiscuo, y dejar una ristra de corazones rotos detrás de ti. Es probable que antepongas las necesidades de tus hijos a las propias, y que esto te perjudique.

SEXTA CASA

Alta vibración: te encuentras más a gusto cuando tu trabajo está orientado al servicio. Eres muy hábil con las artes sanadoras: cuidados, masajes o técnicas de sanación holística como puede ser la acupuntura. Sueles tener relaciones cordiales con tus compañeros de oficina y buena suerte en el trabajo. Tu salud es fuerte, a menos que cometas excesos.

Baja vibración: ser demasiado indulgente con tus caprichos podría llevarte a ganar peso o tener problemas de salud. Te cargas de faena en el trabajo, lo que implica que dejas muy poco tiempo para el ocio. Una actitud arrogante de superioridad moral puede crearte problemas en el ambiente laboral.

SÉPTIMA CASA

Alta vibración: eres afortunado en las relaciones y atraes a parejas o socios amables y serviciales. Estas relaciones tienen un buen karma: sabes ser una pareja cariñosa y positiva, y por eso llegan a tu vida personas excelentes. Puedes casarte con alguien de buena posición económica. Las asociaciones comerciales probablemente también te traigan beneficios materiales. Te preocupa la ecuanimidad, y por eso podrías ser un juez o un abogado competente.

Baja vibración: puedes atraer socios o parejas que se aprovechen de tu naturaleza bondadosa. O podrías ser un cazafortunas, y casarte únicamente por dinero. También es posible que atraigas a tu vida a una persona con esas características.

OCTAVA CASA

Alta vibración: tienes el don de la intuición, una libido intensa y suerte con el dinero de otras personas. Puedes recibir dinero a través de herencias, matrimonio, litigios, seguros, familia política o ganancias. Sientes un gran interés por la vida después de la muerte, así como también por conocer lo que motiva o hace felices a los demás. Podrías ser un excelente médium, psicólogo, psíquico, director de funeraria, contable o asesor financiero. Esta posición a menudo indica un cuerpo sano y una muerte tranquila y natural.

Baja vibración: podrías ser un compañero sexual que no tiene reparos en probar cualquier experiencia. Es probable que tengas conflictos asociados con herencias o impuestos.

NOVENA CASA

Alta vibración: ¡vas a conocer un montón de lugares, amigo! Esta es la ubicación del viajero que recorre el mundo. Quieres saber qué es lo que pasa allí fuera, y quizás también te dediques a escribir sobre tus viajes. Los horizontes lejanos te atraen, y necesitas moverte con frecuencia para ser feliz. Es probable que te comprometas con el lado espiritual de la vida o con la publicación. Estás aquí para desarrollar tu propio código en la vida. La educación superior podría ampliar tu mente aguda.

Baja vibración: podrías convertirte en un extremista religioso, la clase de individuo que tiene poca tolerancia con las opiniones diferentes a las suyas. O también puede ser que te creas un dios andante, y esperes que todo el mundo te idolatre. Debido a tu arrogancia, los demás pueden pensar que eres un idiota.

DÉCIMA CASA

Alta vibración: vas a tener muchas oportunidades en tu carrera. Un ascenso es posible, y podrías llegar a alcanzar la excelencia en tu trabajo. También es probable que recibas recompensas o promociones y, en algunos casos, también fama. Eres un líder visionario y podrías ser un político talentoso, de esos que le hacen mucho bien a su país. Tu reputación es sólida, y esto te brindará muchas oportunidades.

Baja vibración: tus ambiciones profesionales triunfan sobre tu vida familiar, lo que podría producir un distanciamiento o divorcio. Podrías experimentar un gran ascenso en tu profesión, seguido por una caída en desgracia.

UNDÉCIMA CASA

Alta vibración: todo el mundo quiere ser tu amigo, por eso tienes un amplio círculo social y amigos que siempre están dispuestos a ayudarte a alcanzar tus objetivos. Los grupos y las asociaciones te reportan beneficios, y podrías ser un buen líder en determinados grupos. La fraternidad es esencial para ti, y eres muy fiel a tus amigos. En el trabajo humanitario brillas con luz propia, y podrías dejar tu marca en el mundo.

Baja vibración: puedes ser ese «amigo en las buenas» que utiliza a los demás en su propio beneficio. Los amigos no consiguen dar contigo cuando quieren que les devuelvas el favor, y lo más probable es que ya estés a la caza del siguiente colega.

DUODÉCIMA CASA

Alta vibración: esta ubicación de Júpiter a menudo coloca un guía espiritual o un escudo protector en torno al individuo, una especie de ángel guardián. En épocas conflictivas, eres capaz de aprovechar esa ayuda. ¡Siempre pareces salvarte en el último momento! Te interesa la espiritualidad y tienes una excelente intuición. Sientes amor por el servicio, y tienes el gran deseo de ayudar a los que sufren. Podrías pasar mucho tiempo trabajando en hospitales, iglesias, organizaciones de caridad o instituciones, es decir, en cualquier sitio donde puedas ayudar a los demás.

Baja vibración: puedes perderte por tu tendencia a la evasión, y terminar dependiendo de los demás. También puede suceder que permitas que otras personas se aprovechen de tu naturaleza bondadosa. En algunos casos, esta vibración puede indicar tendencias neuróticas y delirios de grandeza.

En resumen

Júpiter es el planeta de la suerte y la expansión. Te muestra dónde eres afortunado y cuáles son tus dones.

. . . .

Habilidades astrológicas

No asumas que Júpiter es el único que tiene suerte. Te invito a que mires tu Parte de la Fortuna para tener una representación clara de tus dones astrológicos.

Astrocicio

Utilizando las interpretaciones de este libro, descubre en qué ubicación Júpiter está más a gusto. Eso te mostrará dónde vas a tener más suerte que la media.

Mi Júpiter está en el signo de_____. Tengo los siguientes dones:_____.

_____

_____.

Mi Júpiter está en mi_____casa. Las áreas en las que soy afortunado son:_____

_____

_____. Cuando me expreso en alta vibración en esas áreas: _____

_____.

Cuando me expreso en baja vibración en esas áreas: _____

_____.

Ejercicio: tomar notas en el diario

Un bolsillo agradecido atrae más riqueza. Haz una lista con todas las cosas que has de agradecer.

Lectura recomendada

Exploring Jupiter: Astrological Key to Progress, Prosperity & Potential [Explora Júpiter: La clave astrológica para progresar, prosperar y expresar tu máximo potencial], de Stephen Arroyo.

Saturno

Saturno tiene mala reputación, pero no es tan terrible. Es muy exigente, pero si te haces amigo de sus lecciones, podrás sanarte y alcanzar tu pleno potencial.

Saturno simboliza lo siguiente: limitaciones, restricciones, áreas en las que tienes que trabajar, problemas con el padre, cómo gestionar la autoridad, estructuras, límites, disciplina y lecciones para la vida.

Saturno a través de los signos

Aries

Alta vibración: el serio Saturno refrena la pasión ardiente de Aries. Si esta es tu ubicación, tienes una naturaleza inquieta. Tu fuego interior debe ser dirigido hacia algo positivo: trabajar por una buena causa, iniciar nuevos proyectos o liderar una revolución. Tus dones son la creatividad, el ingenio y un espíritu pionero. Los límites son esenciales. Aprender a hacerte respetar es una de tus lecciones vitales. Puedes dar prioridad a los demás pero sin perder tu propio espacio personal. Encuentra el equilibrio. La etapa más temprana de tu vida fue complicada, pero sin embargo ha forjado tu carácter.

Baja vibración: podrías ser egocéntrico y tener problemas para respetar los derechos de los demás. O quizás no seas capaz de hacerte respetar, y esto podría crearte conflictos en las relaciones. En algunas ocasiones, esta posición produce un rebelde sin causa, alguien que quiere desafiar las viejas normas.

Tauro

Alta vibración: estás aquí para aprender sobre asuntos relacionados con el dinero. No solo cómo ganarlo, sino también cómo gastarlo, ahorrarlo y donarlo. Si eres disciplinado con el dinero, podrías acumular riqueza. Toma conciencia de cómo el dinero va y viene en tu vida. Busca la forma de poder compartir tu abundancia. Trata al dinero con respeto, y él te devolverá el favor. La lección de Saturno en Tauro es la generosidad y la responsabilidad fiscal. Las cualidades de esta posición son la persistencia y la capacidad de atraer todas las cosas que necesitas.

Baja vibración: debes protegerte de una «mentalidad de escasez», por la que asumes que nunca tendrás lo suficiente. El materialismo desenfrenado es un problema potencial para ti. Si estás demasiado pendiente de los objetos, perderás de vista todo lo que es realmente importante. Es posible que tengas que luchar constantemente con la economía. Acumular demasiadas deudas o gestionar mal el dinero podría dar lugar a que te arruines económicamente. En algunos casos, esta ubicación puede indicar una actitud miserable. Nunca te olvides de que el dinero es energía, y esta ubicación indica cómo considerarlo y utilizarlo.

Géminis

Alta vibración: tienes una mente aguda y profundamente intelectual. Tu intelecto y tu excelente capacidad de concentración podrían dar lugar a un brillante rendimiento académico. Si tienes esta posición, deberías tener la mejor educación posible. Sería bueno que aprendieras al menos dos idiomas. Comparte tus descubrimientos con otras personas, ya que esta posición de Saturno puede ser excelente para maestros. Tus hermanos son un soporte para ti. Los dones de esta ubicación son un cerebro entusiasta y profundo, una gran capacidad de comunicación y una curiosidad insaciable. Realmente, la lección por aprender es utilizar esa mente para un buen fin.

Baja vibración: puedes ser ansioso o pesimista. También es posible que tengas que esforzarte con los estudios. Debes recordar que eres lo suficientemente inteligente y paciente como para solucionar cualquier problema que encuentres en tu camino. Esta posición a menudo indica debilidad de los pulmones; por lo tanto, es importante evitar el tabaco.

Cáncer

Alta vibración: las emociones son una cuestión seria para ti. Sensible hasta la médula, tus sentimientos gobiernan tu vida. Esto contribuye a tener una vida emocional rica y una imaginación poderosa. La relación con tu madre es de naturaleza kármica. Aprendes muchas cosas de ella, tanto buenas como malas. Es posible que puedas llegar a tener una vida familiar sólida. Tus mayores cualidades son tu intuición y tu capacidad para expresar abiertamente tus sentimientos. Las lecciones que debes aprender son cuidar de ti mismo, sanear las tonterías de la familia de origen y desprenderte de lo viejo.

Baja vibración: tal vez seas demasiado sensible y siempre te tomes las cosas personalmente. O también puede ser que te retires dentro de tu propia coraza y te niegues a relacionarte con nadie como forma de protegerte. Puedes tender a aferrarte al pasado, y ser incapaz de avanzar en tu vida. Los conflictos familiares, especialmente con tu madre, pueden complicar tu vida.

Leo

Alta vibración: con tu coraje inquebrantable y tu gran corazón, posees el potencial para ser un líder eficaz. Independientemente de que seas el director ejecutivo de una empresa o el cabeza de familia, siempre te aseguras de que todo el mundo esté bien cuidado y atendido. La educación de los hijos es una tarea importante para ti. Como también lo son las relaciones amorosas. Cuando estás en pareja, o criando a tus hijos, te entregas con todo tu ser. El talento creativo, junto con la disciplina, puede llevarte al éxito en una carrera relacionada con el arte.

Baja vibración: luchas por quererte, lo que puede provocar que escondas tu propia luz. O también puede suceder que tu orgullo se interponga en tu camino y te conviertas en una persona arrogante o sensible a los halagos. Debido a tus inhibiciones podrías rechazar oportunidades en el terreno amoroso. La educación de los niños se torna una tarea demasiado estricta, hasta el punto de que puedes prohibirles que se diviertan. Saturno en Leo puede indicar también bloqueos creativos o incapacidad para expresarse.

Virgo

Alta vibración: tienes montones de habilidades prácticas y una mente analítica y aguda. Podrías desempeñarte maravillosamente bien como investigador, maestro, detective, bibliotecario, cirujano o científico. El orden y la eficacia son vitales para ti. Te tomas muy en serio tus obligaciones laborales. Nadie trabaja con más dedicación que tú. Consideras imprescindible tener un trabajo importante, y por eso podrías optar por una carrera en la que seas útil en algún sentido. La enfermería y la medicina son dos opciones que podrían resultarte interesantes. Tienes una ética laboral muy fuerte, un gran control de los detalles, habilidades para la organización e inteligencia.

Baja vibración: tu amor por el trabajo podría convertirse en una adicción. O también puede ocurrir que te comportes como un controlador compulsivo, intentando manipular a todos los compañeros de oficina hasta conseguir que se vuelvan contra ti. Las preocupaciones podrían afectar a tu salud o desencadenar una hipocondría. Las críticas pueden hacerte mucho daño o, por el contrario, tú mismo puedes convertirte en un cruel buscador de fallos, a quien no le importa en absoluto lo que los demás puedan sentir ante sus críticas.

Libra

Alta vibración: Saturno en Libra está en exaltación, de manera que si tienes esta ubicación, ¡puedes dar gracias por lo que tienes! Indica sentido de justicia, habilidades brillantes para la negociación y una disposición a luchar por los derechos de los demás. Puedes ver las dos caras de la moneda y nunca rehúyes participar en un debate. La persuasión es tu arma secreta. Podrías ser un excelente juez, abogado, diplomático o activista por los derechos humanos. También tienes una personalidad chispeante que te hace muy popular. Allí donde haya una multitud, tú estarás en el centro.

Baja vibración: las relaciones pueden ser complicadas porque puedes olvidarte de ti mismo cuando te involucras con alguien. Tómate tu tiempo a la hora de elegir una pareja, porque tu impulsividad puede llevarte a tener varios matrimonios. Otro problema de esta ubicación es una indulgencia excesiva. Debes mantener a raya tus hábitos.

Escorpio

Alta vibración: eres intensamente emocional y tienes una naturaleza apasionada, intuitiva y a veces celosa. Saturno puede ayudarte a canalizar esta intensidad a través de un trabajo productivo o creativo. Y cuando lo consigues, no solamente eres capaz de mover las montañas que se interpongan en tu camino, sino también de generar una labor impresionante. Tienes una potente naturaleza sexual, y debes gestionarla con cuidado para que no te lleve por el camino de la promiscuidad. En cambio, deberías concentrarte en fomentar la intimidad, aunque esto puede ser bastante difícil para los individuos que tienen a Saturno en Escorpio. La razón: estás a la defensiva. Quizás en etapas tempranas de tu vida te decepcionó alguien en quien confiabas. Si ese es el caso, te resulta difícil dejar que las personas entren en tu vida privada. Sin embargo, en cuanto las aceptas empiezas a crecer y tu sufrimiento pierde su poder.

Baja vibración: puedes ser agresivo y vengativo cuando te hacen daño. También eres el campeón mundial del resentimiento, lo que deja poco lugar para el perdón. Una intensa tendencia obsesiva podría convertirte en una persona cruel. En algunos casos, esta posición puede indicar una vida sexual descontrolada debido a tendencias adictivas… o un bloqueo total. En cualquier caso, el equilibrio se pierde.

Sagitario

Alta vibración: vives de acuerdo con un conjunto de normas éticas muy claras. Tienes una visión filosófica del mundo, y pretendes contribuir a mejorarlo con un trabajo importante. Cuando detectas una injusticia, eres uno de los primeros en abrir la boca y tomar posición. Lucharás por lo que es correcto, y siempre estarás del lado de la persona afectada. Te impulsa la libertad. Quieres la igualdad, y siempre estás dispuesto a luchar por ella. Podrías ser un excelente activista, maestro, trabajador social, filósofo o predicador. Los viajes son un bálsamo para tu alma. Si puedes viajar al extranjero, crecerás en una nueva dirección. La educación superior es obligatoria para quienes tienen a Saturno en Sagitario.

Baja vibración: debes estar atento para no apasionarte demasiado con tus propias opiniones. Cuando sigues ese camino, te transformas rápidamente en un predicador. Esta posición puede indicar también un fanático religioso o una persona que cree ser revolucionaria, cuando únicamente se rebela por una causa estúpida. En algunos casos, la verdad puede ser utilizada para manipular a los demás o servir a intereses ocultos.

Capricornio

Alta vibración: Saturno se encuentra en su hogar cuando está en Capricornio porque este es el planeta que lo gobierna. Eres sabio, maduro y ambicioso. Incluso a temprana edad, ya eras capaz de gestionar la responsabilidad. No es de extrañar que alcances una posición de autoridad a lo largo de tu vida. ¡Has nacido para ser líder! Disfrutas del poder, y estás en condiciones de alcanzar un puesto de responsabilidad. Podrías trabajar como ejecutivo, político u otro cargo semejante y hacer que tu trabajo parezca muy fácil. Esta posición de Saturno solo puede indicar una larga vida.

Baja vibración: mantén controlado tu afán de poder, porque de lo contrario te dominará tu tirano interior. Pasar por encima de otras personas para llegar a lo más alto no te ayudará a ganarte la simpatía de los demás. De hecho, de ese modo solo conseguirás tener enemigos. En el fondo quieres ser amado, pero si no te quieres a ti mismo, ¿cómo puedes amar a otras personas? Un poco de empatía te llevará muy lejos. Esta ubicación puede indicar conflictos con el padre o problemas con la autoridad. Y por este motivo necesitas demostrarte a ti mismo que vales. Desafortunadamente, a menudo eso se manifiesta en forma de autoritarismo, por ejemplo a través del deseo de controlar a los demás.

Acuario

Alta vibración: Saturno es el corregente de Acuario, de manera que le encanta estar aquí. Eres idealista. Si pudieras, inaugurarías una nueva era de Acuario, una utopía donde todo el mundo es libre y la justicia social es la norma. Las actividades en grupo y los amigos son importantes para ti, y puedes tener amistades de los más diversos círculos. Eres capaz de conservar tu individualidad incluso en un contexto grupal. Eres inconformista, y esperas que la gente siga su propio camino. Tu lema es vive y deja vivir. Atraes a tu vida a un gran número de amistades leales que permanecerán a tu lado para siempre. Y eso se debe a que sabes ser un buen amigo. Estás aquí para hacer del mundo un lugar mejor.

Baja vibración: eliges amigos de mala vida, aprovechados que pretenden beneficiarse de tu naturaleza bondadosa. Te rodeas de los perdidos del mundo, y a veces tienes malas compañías. Cuando eso sucede, puedes desviarte de tu camino. También puedes ser terco hasta el punto de parecer estúpido. Incapaz de escuchar un consejo sensato, terminas tirando piedras contra tu propio tejado. En algunos casos, esta posición de Saturno indica a un rebelde que apoya una mala causa.

Piscis

Alta vibración: Saturno tiene una forma de añadir una dosis de disciplina a la naturaleza creativa de Piscis, lo que puede manifestarse como talento creativo. Podrías tener excelentes cualidades para las actividades artísticas. Además tienes una naturaleza hipersensible, toneladas de compasión y el deseo de aliviar el sufrimiento que hay en el mundo. Esto podría llevarte a trabajar como médico, terapeuta o enfermero. La intuición es otra de las cualidades de esta posición; tus sentimientos suelen ser acertados. Puedes confiar en tus instintos, rara vez te fallan. Si te sientes atraído por lo místico, podrías ser un psíquico maravilloso. Cuando te dedicas a mirar dentro de ti, eres capaz de sanarte.

Baja vibración: tus emociones se apropian de lo mejor de ti y nublan tu juicio. El miedo y la tendencia a evadirte crean la tormenta perfecta para la adicción. Un entorno temprano opresivo podría haber dado lugar a sentimientos de inutilidad. Podrías pasar una temporada en hospitales o instituciones debido a episodios de ansiedad y depresión. Invertir demasiado tiempo en gestionar las crisis de los demás puede ser una forma de evitar ocuparte de tu propio trabajo interior.

Saturno a través de las casas

Las casas en las que se asienta Saturno muestran en qué eres serio... y cuáles son las lecciones que debes aprender.

PRIMERA CASA

Alta vibración: te preocupa lo que los demás piensan de ti. Quieres que la gente te tome en serio. Te importa gustar a los demás, así que prestas mucha atención a cómo te presentas. Tiendes a ser cauto cuando se trata de actuar en público, y seguramente no eres la persona que se pone una pantalla de lámpara en la cabeza en una fiesta de borrachos. Eres demasiado serio y digno para hacer semejante tontería. Todo el mundo sabe que eres uno de los grandes y un excelente profesional.

Baja vibración: no eres capaz de relajarte, y por eso pareces una persona rígida. El muro a prueba de balas que has levantado a tu alrededor no permite que nadie entre en tu vida. Cuando los demás se cansan de intentar conectar contigo, siguen su camino y te dejan solo. También es posible que seas egoísta y materialista, especialmente si Saturno está mal aspectado. Sentir que eres «el que tiene más juguetes» te sirve de motivación; sin embargo, con esa actitud solo consigues que los demás se alejen de ti.

SEGUNDA CASA

Alta vibración: eres ambicioso con el dinero. Estás dispuesto a hacer lo que sea necesario para tener seguridad. El trabajo duro y una gestión sensata de tus finanzas podrían permitirte acumular riqueza. Tu lección es administrar tus recursos económicos con precaución y practicar la generosidad. La vida no consiste en adquirir cosas bellas, eso no es suficiente. Si deseas aprovechar los beneficios de esta ubicación, debes compartir lo que tienes con los demás.

Baja vibración: tienes un gran temor de ser pobre, de manera que vives como un miserable, incapaz de desprenderte de tus monedas. Una «mentalidad de pobreza» (esa vieja forma de pensar que sostiene que «el dinero es algo sucio» o «yo no me merezco las cosas bonitas de la vida») puede impedirte disfrutar del dinero que atraes. También es posible que no encuentres oportunidades económicas, tengas problemas financieros, dependas de los demás o derroches el dinero que ganas. Si no respetas el dinero, ¿cómo crees que vas a conseguir una seguridad real?

TERCERA CASA

Alta vibración: eres un pensador serio, lo que significa que te encanta estudiar y aprender. Con el nivel correcto de educación, puedes llegar muy lejos. Eres inteligente y tienes sentido común, y por ello es maravilloso poder contar contigo en momentos de emergencia. La justicia es esencial para ti, así que podrías elegir una carrera asociada a lo legal o estar en el frente de batalla para defender asuntos de justicia social. Viajar te hace bien, y te gustan las pequeñas escapadas.

Baja vibración: esta posición puede indicar a una persona que tiene pensamientos negativos, se queja con frecuencia o se preocupa excesivamente. Puedes actuar rápidamente en modo Debbie Downer,[*] tirando un jarro de agua fría sobre los demás cuando se están divirtiendo. O también puedes ser un crítico brutal, que encuentra errores y faltas en todos lados. Tal vez no consigas alcanzar tus metas intelectuales por haber tenido problemas con tu educación. Tus hermanos pueden ser una fuente de conflicto para ti.

CUARTA CASA

Alta vibración: las responsabilidades familiares y del hogar pueden recaer sobre ti. Pero eso a ti no te importa. Eres capaz de encargarte de todo. Trabajas duro para mantener o construir un hogar sólido y seguro. Eres muy bueno para todos los asuntos domésticos, lo que significa que eres capaz de crear un hogar limpio y ordenado. La familia depende de ti, porque todos saben que siempre estás disponible. Es posible que seas el que se ocupa de cuidar a tus padres.

Baja vibración: la familia puede resultarte una carga. Tus padres pueden ser excesivamente estrictos, autoritarios o distantes, razón por la cual probablemente experimentes una sensación de aislamiento emocional. Esta ubicación también puede indicar una incapacidad de ponerse en marcha, como ese tío que tiene cuarenta años y todavía sigue durmiendo en el sofá de mamá. Las lecciones que debes aprender

---

[*] N. de la T.: Debbie Downer es un personaje ficticio de la serie *Saturday Night Live* que se enfoca solo en los aspectos negativos o deprimentes de cualquier tema y aplasta sistemáticamente el entusiasmo o el placer de los demás. De hecho, *Downer* significa 'deprimente, desalentador', término derivaddo de *down* ('abajo, hacia abajo').

para tu vida se refieren a poner límites con la familia y aprender a valerte por ti mismo.

QUINTA CASA

Alta vibración: eres un padre o una madre responsable, y siempre quieres estar seguro de que los niños están bien cuidados. También eres un poco estricto, y es bastante improbable que críes pequeños monstruos. Todo el mundo se queda impresionado al ver lo bien que se portan tus hijos. También es posible que tomes la decisión de no tener hijos. Esta posición puede ser maravillosa para maestros, expertos en relaciones públicas, agentes de bolsa y artistas. Tienes un talento natural para esas áreas, y puedes tener mucho éxito si te concentras en alguna de ellas. Te tomas las relaciones amorosas muy en serio, y eres una buena apuesta para tener una pareja estable y duradera.

Baja vibración: puedes ser un padre o una madre soltero, o si eres mujer tal vez tengas dificultades para quedarte embarazada. También es probable que seas demasiado estricto, agresivo o maltratador, al estilo de *Mommy Dearest*.[*] Esto puede dar lugar a relaciones tensas con los hijos más adelante en la vida. Aprende a dejar que tus hijos sean niños. Esta posición también puede indicar falta de oportunidades amorosas.

SEXTA CASA

Alta vibración: eres un trabajador incansable. De hecho, probablemente seas el empleado ideal. Gracias a tu eficiencia y atención a los detalles eres muy competente para dirigir organizaciones. Podrías ser un buen enfermero, médico, dietista o ingeniero. De hecho, podrías desempeñarte muy bien en cualquier carrera orientada al servicio que requiera una mente analítica y aguda.

---

[*] N. de la T.: Película basada en la vida de Christina Crawford, sobre el supuesto maltrato que sufrió a manos de su madre adoptiva, la actriz Joan Crawford.

Baja vibración: puedes ser un hipocondriaco o un adicto al trabajo que se olvida de su salud, o de su familia, por su carrera. O eres el típico cretino detestable de la oficina que delata a los colegas por no hacer bien su trabajo. En algunos casos, esta posición puede indicar falta de oportunidades laborales.

SÉPTIMA CASA

Alta vibración: consideras que la responsabilidad y la justicia son muy importantes en las relaciones. Te tomas muy en serio tanto las relaciones amorosas como las asociaciones laborales, y eres capaz de trabajar duro para conservarlas. Por este motivo eres un trabajador, una pareja o un socio comercial excelente. Si trabajaras en algo relacionado con la justicia social, podrías hacer mucho bien en el mundo. La gente madura y responsable te atrae. Puedes obtener ayuda de personas mayores o exitosas.

Baja vibración: es posible que utilices a tus relaciones en beneficio propio. Incluso convertirte en un o una cazafortunas. Aunque también podrías ser traicionado por tus enemigos. Es posible que seas distante o crítico con tus parejas o socios, lo que ciertamente no sentará bien a los que viven o trabajan contigo. Es fundamental que esperes para establecerte hasta que hayas tenido tiempo suficiente para madurar.

OCTAVA CASA

Alta vibración: eres muy responsable con el dinero de otras personas, y por eso la gente confía en ti. Te pueden pedir que te hagas cargo de herencias, impuestos, finanzas conjuntas o fondos corporativos. El sexo es un tema serio para ti. Tiendes a ser cauteloso a la hora de elegir las parejas sexuales. No te entregas a cualquiera. En algunos libros de astrología esta ubicación puede indicar una larga vida.

Baja vibración: es posible que debas enfrentarte a litigios o altas imposiciones fiscales, o que pierdas dinero por pensiones alimenticias o especulaciones imprudentes. O también podría ocurrir que pierdas tu herencia debido a un miembro inescrupuloso de tu familia o que se te niegue tu legítimo derecho por otros motivos. Tu pareja podría llegar a la relación sin dinero, y esto implicaría dificultades económicas. Si tu Saturno está seriamente afectado, podrías experimentar disfunción sexual.

NOVENA CASA

Alta vibración: esta es la ubicación de un académico serio. Si tienes a Saturno en la novena casa, te gustan los estudios y te ocuparás de tener una educación superior. Puedes elegir trabajar en instituciones educativas como profesor o en algún otro puesto similar. La religión o la filosofía pueden ser un tema de interés para ti. Incluso puedes asumir alguna función en una organización religiosa. Como Saturno es conservador, tus opiniones también pueden serlo. La novena casa está asociada a los viajes; por tanto, es posible que viajes mucho, pero no por placer sino por trabajo. Las relaciones con la familia política deberían ser buenas, aunque es preferible que vivas lo más lejos posible.

Baja vibración: podrías ser un fanático religioso que utiliza la religión como forma de oprimir a los demás. Tu visión rígida y estrecha del mundo puede tender a la intolerancia. Esta posición puede indicar falta de oportunidades para viajar o acceder a estudios superiores.

DÉCIMA CASA

Alta vibración: esta ubicación es fantástica para todo lo que se refiere a la profesión. Puedes conseguir grandes cosas en tu trabajo. El estatus social y la ambición te impulsan, y esto significa que eres capaz de trabajar duro para alcanzar todas tus metas. Lo más probable es que termines en un cargo de responsabilidad con una reputación estelar. Tendrás que ser cuidadoso para conservar tu estatus social. La integridad y los principios estrictos guían cada uno de tus movimientos. ¿El pilar de la comunidad y la persona más fiable de la oficina? Ese eres tú. Si te metes en política, podrías ser un líder fuerte y fiable que da seguridad a los ciudadanos.

Baja vibración: puedes experimentar un ascenso seguido por una dura caída en desgracia. Las oportunidades pueden eludirte, independientemente de que te dejes la piel en tu trabajo. Si tu Saturno está gravemente afectado, podrías ser un tirano cruel que gobierna el lugar de trabajo con mano de hierro.

UNDÉCIMA CASA

Alta vibración: eres un amigo fiel y entregado. Ayudas a tus amigos a alcanzar sus objetivos, y ellos te lo agradecen ayudándote a avanzar en tu carrera. El viejo dicho «tú eres el que sabe» se aplica perfectamente en esta situación, pues pareces conocer a todos los personajes famosos. Entre tu círculo de relaciones hay individuos maduros que son mayores que tú. Acaso prefieras tener un círculo completo de relaciones y unos pocos confidentes. Es muy probable que logres cumplir tus objetivos y deseos. Y también que termines siendo el líder de un grupo o de una asociación a los que pertenezcas.

Baja vibración: los amigos pueden ser una carga, o utilizarte. O quizás tengas problemas para atraer buenas personas a tu círculo social. Si tu Saturno está gravemente afectado, los amigos podrían llevarte por mal camino.

DUODÉCIMA CASA

Alta vibración: la soledad te relaja. Por lo tanto, posiblemente prefieras tener periodos sabáticos y retirarte del mundo de vez en cuando. O tal vez disfrutes trabajando entre bambalinas y haciendo un buen trabajo. También puede apetecerte trabajar en hospitales, organizaciones de caridad, iglesias, instituciones, prisiones o universidades. Quizás te sientas atraído por trabajos gubernamentales, donde puedes servir a la gente de forma anónima. Eres supersensible y compasivo, lo que te hace afín a trabajos relacionados con la psicología o la metafísica.

Baja vibración: en ocasiones puedes sentirte solo. O puedes padecer trastornos mentales que requieran un ingreso en alguna institución. También puedes pasar tiempo confinado. Un Saturno mal aspectado en la duodécima casa puede indicar, asimismo, adversarios traicioneros que trabajan entre bastidores para bajarte los humos.

En resumen

Saturno es el planeta de las lecciones, y te indica en qué áreas debes trabajar.

· ·

Habilidades astrológicas

Saturno, Quirón y el Nodo Norte son puntos de sufrimiento en tu carta astrológica. Sin embargo, también tienen las claves para la transformación. Cuando haces el trabajo que te indican estos chicos malos de la astrología, puedes crecer de una forma que jamás podrías haber imaginado.

· ·

Astrocicio

Usando las interpretaciones de este libro, descubre en qué te está presionando Saturno y dónde te exige responsabilidad.

Mi Saturno está en el signo de _____. Tengo que aprender las siguientes lecciones _____
_____
_____.

Mi Saturno está en mi _____ casa. Las áreas en las que tengo que crecer si hago el trabajo necesario son:_____
_____
_____
_____.

Cuando me expreso en alta vibración en esas áreas: _____
_____
_____
_____. Cuando me expreso en baja vibración

en esas áreas: _____

_____

_____.

Ejercicio: tomar notas en el diario

Piensa en una época en la que te enfrentabas a un dilema complicado. ¿Cuáles eran tus puntos fuertes en esa situación? ¿Qué lecciones aprendiste?

. . . .

Lecturas recomendadas

The Little Book of Saturn: Astrological Gifts, Challenges, and Returns [El pequeño libro de Saturno: Dones, desafíos y retornos astrológicos], de Aliza Einhorn.

Saturno. Un Nuevo enfoque de un viejo diablo, de Liz Greene y Robert Hand.

Urano, Neptuno y Plutón

En esta sección encontramos los planetas que se mueven leeeeentamenteeeeee: Urano, Neptuno y Plutón. Como estos planetas se quedan en un signo durante mucho tiempo, afectan más a la generación que al individuo. Cuando llegan a una casa, los aspectos que producen en otros planetas pueden ser significativos.

Urano a través de los signos

Urano permanece en un signo alrededor de siete años, lo que significa que tiene mucho tiempo para obrar su magia.

Urano está asociado a la originalidad y la individualidad. Es el planeta al que le encanta mirar hacia el futuro. La tecnología, la ciencia y la innovación, por ejemplo, caen bajo su dominio. Urano puede ser rebelde o iluminado, y en algunas ocasiones ambas cosas. Este planeta también puede simbolizar cambios drásticos o inesperados. Es inestable, errático y un poco imprevisible.

¡Como la vida misma!

El sitio de tu carta donde se asienta Urano muestra en qué eres original, excéntrico o quizás un poco rebelde. Aquí es donde estás tú como individuo.

ARIES (1927-1934, 2010-2018): cuando Urano se encuentra en el ardiente Aries está asociado a la libertad y la originalidad. Es la posición de los pioneros y los líderes. En su mejor versión puede crear individuos motivados y positivos que pueden liderar al público y conducirlo hacia nuevas y emocionantes direcciones. En su peor versión, esta ubicación produce impulsividad, temperamento irascible, fanatismo político, violencia y personas egoístas que actúan sin pensar en las consecuencias.

TAURO (1934-1941, 2018-2025): es esta una generación con canti-dad de recursos e ideas útiles en relación con el dinero. El dinero pue-de ir y venir de manera inesperada, y estas personas lo saben. (Esta fue la generación de la Gran Depresión). Estos individuos pueden hacer inversiones sensatas o gestionar su dinero de forma creativa. Incluso pueden ganar dinero en profesiones poco comunes. O tener nuevas ideas sobre lo práctico y funcional, o acerca de la economía. En algu-nos casos, pueden estar demasiado centrados en adquirir bienes ma-teriales. O pueden pasarse al lado opuesto de la codicia habitual de los Tauro, y trabajar en nombre de los más necesitados.

GÉMINIS (1941-1948): Urano en Géminis es una posición fabu-losa porque amplía la mente y genera formas de pensar innovado-ras. Esta es la generación de los sabelotodo, que tienen una gran inventiva y una mente ágil. Pueden crear nuevos conceptos en la ciencia, la literatura, los medios, la tecnología o la educación. Tam-bién son capaces de utilizar los medios de forma impredecible, e incluso imprudente.

CÁNCER (1948-1955): esta localización también puede indicar in-novaciones en el hogar o en la vida familiar. Esta generación puede haber introducido en la sociedad ideas originales vinculadas con la familia. En algunos casos, la vida hogareña podría haber sido inesta-ble durante la infancia. Las personas nacidas bajo esta influencia se oponen a las tradiciones familiares, y pueden vivir en familias no con-vencionales u originales.

LEO (1955-1961): igual que Urano en Aries, esta ubicación puede producir líderes valientes, individuos bondadosos que inspiran a todo el mundo a dar lo mejor de sí mismos. La generación de Urano en Leo suele tener ideas diferentes sobre el amor y la educación de los hijos. Pueden ser excesivamente permisivos con los niños, o por el contra-rio, esperar que se comporten como pequeños adultos cuando aún no están preparados para hacerlo. Esta es la posición de los actores, artistas, músicos o escritores con gran inspiración.

VIRGO (1961-1968): Urano en Virgo puede generar ideas originales en torno al trabajo y la eficacia. Estas abejas afanosas pueden encontrar formas singulares de hacer su trabajo, o también es posible que prefieran el teletrabajo para hacer las cosas a su manera. La innovación en salud, la ciencia, la tecnología, los inventos electrónicos, la ecología y las relaciones laborales caen bajo el dominio de esta posición. Esta generación encuentra nuevas formas de trabajar, cambiando la dinámica de cómo hacer las cosas.

LIBRA (1884-1890, 1968-1974): Urano anhela ser libre, mientras que Libra ansía tener una pareja. Esta ubicación gobierna las asociaciones de cualquier tipo, las ideas inusuales en relación con el matrimonio y también nuevos conceptos de la justicia. Los cambios en las leyes son posibles cuando Urano se encuentra en Libra, pues esta es una etapa en la cual las personas están más preocupadas por los derechos y la justicia.

ESCORPIO (1890-1897, 1974-1981): a Urano le gusta estar en Escorpio. Aquí el planeta es superpsíquico y, por otra parte, confiere intensidad y promueve el deseo de hacer nuevas versiones prácticamente de cualquier cosa. Esta generación pretende derribar lo establecido para regenerarlo, y puede producir líderes muy influyentes. Pero esta energía debe ser atemperada, porque puede dar lugar a un aspecto destructivo. La determinación de producir cambios debe ser gestionada con prudencia para evitar el fanatismo. Urano en Escorpio también puede generar ideas inusuales sobre la sexualidad.

SAGITARIO (1897-1904, 1981-1988): Urano en Sagitario amplía la mente y despierta interés por la educación superior y la filosofía. Esta generación concibe sus propias ideas sobre la religión y el mundo.

Muchos harán largos viajes para sumergirse en otras culturas. Esto significa que esta ubicación produce intelectos aventureros que desean comprender y mejorar el mundo.

CAPRICORNIO (1904-1912, 1988-1995): Urano en Capricornio vacila entre el deseo de derribar las estructuras gubernamentales y la creación de una estructura empresarial con el propósito de hacer las cosas «de la manera correcta». Esto significa que esta generación podría producir revolucionarios o dictadores. Urano exige libertad, mientras que Capricornio quiere preservar el *statu quo*. Esto genera una energía en la que se manifiesta la lucha contra lo convencional, junto a la necesidad de preservar. Esta posición puede facilitar que se produzca una innovación en el gobierno, las empresas y la ciencia, o también que las viejas ideas se utilicen de forma innovadora.

ACUARIO (1912-1919, 1995-2003): Urano gobierna a Acuario, de manera que aquí se siente en su casa. Esta posición indica talento intelectual y conocimiento intuitivo. Es la generación de los pensadores independientes con un gran corazón humanitario. Su motivación es que todo el mundo disfrute de una verdadera libertad. Urano en Acuario puede producir cambios geniales en la tecnología y la ciencia, y realizar esfuerzos humanitarios.

PISCIS (1919-1927, 2003-2010): Urano en Piscis se asocia con la cualidad de la nobleza y los valores elevados. Esta ubicación produce naturalezas empáticas con fuertes tendencias místicas. El deseo de ayudar a salvar el mundo y la creatividad pueden producir santos o artistas geniales. En esta ubicación se amplía la intuición científica, pero también las tendencias religiosas. Esta generación busca liberación espiritual. Durante esta época pueden surgir nuevas ideas sobre la espiritualidad y el arte.

Urano a través de las casas

Si miras dónde se encuentra Urano en tu carta, podrás saber en qué eres rebelde, radical o propenso a los cambios repentinos.

PRIMERA CASA

Alta vibración: esta posición indica disconformidad. Tú tienes tu propio estilo, y no estás interesado en lo que hacen los demás. Te puedes vestir de forma original, o añadir toques singulares a tu ropa, esa es tu forma de afirmar: «Soy un individuo». Siempre dices lo que piensas, y nunca temes defender a los desvalidos.

Baja vibración: puedes ser obstinado, especialmente cuando crees que tienes razón. Tienes una tendencia a provocar que los otros se sientan tontos. Y también a hacer cambios en tu vida por capricho, para disgusto de los demás. En algunos casos, tu excentricidad puede llegar demasiado lejos, y podrían etiquetarte como un bicho raro al que le gusta apartarse del mundo.

SEGUNDA CASA

Alta vibración: puedes ganar dinero de formas poco convencionales. O también es posible que te ganes la vida con la tecnología, la ciencia, los inventos o el trabajo humanitario. Tu intuición para las finanzas puede ser sorprendente, lo que te permite hacer movimientos hábiles que sorprenden a los demás. Como Urano es impredecible, tus ingresos también pueden serlo por momentos.

Baja vibración: tal vez seas incapaz de gestionar tu dinero o tiendas a ser imprudente con tus gastos. Deberías evitar los planes para hacerte rico rápidamente, así como también los juegos de azar. En el peor de los casos, Urano en la segunda casa puede indicar a un individuo que se aprovecha de sus amigos y rara vez paga sus deudas.

TERCERA CASA

Alta vibración: eres un librepensador. Y tienes una mente intuitiva e inteligente. Nunca te guías por ideas convencionales, lo que significa que no eres afín al pensamiento grupal. Sueles ser innovador y original, un genio que podría ser el creador de inventos modernos o avances tecnológicos. Esta es también una posición excelente para astrólogos o personas que trabajan con los medios. Puedes viajar a lugares poco comunes.

Baja vibración: te gusta discutir y buscar pelea. Te aburres fácilmente, y además te impacientas con rapidez. Esto puede llevarte a tomar malas decisiones. También puedes tener ideas descabelladas que rara vez funcionan.

CUARTA CASA

Alta vibración: tu familia, o tu vida familiar, tiende a ser poco convencional. Es probable que el hogar de tu infancia haya sido un poco extraño o que uno de tus padres (por lo general la madre) estuviera lejos o fuera excepcional en algún sentido. Te inclinas por la decoración moderna, o tu hogar puede estar lleno de una gran cantidad de inventos modernos. Tus amigos se convierten en tu familia y tus familiares en amigos.

Baja vibración: los problemas familiares de tu primera infancia pueden impedirte echar raíces, motivo por el cual es posible que te muevas con frecuencia. Tu deseo de no estar sujeto a reglas puede conducirte a abandonar tempranamente el hogar familiar. Si Urano está afectado, quizás no te lleves bien con tus familiares y, como consecuencia, se produzcan prolongados períodos de distanciamiento.

QUINTA CASA

Alta vibración: las relaciones amorosas suelen comenzar repentinamente y llegar a través de las amistades. (¿Amigos con beneficios? Podría ser). O tal vez en tu pareja haya algo que no es usual. Podría ser que te considere un poco excéntrico, o que tu relación sentimental sea poco convencional en algún sentido (por ejemplo, practicar el poliamor). La libertad en el amor será siempre un tema esencial en tu vida. Si decides tener hijos, pueden ser superinteligentes, y les darás rienda suelta para que se dediquen a lo que a ellos más les guste. Esta es una ubicación brillante para artistas.

Baja vibración: podrías dar demasiada libertad a tus hijos, hasta el punto de ser negligente. Es posible que comprometerte con una relación no sea lo que más te apetezca, y por esa razón podrías tener problemas para ser fiel a una pareja. Las relaciones sentimentales pueden terminar abruptamente sin previo aviso. Si eres mujer, esta posición puede indicar también un embarazo no deseado, de modo que si observas esta posición en tu carta, ¡ten cuidado!

SEXTA CASA

Alta vibración: esta es una ubicación fantástica para científicos, personal sanitario o trabajadores del área de la tecnología. Si eliges una de estas profesiones, llegarás lejos. Dicho esto, hay que añadir que te puedes sentir atraído por versiones contemporáneas o no convencionales de estas ocupaciones. Por ejemplo, acaso elijas dedicarte a la homeopatía en vez de a la medicina tradicional. Si tu entorno laboral no se adapta a tu gusto, no tienes ningún problema en dejar tu trabajo.

Baja vibración: puedes tener problemas con tus colegas debido a tu naturaleza crítica. Los cambios constantes en el empleo generan inestabilidad. Algunas veces esto puede indicar preocupación por la salud, con frecuencia por causa del estrés.

SÉPTIMA CASA

Alta vibración: te gusta tener libertad en tus relaciones amorosas, lo que significa que necesitas bastante espacio para ti. Te sientes a gusto cuando puedes respirar a tus anchas. Las relaciones pueden comenzar y terminar repentinamente, sin previo aviso. También podría suceder que tu pareja no fuera nada convencional, o excepcionalmente brillante.

Baja vibración: es posible que no puedas comprometerte emocionalmente y seas incapaz de entregar tu corazón a nadie. Esto puede ser causa de divorcio o de una súbita ruptura de las relaciones sentimentales. Si Urano está afectado en esta casa, puede indicar pleitos o conflictos en el terreno de las relaciones públicas. Por alguna razón, la gente suele juzgar duramente a los individuos que tienen esta configuración, y algunas veces pueden volverse en su contra sin ninguna razón aparente.

OCTAVA CASA

Alta vibración: puedes tener preferencias sexuales que no son comunes y elegir parejas poco convencionales. A ti lo que te gusta es experimentar. ¡Nada te parece un tabú! Esta posición indica también interés por lo oculto y fuertes facultades intuitivas. Puedes ver cosas que los demás no ven. Si tienes una intuición, hazle caso. El dinero puede ir y venir repentinamente, algunas veces a través de impuestos o herencias, o de un matrimonio. Esto podría ser bueno o malo, dependiendo de cómo esté aspectado Urano. Algunos textos afirman que esta ubicación indica una muerte inesperada, como por ejemplo, debida a un accidente.

Baja vibración: tus gustos excéntricos, o pervertidos, pueden asustar a tus parejas potenciales. O puedes tener problemas con el dinero y gastarlo más rápidamente de lo que lo ganas. Los problemas pueden proceder de asuntos relacionados con impuestos, pensiones alimenticias o disputas por herencias.

NOVENA CASA

Alta vibración: las oportunidades para viajar pueden surgir repentinamente, y podrías vivir aventuras emocionantes. Tienes unas ganas enormes de ver mundo, necesitas conocer nuevas personas y culturas diferentes. Y aunque no puedas viajar, sientes curiosidad por lo que pasa en el mundo en general. Puedes ser un ávido lector de periódicos, revistas de viajes y textos filosóficos. Estás abierto a nuevas ideas y filosofías, como pueden ser el ocultismo o la *New Age*.

Baja vibración: quizás adoptes ideas raras o extrañas creencias religiosas o políticas. En casos extremos esto puede generar fanatismo o teorías conspiratorias descabelladas.

DÉCIMA CASA

Alta vibración: tienes una imagen pública excéntrica. Prefieres hacer las cosas a tu manera, y esto significa que puedes tener discrepancias con las figuras de autoridad. Tú quieres ser la autoridad, y cuando te instalas en esa función ejerces el liderazgo de una forma muy poco ortodoxa. Tu identidad es importante para ti. Jamás piensas en ser como otra persona, lo que significa que tienes un estilo poco convencional o una forma peculiar de comunicarte con el público.

Baja vibración: siempre tienes encontronazos con las figuras de autoridad, y esto puede generarte muchos conflictos. También puedes ser un alborotador, que suscita problemas con sus excentricidades. En algunos casos, especialmente cuando Urano está afectado, esta posición puede indicar un aumento súbito de protagonismo, seguido por una rápida caída en desgracia. En esos casos, la caída no solo es rápida, sino también muy impactante.

UNDÉCIMA CASA

Alta vibración: Urano gobierna la undécima casa, de manera que se encuentra muy a gusto en ella. Eres un amigo leal y maravilloso, y tienes un amplio círculo social. Tus amigos proceden de todos los ámbitos sociales. No eres presumido ni pretencioso, pero no te gusta sentirte atado a ninguna persona ni grupo en particular. Prefieres ocuparte de tus cosas. Aunque disfrutas de las actividades grupales, en el fondo eres un lobo solitario. De vez en cuando te acercas a la manada, pero por lo general permaneces en soledad. Eres tolerante y tu mente es flexible. Te sientes inclinado a realizar trabajos humanitarios.

Baja vibración: no pareces encajar con nadie, y esto puede generar alienación o distanciamiento de los demás. Cuando Urano está afectado, esta posición puede indicar traición de los amigos. Necesitarás estar atento a los «eneamigos».

DUODÉCIMA CASA

Alta vibración: estás profundamente interesado en explorar el inconsciente. Lo oculto, la meditación o el misticismo te atraen. Puedes unirte a organizaciones religiosas o pasar algún tiempo en *ashrams* o sitios por el estilo. También puedes sentirte inclinado al trabajo humanitario o a hacer algo bueno para el mundo. Esto puede conducirte a trabajar entre bambalinas en hospitales, instituciones, organizaciones benéficas, organizaciones sin ánimo de lucro o agencias gubernamentales. Crees que todo el mundo es bueno y que todos merecen una oportunidad. Estás aquí para encontrar lo que hay de bueno en el mundo o convertirlo en un lugar mejor.

Baja vibración: puedes tener tendencias neuróticas y, por este motivo, pasar temporadas en confinamiento, retirado de la vida pública. En algunos casos esta ubicación puede indicar a una persona que sufre delirios asociados a sus capacidades psíquicas.

En resumen

Urano representa tu lado extravagante, extraño y genial. También muestra en qué eres rebelde e innovador.

. . . .

Habilidades astrológicas

Urano tarda ochenta y cuatro años en completar un ciclo del Zodíaco. Como en la actualidad vivimos más que nunca, muchas personas lograrán experimentar el «retorno de Urano», un tránsito en el que el planeta vuelve a casa para instalarse en el mismo signo en el que estaba en el momento del nacimiento. Durante este tránsito, el individuo puede empezar a interesarse por temas místicos, como la vida después de la muerte. O también puede decidir mandar todo al diablo y empezar a hacer todas las locuras que siempre quiso hacer. Si ves al abuelo conduciendo una Vespa, vestido con un fez de color púrpura y un tutú a juego, es posible que su conducta no se deba a la senilidad, ¡sino al retorno de Urano!

Astrocicio

Utilizando las interpretaciones de este libro, descubre dónde está creando Urano una revolución.

Mi Urano está en el signo de _____. Mi generación es única en este sentido _____.

Mi Urano está en mi _____ casa. Las áreas en las que expreso mi originalidad e innovación son: _____

_____

_____.

Cuando me expreso en alta vibración en esas áreas: _____

_____

_____

_____. Cuando me expreso en baja vibración en esas áreas: ____

_____

_____

_____.

Ejercicio: tomar nota en el diario

Busca noticias que se hayan producido en el momento de tu nacimiento. ¿Qué inventos o innovaciones se dieron a conocer en aquel momento? ¿Qué tecnologías todavía no eran posibles en aquella época?

Lectura recomendada

Urano. La libertad nace del conocimiento, de Jeff Green.

Neptuno a través de los signos

ARIES (1861-1875, 2025-2039): en astrología Neptuno simboliza sacrificio. Aquí se trata de lo que necesitas abandonar para cumplir con un propósito superior. Déjate fluir, y permite que el universo haga el trabajo. Los sueños, la espiritualidad, la imaginación artística, el misticismo, el glamur y todo lo psíquico están bajo el dominio de Neptuno. Como también lo están la ilusión, el engaño, la confusión y la evasión. Urano simboliza innovación y cambio generacional, mientras que Neptuno representa el destino espiritual y generacional. Cuando Neptuno se encuentra en el pionero Aries, indica una generación con ideas originales en relación con la política, la espiritualidad y la ciencia. Las personas con esta configuración quieren conducir el mundo hacia un nuevo destino. El orgullo espiritual y el egocentrismo son el lado oscuro de esta ubicación. Una tendencia a actuar antes de pensar puede allanar el camino para una guerra.

TAURO (1874-1889, 2038-2052): esta generación puede ser idealista en relación con el dinero y los recursos. Puede manifestar todo lo que desea. El arte visionario, la decadencia y la capacidad de ganar dinero de formas inusuales son gobernados por esta ubicación. El lado oscuro es el fraude, la sensación de pobreza o las ilusiones relacionadas con el dinero. Las personas nacidas en esta generación fueron capaces de ver cómo estallaba la burbuja.

GÉMINIS (1888-1902, 2051-2066): los avances en la comunicación, la literatura, la educación y el transporte corresponden al ámbito de esta generación. Los individuos que tienen esta configuración pueden tener dotes intelectuales y una gran sensibilidad mental. Pueden sentirse interesados por culturas extrañas o tener el deseo de impresionar al público con sus palabras. La generación de Neptuno en Géminis puede estar compuesta por individuos soñadores e inventores, que pueden ver cuál es el mejor camino hacia el futuro y trabajar para crearlo.

CÁNCER (1901-1915): cuando Neptuno se asienta en el sensible Cáncer, indica una generación que tiene altos ideales sobre la familia y el hogar. Estos individuos tienen un intenso vínculo psíquico con la familia y las lecciones kármicas asociadas a la madre. Las personas con esta posición son capaces de hacer grandes sacrificios por su familia o país. Quienes han nacido en esta época sienten un profundo patriotismo.

LEO (1915-1929): Neptuno en Leo indica una generación valiente con líderes brillantes y carismáticos (¡John Fitzgerald Kennedy tenía esta configuración!). Simboliza el idealismo vinculado con la política, las relaciones sentimentales y las artes creativas, principalmente las películas y el teatro. La energía de estas personas es altamente sexual y voluptuosa. Los individuos que tienen a Neptuno en Leo pueden estar excesivamente centrados en el placer (piensa en los locos años veinte).

VIRGO (1929-1943): esta ubicación puede indicar una generación con nuevas ideas o inventos relacionados con la salud, la ciencia y el trabajo. También puede producir individuos humanitarios y sanadores que sirven humildemente al mundo. El servicio y el sacrificio triunfan sobre el idealismo para estas serias personas.

LIBRA (1943-1955): Neptuno en Libra indica una generación idealista en relación con el amor, el arte, la justicia y la paz. La «generación del amor» nació durante este tránsito. Esto puede significar nuevas ideas sobre el matrimonio y las relaciones. Y también puede indicar individuos que son capaces de darlo todo por amor. Esta configuración puede producir diplomáticos idealistas, personas que hacen todo lo que está en sus manos por promover la paz en la Tierra. ¡Haz el amor, no la guerra!

ESCORPIO (1956-1970): esta generación se interesa por el misticismo, la intuición y el sexo. Son personas a quienes les gusta experimentar con la moralidad sexual (piensa en el amor libre).

Neptuno en Escorpio también puede ofrecer innovación en medicina y en el ámbito de los impuestos y las finanzas. Las personas que tienen esta ubicación se sienten naturalmente atraídas por todo lo que está oculto. Les encanta resolver misterios y llegar al fondo de las cosas.

SAGITARIO (1971-1984): cuando Neptuno se encuentra en Sagitario, el buscador de la verdad, indica una generación que es idealista en lo que respecta a la educación superior, la filosofía y la libertad. También puede indicar innovaciones en medicina y un profundo interés en ayudar a los países en desarrollo. Neptuno en Sagitario es una posición que genera viajeros que quieren conocer el mundo y convertirlo en un lugar mejor.

CAPRICORNIO (1985-1998): cuando Neptuno está ubicado en el disciplinado Capricornio, aporta un aspecto práctico a este planeta soñador. A Capricornio no le interesa soñar despierto, prefiere trabajar. Y por este motivo, sus sueños pueden llegar a materializarse. Esta generación está interesada en construir, lo que significa que pueden dedicarse a crear estructuras, y no solamente edificios físicos sino también estructuras gubernamentales y económicas. Están interesados por la Tierra y por la limpieza del medioambiente.

ACUARIO (1998-2012): Cuando el soñador Neptuno llega al innovador Acuario, crea una generación con altos ideales vinculados con la tecnología, la ciencia, la energía y el arte. Estos son los visionarios del futuro, los que están interesados en la revolución y la humanidad. Podrían ser responsables de logros impresionantes que tal vez revolucionarían nuestra forma de vivir en el futuro. También podrían ser artistas poco habituales que llevan el arte y la música por caminos completamente novedosos.

PISCIS (2012-2025): Neptuno en Piscis está en su hogar porque este es el signo que gobierna a este planeta. Esta generación ha sido bendecida con empatía, compasión y espiritualidad; en consecuencia, podría haber en ella líderes espirituales que salven al mundo de sí mismo. El arte es elevado a nuevos niveles. Las innovaciones en sanación, en música y en la forma de conectar con el espíritu llegan a través de personas nacidas en esta época.

Neptuno a través de las casas

Si quieres saber en qué eres soñador, espiritual o extravagante, mira dónde se encuentra Neptuno en tu carta.

PRIMERA CASA

Alta vibración: probablemente eres un poco misterioso para los demás. Las personas pueden pasarlo mal al ver cómo eres realmente. Incluso es posible que ni siquiera te comprendan cuando eres tú mismo. Esto no significa que seas un marginado, simplemente hay algo diferente en ti que intriga a los otros. Proyectas un aura de misticismo y puedes ser muy intuitivo. Tu sensibilidad y compasión te permiten conectar profundamente con los demás.

Baja vibración: puedes convertirte en un individuo iluso e inestable con tendencias adictivas, que se mueve por la vida sin timón. O puedes absorber todo lo que te rodea como una esponja psíquica, y esto puede agotar tu energía.

SEGUNDA CASA

Alta vibración: eres idealista en relación con el dinero. Esto significa que te atraen las organizaciones benéficas y humanitarias. Cuando las personas necesitan ayuda, allí estás tú, para darlo todo. O quizás seas uno de esos individuos que creen que el dinero es la raíz de todo mal. En ese caso, repudias el materialismo y buscas una vida espiritual. También es posible que ganes dinero por medio de un trabajo creativo o de las artes místicas.

Baja vibración: el dinero puede ir y venir en esta ubicación. Un aspecto muy común es la falta de sentido práctico. El uso indiscriminado del dinero o el rechazo total de la economía podría agotar tus recursos. En el peor de los casos, esta posición puede dar lugar a una vida de vagancia o de dependencia de los demás.

TERCERA CASA

Alta vibración: tienes un sexto sentido inigualable y una imaginación muy fértil. Tu creatividad no tiene límites, y podrías sentirte atraído por las artes visuales. Quizás también te interesen los medios de comunicación. Es probable que tu educación en la infancia fuera poco habitual en algún sentido.

Baja vibración: puedes tener dificultades de aprendizaje, pensamientos brumosos o falta de memoria. Y esto podría ocasionar que los demás te consideren un despistado. Tus hermanos y vecinos podrían ser una fuente de conflicto. Debes tener mucho cuidado a la hora de firmar contratos. Es posible que no te interese aprender cosas nuevas ni conocer mundo.

CUARTA CASA

Alta vibración: esta ubicación de Neptuno puede indicar una vida hogareña poco usual. Quizás uno de tus padres fuera un poco raro... o místico. O tal vez tu madre fuera la bruja local o tu padre un guitarrista de *heavy metal*. También podría ser que tengas una especie de vínculo emocional kármico con tu madre. Cualquiera que sea el caso, el ambiente en el que viviste al comienzo de tu vida puede haberte parecido muy diferente al que tenían tus amigos y compañeros. Tu alma necesita un hogar cerca del agua.

Baja vibración: alguno de tus padres puede haber tenido problemas de adicciones. O quizás no recibiste demasiado apoyo de tu familia. Podrías sentir que tu vida familiar es caótica. No resulta fácil encontrar seguridad.

QUINTA CASA

Alta vibración: tienes una naturaleza profundamente romántica que podría procurarte aventuras inusuales en el amor. Por ejemplo, puedes experimentar el amor a primera vista. Tienes una misión creativa singular, y podrías tener talento para las artes interpretativas. Si tienes hijos, serán sensibles e intuitivos. Harás muchos sacrificios por ellos.

Baja vibración: debes tener cuidado para no ver las cosas de color rosa en lo que se refiere al amor. Si tienes esta idea sobre el amor, podrías sufrir decepciones al descubrir que tu pareja es un patán o sencillamente que no es la persona que tú creías que era. Neptuno en la quinta casa puede indicar también un padre poco fiable o hijos extramatrimoniales. Asimismo, puede corresponder a padres que juegan el rol de mártires: «Después de todo lo que he hecho por ti...».

SEXTA CASA

Alta vibración: esta es una ubicación fantástica si trabajas en el campo de la sanación o las artes místicas. Aquí se pone el énfasis en la espiritualidad y el servicio, lo que puede ser especialmente útil para naturópatas y sanadores espirituales. Esta también puede ser una posición muy adecuada si trabajas en un hospital, en una organización benéfica o en cualquiera de las artes esotéricas (tarotista, psíquico, médium, comunicador con los animales, etc.).

Baja vibración: puedes pasar temporadas desempleado, principalmente debido a tu informalidad o inseguridad. Tu falta de organización podría crearte problemas en el trabajo. El alcohol o las drogas pueden ser peligrosos para ti, de modo que es aconsejable evitarlos por completo.

SÉPTIMA CASA

Alta vibración: tus socios y tus parejas podrían estar de alguna manera destinados a ti. Tal vez existan algunos vínculos kármicos, o puedes vivir algunas situaciones inhabituales que atraigan personas a tu vida. Eres muy sensible a los sentimientos ajenos, razón por la cual podrías ser un excelente terapeuta. Tu sueño es formar pareja, lo que significa que encontrar a tu alma gemela podría ser una prioridad para ti.

Baja vibración: debes prestar mucha atención a la hora de elegir parejas porque esta ubicación puede indicar engaños. Un charlatán podría mentirte, o podrías terminar con alguien que resulte ser completamente diferente a lo que pensabas, y solo te des cuenta cuando el anillo de boda ya está en tu dedo. También es posible que seas tú quien engañe a la otra persona, o que cambies de opinión en el último momento y dejes a tus parejas sumidas en la confusión. Además, esta ubicación podría señalar problemas legales. Ten cuidado cuando tengas que firmar algún contrato... ¡y no olvides de firmar un acuerdo prenupcial!

OCTAVA CASA

Alta vibración: eres un instrumento psíquico muy bien afinado. Tienes clarividencia y puedes sentir interés por el misticismo, el trabajo espiritual o la comunicación con los muertos. Tus sueños son vívidos y suelen contener mensajes importantes. El viaje astral es otra posibilidad. Es posible que ganes dinero a través de las artes místicas.

Baja vibración: puedes experimentar circunstancias extrañas o misteriosas relacionadas con fondos conjuntos. Por ejemplo, quizás tengas una pareja que esconde su dinero. O también podrías perder dinero debido a un engaño. Evita los planes para hacerte rico rápidamente y todo aquello que parece demasiado bueno para ser verdad.

NOVENA CASA

Alta vibración: esta es la posición del erudito religioso o de la persona que adora pasar una temporada en destinos lejanos. Estás aquí para ampliar tus horizontes, buscar respuestas y encontrar tu lugar en el mundo. Desarrollarás tu propio sistema de creencias. Te encuentras a gusto y eres capaz de alcanzar el éxito, siempre que haya algo o alguien en quien creer.

Baja vibración: tal vez te atraigan los cultos o líderes espirituales cuestionables. También puede ser que estés continuamente moviéndote de aquí para allá, sin echar raíces en ningún lugar durante mucho tiempo. Las ideas absurdas podrían apartarte de los estudios superiores. Esta ubicación también puede indicar suegros conflictivos.

DÉCIMA CASA

Alta vibración: tienes capacidad para inspirar al público de alguna manera. Quizás haya algo poco habitual o glamuroso en tu profesión. Por ejemplo, podrías trabajar como astrólogo, líder espiritual, actor, músico o clarividente. También podrías ser un político visionario con el deseo de hacer del mundo un lugar mejor. Recibes reconocimiento por tus talentos singulares o sacrificios profesionales. La elección de tu recorrido profesional puede deberse a una razón kármica.

Baja vibración: un escándalo considerable puede entorpecer todo aquello por lo que has trabajado tan duro. O podría ser que tu padre ya no se encuentre en este mundo y hayan quedado muchos conflictos no resueltos en relación con él que tendrás que afrontar durante tu vida adulta.

UNDÉCIMA CASA

Alta vibración: tienes amigos poco habituales. Eres un gran idealista, y puedes sentirte atraído por grupos espirituales o humanitarios. También podrías convertirte en miembro de una organización mística como los francmasones. Independientemente de que salgas con *beatniks* y bohemios, o que te sumes a una sociedad secreta, tu círculo social nunca es aburrido. Tus sueños pueden convertirse en realidad. Todo lo que visualiza tu mente es posible.

Baja vibración: tus amigos podrían llevarte por mal camino o engañarte. En el peor de los casos, puede tratarse de «eneamigos» que conspiran contra ti: aprovechados y perdedores, o adictos que quieren beneficiarse de tu naturaleza bondadosa. Una tendencia a ir a la deriva muestra que tiendes más a soñar que a pasar a la acción.

DUODÉCIMA CASA

Alta vibración: esta es una posición increíblemente intuitiva para Neptuno. Si la encuentras en tu carta, eres un místico natural y puedes estar interesado en asuntos espirituales como la meditación, el yoga y la sanación espiritual. Te hace feliz pasar tiempo en soledad o en ambientes místicos, como puede ser un *ashram*. También puede interesarte trabajar en hospitales, instituciones u organizaciones benéficas. Esta es una ubicación excelente para médicos, enfermeras y terapeutas.

Baja vibración: tu confusión mental y tus tendencias neuróticas podrían llevarte a buscar una evasión a través de las drogas o el alcohol. También eres muy sensible a las influencias psíquicas negativas, que podrían manifestarse como pesadillas o visiones perturbadoras.

En resumen

Neptuno es donde residen tus sueños, tu espiritualidad y tus ilusiones. Este planeta también representa la creatividad, la sanación y el misticismo.

• •

Habilidades astrológicas

Muchos clarividentes famosos, como por ejemplo Edgar Cayce, tienen a Neptuno en su carta de forma prominente. Con cuatro planetas en Piscis y Neptuno cerca del Medio Cielo, no es de extrañar que el destino de Cayce apuntara al misticismo.

• •

Astrocicio

Utilizando las interpretaciones de este libro, mira dónde se encuentra Neptuno para saber con respecto a qué eres idealista.

Mi Neptuno está en el signo de_____.

Mi generación experimenta energía mística y creativa del siguiente modo:____

_____

_____.

_____

_____.

Mi Neptuno está en la_____ casa. Las áreas en las que puedo expresar mi ser espiritual y creativo son las siguientes: _____

_____

_____.

Cuando me expreso en alta vibración en esas áreas: _____

_____

_____

_____. Cuando me expreso en baja vibración en esas áreas: _____

_____

_____.

Ejercicio: tomar nota en el diario

¿Cuáles son tus primeros recuerdos en relación con la espiritualidad? ¿Pertenecen a alguna organización religiosa los miembros de tu familia? ¿Cómo conectas ahora con la espiritualidad? ¿Es diferente a lo que te sucedía cuando eras más joven?

. . . .

Lectura recomendada

The Little Book of Neptune [El pequeño libro de Neptuno], de Steven Forrest.

Plutón a través de los signos

No hace mucho tiempo Plutón fue degradado de planeta oficial a planeta enano debido a que no es tan grande como los demás. Dado que los astrólogos han estado trabajando con este pequeño plutoide,* todavía tiene un lugar en la astrología.

Plutón es el regente de Escorpio, y simboliza transformación, revelación y renacimiento. Este planeta de movimiento lento tarda alrededor de doscientos cuarenta y seis años en moverse a través del Zodíaco, lo que significa que permanece mucho tiempo en cada uno de los signos. Mientras Urano simboliza innovación generacional y Neptuno abarca el destino espiritual de una generación, Plutón representa la transformación generacional.

ARIES (1822-1853, 2068-2098): esta ubicación de Plutón simboliza una generación a la que le gusta pasar a la acción. Su espíritu es autosuficiente, pionero y valiente. El foco está puesto en la libertad, incluso aunque eso signifique una lucha constante y prolongada. La energía puede ser extrema por momentos, pero así es como se produce la revolución. Eres muy bueno a la hora de empezar reformas, pero no siempre lo eres para terminar el trabajo.

TAURO (1853-1884, 2098-2129): cuando Plutón está en Tauro indica una generación preocupada por transformar las finanzas y los bienes materiales. Esto puede señalar una época de cambio económico, incertidumbre o incluso expansión. En algunos casos, esta posición puede significar codicia, así como también la gran división entre los ricos y los pobres.

GÉMINIS (1882-1914, 2132-2159): las ideas son superpoderosas cuando Plutón se encuentra en Géminis. Es esta una generación rica en ideas revolucionarias. La ciencia y los inventos prosperan cuando

---

* N. de la T.: Se denomina plutoide a todo planeta enano del sistema solar que se encuentra más allá de la órbita de Neptuno.

existe esta configuración. También se crean nuevas formas de comunicación. Muchos grandes inventores concibieron inventos increíbles durante este período, ¡incluidos Tesla y Edison!

CÁNCER (1914-1939): cuando Plutón está en Cáncer indica una generación preocupada por transformar la familia, el hogar y los asuntos domésticos. El foco de atención puede centrarse en el país de origen, lo que podría significar interés por el nacionalismo. Las revoluciones en el hogar y la agricultura, y también los cambios de la estructura familiar, están gobernados por esta ubicación. El fascismo nació cuando Plutón se encontraba en Cáncer.

LEO (1937-1958): Esta es la posición de los *Baby Boomers.*[*] Cuando Plutón se encuentra en Leo indica un liderazgo transformacional y preocupaciones por el poder, así como también el deseo de expresarse creativamente. Durante este período, es posible que se produzcan luchas de poder. Los conflictos internacionales llegan a un punto crítico. De hecho, este período marcó el comienzo de la Segunda Guerra Mundial.

VIRGO (1956-1972): la generación de Plutón en Virgo tiene su foco de atención en las transformaciones a través del trabajo, la salud y la tecnología. Los cambios o los avances en el entorno laboral, y también la medicina, se encuentran dentro de este ámbito. Durante el período en que esta ubicación estuvo activa, las organizaciones sindicales comenzaron a tener más poder. Pero en la actualidad muchas de las personas nacidas durante esta configuración están deshaciendo esos cambios.

LIBRA (1971-1984): todas las personas nacidas cuando Plutón se encuentra en Libra están interesadas en transformar el arte, la justicia

---

[*] N. de la T.: La generación de los *Baby Boomers* se define generalmente como las personas nacidas entre 1946 y 1964, durante la explosión de natalidad posterior a la Segunda Guerra Mundial.

social y las relaciones. Las ideas relativas al matrimonio y las relaciones sentimentales cambiaron a lo largo de este período, y en el futuro esta generación puede llegar a producir más cambios en torno al concepto de relaciones, y también a cuestiones legales.

ESCORPIO (1735-1747, 1983-1995): a Plutón le encanta estar en el apasionado Escorpio, el signo de la muerte y la transformación. Esta generación puede estar interesada en transformar la sexualidad, la muerte y las cuestiones financieras. Las personas nacidas bajo esta influencia pueden provocar una nueva revolución sexual, así como también cambios en los cuidados del final de la vida, o incluso en el suicidio asistido. Los temas tabú se convierten en la norma.

SAGITARIO (1746-1762, 1995-2008): la filosofía, la educación superior y los viajes corresponden al signo de Sagitario. Cuando Plutón se encuentra en este signo, indica una generación que puede ser aficionada a viajar y explorar países lejanos (¿también el espacio?). Pueden estar genuinamente interesados en temas religiosos, o apartarse por completo de la religión. Transformar la educación superior podría implicar la emergencia de diferentes tipos de aprendizaje, incluyendo una educación más enfocada en el uso de la tecnología frente a la asistencia presencial en los colegios.

CAPRICORNIO (1762-1778, 2008-2024): mientras escribo este libro, Plutón se encuentra en Capricornio. La última vez que estuvo allí fue durante el periodo 1762-1778, ¡que corresponde a la Declaración de Independencia estadounidense! Esta posición indica una generación preocupada por reconfigurar el gobierno y que tiene un gran interés por las ideas innovadoras en relación con los negocios, el gobierno, la autoridad y el poder.

ACUARIO (1778-1798, 2024-2044): la última vez que Plutón estuvo aquí fue durante la Revolución francesa. Acuario está enfocado en la fraternidad, las actividades grupales y el humanitarismo, y por este motivo las personas nacidas bajo esta influencia están preocupadas por la libertad política y los cambios relativos al trabajo humanitario. Esto indica una época de avances en la tecnología y los problemas sociales. ¿La era de Acuario? Podría ser.

PISCIS (1797-1823, 2044-2068): las personas que han nacido con esta posición podrían aspirar a transformar el arte, la cultura y la espiritualidad. Un interés en el misticismo, la psicología, la intuición y el bienestar social puede producir cambios o progresos en esos ámbitos. No debes perder de vista que en casos extremos Piscis puede indicar también problemas con drogas. La adicción podría ser un problema grave durante este periodo.

Plutón a través de las casas

Cuando Plutón ocupa una casa, se ponen en juego el poder y la transformación.

PRIMERA CASA

Alta vibración: tienes una presencia dominante. Cuando entras en una habitación todo el mundo percibe tu vibración. Eres muy consciente de ti mismo, y sabes que todos los ojos están clavados en ti. La fase temprana de tu vida puede haber estado llena de dificultades, pero gracias a todo lo que has vivido eres valiente. Eres capaz de gestionar cualquier cosa que la vida ponga en tu camino. También tienes una tendencia a la clarividencia.

Baja vibración: puedes ser una persona prepotente y avasalladora que quiere imponer su voluntad a los demás. Tu forma de actuar cuando te sientes amenazado es la crueldad.

SEGUNDA CASA

Alta vibración: para ti el dinero equivale a tener poder, de manera que trabajas duro para poder conseguir lo máximo posible. Puedes amasar una gran fortuna, lo que puede fomentar tu capacidad para hacer el bien en el mundo. Los riesgos financieros te emocionan, y tus instintos te ayudan a conseguir que la fortuna se ponga de tu parte.

Baja vibración: puedes utilizar el dinero para controlar a los demás. O tal vez nunca te parece tener suficiente, incluso cuando las arcas están completamente llenas. En algunos casos, esta ubicación puede indicar importantes ganancias seguidas por pérdidas.

TERCERA CASA

Alta vibración: tienes una capacidad de comprensión profunda y te encanta decir con franqueza lo que piensas. Algunas veces tu forma de expresar esas verdades puede hacer que los demás se tambaleen, pero eso a ti no te importa. «Solo estoy diciendo las cosas tal como son», afirmas. Tu mente es ingeniosa, y tienes mucha habilidad para descubrir secretos. Podrías ser un detective formidable.

Baja vibración: tu mente puede merodear por espacios oscuros, y cuando eso sucede lo planificas todo. Los conflictos con hermanos y vecinos podrían producirte estrés mental.

CUARTA CASA

Alta vibración: quieres controlarlo todo en casa. Esto quiere decir que puedes poner todo tu empeño en crear un ambiente seguro para tu familia. Haces todo lo posible para garantizar que todo el mundo se sienta seguro. También tienes talento para el negocio inmobiliario y la rehabilitación de viviendas. Si pones tu energía en ello, podrías llegar a convertir una vieja casucha en un castillo.

Baja vibración: eres muy dominante en tu hogar, y les haces la vida imposible a las personas que viven contigo. La vida familiar gira alrededor de ti. Las luchas de poder con tu madre pueden generar muchos conflictos.

QUINTA CASA

Alta vibración: esta es la ubicación del artista melancólico y atormentado cuyas obras de arte llaman la atención. No tienes miedo de recurrir a los tabús en busca de inspiración, pero también puedes encontrar lo que buscas a través de niveles superiores de conciencia. Las relaciones sentimentales son el ámbito en el que puedes transformarte por completo. Cuando te enamoras, es algo maravilloso. Si tienes hijos, tendrán una voluntad firme y serán muy creativos.

Baja vibración: cuando se trata del amor, tu ánimo puede apagarse. Las conquistas casuales y los excesos sexuales pueden dar lugar a conflictos en las relaciones sentimentales. Esta ubicación puede indicar también una pareja dominante o un padre que intenta controlar a sus seres queridos. Este no es el mejor emplazamiento para los jugadores. Si vas a participar en una mesa de póquer, o jugar con el mercado de valores, es posible que sufras pérdidas importantes.

SEXTA CASA

Alta vibración: aspiras a poder mejorar tu ambiente laboral, y también tienes la intención de transformar el *statu quo*. Percibes dónde es necesario que se produzcan cambios, y te pones a la tarea de inmediato. De hecho, te sientes muy satisfecho cuando haces un buen trabajo. El trabajo es tu manera de ofrecer tus servicios a los demás y también de regenerarte. Además, puedes ser capaz de sanar a otras personas, y por ello quizás te sientas atraído por las artes de sanación o la sanación espiritual.

Baja vibración: eres el crítico de la oficina, que encuentra errores y fallos en todos los que lo rodean. O te hallas en una posición de poder, y la utilizas para abusar de los demás. Esto puede producir inestabilidad en el trabajo, ya que a nadie le gusta trabajar con un cretino.

SÉPTIMA CASA

Alta vibración: las asociaciones y las parejas transforman tu vida. Por ejemplo, puedes atraer a un socio comercial poderoso que te ayude a alcanzar nuevos niveles de éxito. O quizás tengas una esposa con gran fuerza de voluntad que te enseña a colaborar. Así aprenderás cómo trabajar con otras personas y confiar en ellas.

Baja vibración: es posible que tengas miedos muy arraigados en relación con la soledad. O tal vez elijas a las personas equivocadas. Si intentas acosar a tus parejas, o les permites que te dominen, las relaciones serán muy desagradables. Las luchas de poder y los litigios causan estragos en tu vida.

OCTAVA CASA

Alta vibración: esta es la posición natural para Plutón, de manera que si tienes esta configuración en tu carta contarás con todos los aspectos positivos: un fuerte sexto sentido, comprensión de la vida y la muerte, y una libido intensa. Te tomas la vida muy en serio, y probablemente también todo lo demás. Cuando tienes una crisis no te acobardas. ¡Eres así de fuerte!

Baja vibración: puedes tener problemas derivados de finanzas conjuntas, seguros y bienes de personas fallecidas. En el peor de los casos, puedes depender completamente de otra persona. Los excesos sexuales te traerán conflictos.

NOVENA CASA

Alta vibración: estás interesado en cambiar el mundo o en conseguir tus logros por medio de viajes, de la educación o la religión. En consecuencia, podría apetecerte viajar a través del globo, trabajar en el mundo académico o seguir a un gurú. Tienes una brújula moral sólida, y tú mismo podrías ser un líder espiritual influyente. La hipocresía te saca de quicio, ¡y por eso te gustaría derrocar el sistema!

Baja vibración: es posible que tengas reparos o temor de expresar tus opiniones. También podrías convertirte en un fiel seguidor de filosofías espirituales o políticas radicales. En el último caso, eso podría conducirte por un camino oscuro.

DÉCIMA CASA

Alta vibración: no te satisface quedarte en los primeros tramos de la escalera. Tú quieres llegar a lo más alto. Tu hambre de poder te impulsará a trabajar con más ahínco y durante más tiempo que cualquier otra persona. Tu ambición te ayudará a ocupar un lugar de poder. ¡Incluso podrías llegar a ser famoso! Esta es una excelente posición si estás interesado por la política o la autoridad.

Baja vibración: puedes convertirte en un adicto al poder, y fácilmente incurrir en actitudes dictatoriales. Esa mano de hierro no te sienta bien, hermano.

UNDÉCIMA CASA

Alta vibración: tienes amigos poderosos, y quieres reformar el mundo. Puedes pertenecer a grupos o sociedades secretas cuyo propósito es alcanzar la grandeza en el ámbito humanitario o científico. Los agitadores y las prácticas ocultas te fascinan, y podrías convertirte en el líder de una de esas organizaciones. Si lo haces, tienes capacidad para inspirar a los demás. Y aunque no seas el líder, personas influyentes desearán estar en tu órbita.

Baja vibración: las relaciones de amistad pueden finalizar súbitamente, y esto podría tener un gran coste para ti. Podrías convertirte en un marginado o un exiliado de tu círculo social. En algunos casos, esta ubicación puede indicar el tipo de persona que sigue ciegamente a la multitud, incluso aunque esta se dirija hacia un acantilado.

DUODÉCIMA CASA

Alta vibración: hay muchas cosas por debajo de la superficie. Solamente el tiempo te permitirá acceder a tu conciencia y tus facultades clarividentes. Eres extremadamente sensible e impresionable. No es de extrañar que sientas empatía por los oprimidos. Tu voluntad es ayudar, y podrías pasar mucho tiempo de tu vida dedicado a servir a los menos favorecidos.

Baja vibración: te preocupa tener enemigos secretos, y esto puede llegar a convertirse en una paranoia. Las drogas y el alcohol son peligrosos para ti, de modo que debes hacer todo lo posible por evitarlos. Tu empatía puede devenir en críticas, y de repente puedes ser capaz de burlarte de aquellos que percibes están por debajo de ti o ridiculizarlos.

En resumen

Plutón simboliza transformación, renovación y renacimiento. Derriba las cosas para reconstruirlas.

. . . .

Habilidades astrológicas

Plutón y Saturno son dos pesos pesados en astrología. Ambos son portadores de intensas lecciones. Saturno muestra dónde necesitas trabajar, mientras que Plutón indica dónde es posible una verdadera transformación. Cuando te apoyes en estos dos chicos malos de la astrología, piensa en lo que es posible. ¡Y renace de tus cenizas, amigo!

. . . .

Astrocicio

Utilizando las interpretaciones de este libro, mira en qué ámbito Plutón destruye y transforma.

Mi Plutón se encuentra en el signo de_____. Mi generación trae la transformación del siguiente modo:_____

_____

_____.

Mi Plutón está en mi_____ casa. Las áreas en las que experimento una transformación son:_____

_____

_____.

Cuando me expreso en alta vibración en esas áreas: _____
_____
_____.

Cuando me expreso en baja vibración en esas áreas: _____
_____
_____
_____.

Ejercicio: tomar notas en el diario

¿Puedes recordar una época en la que experimentaste una demolición total seguida por una reconstrucción? ¿Cómo fue tu crecimiento personal a partir de ese momento? ¿En qué te gustaría experimentar una transformación en esta etapa de tu vida?

. . . .

Lectura recomendada

The Book of Pluto: Finding Wisdom in Darkness with Astrology, de Steven Forrest.

El Ascendente (signo Ascendente)

En términos técnicos, el Ascendente corresponde al momento en el que el Sol estaba elevándose en el cielo mientras tú nacías. En términos astrológicos, simboliza el rostro que muestras al mundo.

Ten en cuenta que el Sol es tu personalidad esencial, pero el Ascendente indica cómo te ven los demás. Por ejemplo, si tienes el Sol en Escorpio y tu Ascendente es Escorpio, ¡vas a ser un Escorpio en toda regla! Esa energía fluirá través de tus poros.

Sin embargo, si eres un Escorpio con Ascendente en Leo, puedes tener una vena histriónica, lo que significa que no te limitas a entrar en una habitación sin más, sino que lo haces pavoneándote y sacudiendo tu hermosa melena. Por este motivo, la gente podría equivocarse y tomarte por una persona extrovertida. Ciertamente, este podría ser un Ascendente muy bueno para un artista o animador, porque es la combinación perfecta de fogonazo y discreción (Drake[*] tiene al Sol en Escorpio y el Ascendente en Leo).

Considera a tu Ascendente de la siguiente forma: cuál es tu apariencia y de qué manera te presentas ante los demás, tus atributos físicos y tu estilo.

Aries

Alta vibración: tienes una naturaleza vehemente y una personalidad enérgica. No eres el tipo de persona que pasa mucho tiempo quieta; por el contrario, te gusta estar donde hay acción. De hecho, eres el que se ocupa de mantener el balón en movimiento. Tu aura de buscavidas y triunfador te convierte en un líder natural. Agresivo y atento, te mueves de un modo decidido: grandes zancadas, mirada intensa y

---

[*] N. de la T.: Drake es un rapero, compositor, productor discográfico y actor canadiense.

cara de póquer. Es posible que tu piel sea rubicunda y se enrojezca fácilmente; aunque también podría ser supersensible y con tendencia a quemarse fácilmente o sufrir erupciones frecuentes. Acaso tengas un cuerpo atlético y, aunque no lo sea, siempre está en movimiento. Las personas con este Ascendente suelen tener hermosas melenas (recuerda que Aries gobierna la cabeza), pero los hombres a menudo pierden su cabello, especialmente si tienden a ser los típicos Ascendente en Aries que suelen ser exaltados. Te gusta asumir riesgos y marcar tendencias en la moda. Te sientan muy bien los sombreros, y acaso te guste decorar tu cabeza de muy diversas maneras, ¡incluso con un tatuaje!

Baja vibración: eres impaciente y combativo. Te aburres con facilidad y siempre estás pendiente de lo que vas a hacer a continuación, motivo por el cual puedes tener fama de ser poco fiable. Tu temperamento es legendario. Cuando estás enfadado, tiendes a ser impulsivo e imprudente, y algunas veces haces tonterías.

Tauro

Alta vibración: tienes una complexión fuerte y robusta, y una presencia dominante. Eres estable y tranquilo, y te mueves por el mundo con paso lento y suave. La gente se siente a gusto en tu presencia. Todos saben que pueden contar contigo cuando las cosas no van bien. Gobernado por Venus, probablemente eres atractivo y tienes ojos grandes y hermosos, y un cuello muy elegante. También puedes tener buena voz para el canto. Siempre vas muy bien arreglado, pero prefieres la ropa cómoda antes que la que está de moda. Es más probable verte vistiendo un chándal, pero siempre será de buena calidad. Después de todo, te gustan las cosas materiales. Incluso la ropa de andar por casa tiene que ser un poco ostentosa.

Baja vibración: eres una persona posesiva y temperamental. Esta característica de tu personalidad podría llevarte a ser extremadamente celoso, y eso a su vez podría provocar muchos conflictos en tus relaciones sentimentales. Y aunque eres tranquilo por naturaleza, cuando te enojas tu enfado suele durar mucho tiempo. Eres un experto en el tratamiento silencioso.* Tienes que cuidar tu peso corporal. Si te entregas a la buena vida, puedes engordar fácilmente.

Géminis

Alta vibración: eres extrovertido por naturaleza, y puedes hablar prácticamente con cualquier persona sobre cualquier tema. Eres seductor, ingenioso, y rebosas vitalidad, y por este motivo a la gente le encanta estar en tu compañía. Siempre eres el alma de la fiesta, y puedes entretener a los demás durante horas. Tienes una cara expresiva, manos y hombros hermosos, y un cuerpo delgado pero bien proporcionado. Te encanta la moda y puedes tener un guardarropas muy variado. Un día te puedes vestir con unos pantalones amplios y vaporosos con un estilo bohemio chic, y en otra ocasión llevas una camisa de franela, guantes largos hasta el codo, botas de combate y un corte de pelo *pixie*.** Una cosa es segura: nunca eres aburrido. Es fácil encontrarte en una fiesta: eres el que anima al personal, contando historias a todo el mundo mientras mueves tus manos perfectamente arregladas en el aire.

Baja vibración: puedes tener un temperamento cruel, y dedicarte a atacar verbalmente y faltarle el respeto al pobre individuo que ha sido el último en caer en desgracia para ti. Y lo que es realmente escalofriante es que lo haces sin una pizca de empatía. Este comportamiento puede crearte fama de ser una persona fría y calculadora. No es de extrañar que la gente considere que tienes dos caras. Porque las tienes.

---

* N. de la T.: El tratamiento silencioso es una técnica de manipulación que utilizan los psicópatas narcisistas a modo de castigo. Consiste en abstenerse de toda comunicación, y va unido a una actitud fría y distante.

** N. de la T.: *Pixie*, en inglés, significa literalmente 'duendecillo' o 'hada', y hace referencia a un corte de pelo a lo *garçon,* más corto en la nuca y en las sienes, y ligeramente más largo en la parte superior para dar cierto volumen.

Cáncer

Alta vibración: puedes tener una cabeza grande y ojos que parecen dos profundas pozas. Tu cuerpo puede ser suave y redondeado, con un pecho amplio que llama la atención. Ligeramente tímido, necesitas que te saquen de tu caparazón; y tu naturaleza dulce y sensible florece cuando alguien lo consigue. Tus emociones están a flor de piel. No puedes ocultar tus sentimientos. Por eso la gente puede ver lo que te pasa, independientemente de tu esfuerzo por levantar una coraza energética a tu alrededor. Amas la comodidad, y te gusta rodearte de cosas y personas que te hagan sentir como en casa. La familia lo es todo para ti, y a menudo ocupas el lugar de la matriarca o el cuidador. Te gusta la moda, pero puedes ser un poco anticuado. Esto no necesariamente significa que uses ropa pasada de moda, sino que te sientes atraído por todo lo *vintage*. Por ejemplo, un vestido retro con algunas pulseras de baquelita como complemento. Nadie lo lucirá mejor que tú. Tal como les sucede a los que tienen el Ascendente en Tauro, para ti la comodidad es la reina. Si los pantalones son tan ajustados que no puedes respirar, no los comprarás, independientemente de que sean un chollo. Eres sentimental, y te gustan las joyas que tienen un significado personal.

Baja vibración: eres temperamental, y puedes tener fama de gruñón. Es muy fácil disgustarte, y por eso las personas pueden sentir que tienen que caminar sobre huevos si están cerca de ti. Cuando los individuos con Ascendente en Cáncer están de malhumor, pueden volverse perezosos. Y esto, a su vez, puede resultar en un aspecto desaliñado. Una persona que no se cuida a sí misma podría ser un Ascendente en Cáncer echado a perder.

Leo

Alta vibración: hombros grandes, caderas estilizadas, ropa llamativa y una melena que dice «mírame». En resumen, así es el Ascendente en Leo. Este es el Ascendente de las estrellas de *rock*, y si también es el tuyo debes saber que tu naturaleza es fogosa. Tienes mucha confianza en ti, y también un poco de chulería. Tu porte es regio. Cuando entras en una habitación, todo el mundo se vuelve para mirarte. ¡Y tú vives para eso! La extroversión es tu forma habitual de actuar. No eres una persona tranquila, ¡te gusta vivir la vida al máximo! En lo que respecta a la moda, te inclinas por la ropa sexi y colorida. Te gusta vestir bien y acicalarte. Bienvenida sea cualquier excusa para lucir un vestido brillante o un traje de buen corte. Te vistes para impresionar, y quieres usar ropa de la mejor calidad que puedas permitirte. Por momentos puedes ser arrogante; sin embargo, lo haces de un modo irónico. Las personas que tienen Ascendente en Leo inventaron el pavoneo.

Baja vibración: eres muy orgulloso, y esto puede convertirte en una persona un poco susceptible. Te acaloras si alguien hiere tu ego, y puedes reaccionar rápidamente de una manera dramática. El deseo de atención puede provocar que te des aires de importancia o te vistas de forma inapropiada. Debido a tu constante necesidad de ser elogiado, puede llegar a ser una lata tenerte cerca. (Historia real: ¡en cierta ocasión una persona con Ascendente en Leo me escribió para quejarse de que lo que yo escribía acerca de los Leo no era suficientemente halagador!). A medida que cumples años necesitas revisar los caprichos con los que te gratificas para que no te pasen factura. Pero incluso en el caso de que estés ganando un poco de peso, tienes una forma de quitártelo de encima que parece decir: «Soy grande y me hago cargo, no te olvides de eso... ni de mí».

Virgo

Alta vibración: es posible que tengas una mirada ansiosa y preocupada y las uñas mordidas. Eres tenso y nervioso, y podrías ser tan inquieto como para que te resulte difícil no perder peso. Aunque también puede suceder exactamente lo contrario, es decir, una persona que come cuando está nerviosa, y tiene un vientre grande y redondeado. Eres analítico y crítico. Tienes talento para detectar dónde residen los problemas... y para mostrárselos a los demás. Eres reservado, y por este motivo puedes ser considerado un tipo tímido. Pero cuando entras en confianza con alguien, eres una compañía inteligente y divertida, con un humor mordaz. Como eres perfeccionista, tiendes a tenerlo todo limpio y ordenado. Te gusta llevar la ropa perfectamente planchada. Podrías tener rasgos muy delicados, y probablemente pareces más joven de lo que eres.

Baja vibración: eres ansioso, y no eres capaz de relajarte. Esta energía nerviosa consigue crear tensión en la gente que te rodea. Puedes ser quisquilloso hasta el punto de que resulte totalmente imposible complacerte. En ocasiones, tus críticas pueden llegar tan lejos que la gente se harta de intentar vivir a tu altura. Resulta interesante mencionar que, a pesar de que los individuos con Ascendente en Virgo tienden a ser aficionados al orden, he conocido a unos cuantos haraganes desordenados que tenían esta configuración. ¡Alguno de ellos incluso con el síndrome de Diógenes!

Libra

Alta vibración: gobernado por Venus, Libra es considerado el Ascendente más atractivo de todo el Zodíaco. Con huesos delicados y un cuerpo muy bien proporcionado, podrías ser una persona realmente atractiva. E incluso aunque no tengas una belleza tradicional, tienes una forma de ser que hace que todo el mundo crea que eres apasionado. También eres gracioso y educado, un verdadero diplomático que sabe cómo relacionarse con gente de cualquier ambiente social. La creatividad corre por tus venas, y tienes talento para el diseño. Puedes ver a una persona o una habitación por primera vez y saber exactamente qué es lo que se podría hacer para que fuera más atractiva. Tu entorno lo es todo para ti. Debe estar limpio y tener encanto. Por otra parte, no debe haber ningún conflicto porque de lo contrario tu ánimo se ensombrece. Siempre quieres tener el mejor aspecto posible. La moda es importante para ti, y te gusta adornarte con complementos de la mejor calidad. No usas nada que no te siente bien, aunque esté de moda. Los hombres de Libra pueden tender a lo metrosexual, tener buenos hábitos en relación con su cuidado personal y usar trajes de buen corte.

Baja vibración: eres superficial, y solo te importan las apariencias. También puedes ser complaciente, y decirles a los demás lo que quieren escuchar, aunque eso signifique postergar tus propias necesidades. O quizás seas increíblemente egoísta y poco fiable, de esos que conciertan una cita y la cancelan en el último minuto porque les ha surgido alguna otra cosa (por lo general, una cita más interesante). Este es otro Ascendente que puede indicar una tendencia a ganar peso, de manera que si es tu caso, necesitas estar pendiente de tu cintura.

Escorpio

Alta vibración: ¿y ese chico o esa chica con apariencia melancólica y apasionada que está en aquel rincón? Probablemente es alguien que tiene Ascendente en Escorpio. No es fácil tener este Ascendente pero, Señor, ten piedad, ¡no puede ser más sexi! Si este es tu Ascendente, tienes un atractivo sexual puro y original que rezuma a través de tus poros. También eres un poco sombrío, misterioso e intimidante. No es de extrañar que las personas se sientan intrigadas contigo. En lo que respecta a gustos y temperamento, eres capaz de llegar a extremos. En un momento eres todo arte y civismo, y al siguiente estás en un espectáculo erótico o te pones furioso ante un desaire real o imaginado. Eres tremendamente reservado, y probablemente tengas algún secreto que te llevarás a la tumba. Como eres propenso a ocultar tus sentimientos, no son muchas las personas que saben cómo te encuentras, aunque tú sí puedes ver a través de ellas. Es probable que tengas un cuerpo saludable, mirada intensa y cejas fuertes, y tu aspecto sea bastante deslumbrante. Lo que mejor te sienta es ir de negro. Independientemente de que lleves capas y capas de tela para esconder lo que hay debajo o exhibas tu cuerpo sin dejar nada para la imaginación, siempre estás preparado para un encuentro apasionado.

Baja vibración: es difícil llegar a conocerte, y también vivir contigo. Debido a tu capacidad para aislarte, finalmente consigues que la gente se aleje de ti, dejándote solo. Tienes un lado vengativo, y cuando te dejas llevar por él te conviertes en un monstruo desagradable y obsesivo. ¡Y eso no es nada bueno! Las personas que tienen Ascendente en Escorpio pueden ser indulgentes consigo mismas y sufrir obesidad.

Sagitario

Alta vibración: con un aspecto juguetón y las piernas largas, las personas que tienen Ascendente en Sagitario son joviales y atractivas. Si este es tu Ascendente, puedes ser un tipo atlético con un cuerpo delgado, alto y ágil. Rara vez engordas, pero cuando lo haces la grasa tiende a acumularse en el centro de tu cuerpo mientras tus extremidades siguen siendo finas. Eres activo y siempre estás en movimiento. Por ser inquieto, necesitas un cambio de escenario de vez en cuando. Podrías ser un apasionado de los viajes, y tener un pasaporte lleno de sellos. Por lo general, eres fácil de llevar y te encanta la diversión. La honestidad es importante para ti, y por eso siempre expresas tus pensamientos con absoluta sinceridad. Eres extremadamente independiente; lo que más te apetece es ocuparte de tus cosas. Esta regla también se aplica a la moda: te gusta seguir las nuevas tendencias. Sabes cómo destacar; quieres lo *avant-garde*, lo exclusivo, y también te gustan las diferentes culturas, lo bohemio; todo junto. Te gusta probar todas las modas que puedas encontrar, tanto antiguas como modernas. Y una cosa es segura: jamás te parecerás a nadie. Te gustan más los animales que las personas, y puedes tener una o dos mascotas.

Baja vibración: tu sinceridad a veces puede llegar a ser brutal, y con esa actitud podrías herir a las personas que más quieres. También tienes fobia al compromiso, por lo que te resulta difícil asentarte y echar raíces. Dejas detrás de ti una fila de corazones rotos, pero eso no te importa en absoluto. Estás demasiado ocupado siguiendo a un gurú cuestionable o embarcándote en alguna aventura. Tu lado arrogante sale a la superficie cuando te enredas en una discusión. Te sientes como un dios cuando tienes razón... e incluso cuando no la tienes.

Capricornio

Alta vibración: en algunos textos sobre astrología se afirma que este es el Ascendente menos atractivo. Lo siento, pero debo discrepar: los Ascendentes en Capricornio a menudo son extremadamente atractivos, tienen huesos fuertes, rostros fascinantes y mirada penetrante. Es posible que seas un tipo reservado, y eso significa que no te interesa estar bajo los focos. Eso se lo dejas a otros; tú te sientes a gusto cuando estás contigo mismo, ocupándote de tus asuntos. La responsabilidad y la ambición forman parte de tu naturaleza, por lo que no es de extrañar que alcances sorprendentes niveles de éxito muy tempranamente en la vida. Tal vez hayas tenido una infancia difícil que puede haberte causado inseguridad en tu juventud. Pero con el paso de los años, te sientes cada vez mejor y eres más fuerte y resistente, ¡como un buen vino! Eres un gran benefactor, dispuesto a cambiar el orden social a través de la caridad o la política. Podrías ser un excelente político porque te preocupas por el bienestar de la gente. ¡Nadie será mejor que tú para los desvalidos! En lo que respecta a la apariencia, puedes ser un poco más conservador. Tus gustos son clásicos. Si te pones unos pantalones caqui y un jersey sobre los hombros, puedes parecer el modelo de una publicidad de Ralph Lauren.

Baja vibración: tu inseguridad podría causar que evites por completo ser el centro de atención, motivo por el cual puedes perder algunas oportunidades. O tal vez seas un arribista al que solo le interesan la apariencia y el estatus. Por este motivo podrías construir algún tipo de fachada falsa para impresionar a los demás. La ambición de mantener tu nivel de vida podría llevarte hacia una senda materialista.

Acuario

Alta vibración: eres un individuo auténtico. Te mueves a tu propio ritmo, y ese ritmo a menudo es fuera de lo común. No tienes interés en ser como los demás; estás muy satisfecho contigo mismo, ¡muchas gracias! Eres inteligente y tu mente es brillante e intuitiva, y además tienes una sólida capacidad de organización. Puedes ser más listo que los demás. La libertad es fundamental para ti, y eso significa que no siempre eres la mejor pareja. Pero si te dejan suficiente espacio, eres completamente fiel. Tienes mucha facilidad para hacer amigos, que pueden proceder de todo tipo de ambientes culturales y sociales. Conoces perfectamente la música y los espectáculos más recientes, y siempre te las arreglas para que suceda algo apasionante. ¡Es difícil que alguien se aburra cuando tú estás alrededor! Siempre vas a la moda. *Avant-garde*, *hipster, hip-hop*, siempre sabes lo que se lleva y también cómo lucirlo. Tú estableces tus propias tendencias en la moda. Probablemente eres físicamente atractivo aunque, en cierto sentido, de un modo completamente «diferente». Ese modelo con un defecto que de alguna manera se convierte en una marca personal –sí, es probable que se trate de un Ascendente en Acuario–.

Baja vibración: puedes ser demasiado independiente en beneficio propio, y negarte a tener compromisos con algo o alguien, o con un trabajo, demasiado tiempo. O quizás te empeñas en ser raro, porque tienes miedo de ser normal y corriente. También es posible que tengas una naturaleza rebelde y competitiva, que podría expresarse a través de una tendencia a discutir. En el peor de los casos, este Ascendente puede indicar a una persona propensa a la exageración, y no fiable en absoluto.

Piscis

Alta vibración: tienes una mirada lejana y soñadora. Eso se debe a que estás en contacto con el cosmos, un poder superior o algo más grande que tú. Eres supersensible, hiperintuitivo y sumamente creativo, y aunque no seas el tipo más práctico del mundo, eres realmente interesante. Es probable que seas muy atractivo y que tengas un cutis hermoso y radiante, además de un físico muy bien proporcionado. Eres un tipo emocional, de esos que pueden romper a llorar a voluntad. Tus sentimientos se reflejan en tu cara. Las otras personas siempre pueden saber cómo te encuentras, incluso cuando te esfuerzas por ocultarlo. Eres amable y benevolente, y siempre estás dispuesto a ayudar. Todos saben que pueden recurrir a ti cuando las cosas se ponen feas. Te gusta vestirte con ropa holgada y vaporosa. ¡Nada que sea ceñido, por favor! Necesitas espacio para respirar, bailar y revolotear. Te gusta llevar talismanes, amuletos de la suerte y ropa *funky* y *vintage*. **Baja vibración:** eres propenso a la dispersión o a representar el papel de víctima. Esto no es nada bueno para ti. Debes aprender a valerte por ti mismo y afrontar en todo momento la realidad. Tu peso corporal puede ser un problema, y si no tienes cuidado podrías llegar a ser obeso. El alcohol y las drogas son peligrosos para ti, de manera que debes controlar su consumo.

En resumen

El Ascendente, también llamado signo Ascendente, es la imagen que muestras al mundo. Es la forma en que te ven las demás personas.

. . . .

Habilidades astrológicas

Necesitas conocer la hora exacta de tu nacimiento para que tu carta sea precisa. Los grados cambian cada pocos minutos, y los signos ascienden cada dos horas, lo que significa que apenas unos minutos podrían significar un cambio considerable. Si has conocido alguna vez a unos mellizos que no se parecían mucho, comprueba su hora de nacimiento. ¡Podría ser que debido a esos pocos minutos de diferencia entre sus nacimientos tuvieran un Ascendente diferente!

Astrocicio

Escoge a un famoso o famosa que conozcas bien. Intenta adivinar cuál podría ser su Ascendente. Luego mira su carta. ¿Has acertado? Esta es una forma divertida de aprender cómo expresan su signo Ascendente las diferentes personas.

Utilizando las interpretaciones de este libro, piensa en cómo manifiestas tu Ascendente.

Mi Ascendente está en el signo de_____. Me expreso del siguiente modo: _____

_____

_____

_____.

Me visto del siguiente modo:_____

_____

_____

_____.

Cuando expreso mi Ascendente en alta vibración, soy:_____

_____

_____

_____. Cuando expreso mi Ascendente en baja vibración, soy:_____

_____

_____

_____.

Ejercicio: tomar notas en el diario

Si tuvieras que marcar una tendencia de la moda basada en tu Ascendente, ¿cómo sería?

Lectura recomendada

The Rising Sign: Your Astrological Mask [El Ascendente: tu máscara astrológica], de Jeanne Avery.

CUARTA PARTE

Juntar todas las piezas

¡Guau! ¡Qué cantidad de información para tener en cuenta! Toma un trago de agua. Respira profundamente. Si has completado todos los ejercicios hasta aquí, puedes empezar a ver cómo toman forma los patrones. A lo mejor te estás preguntando cómo juntar todas las piezas. Bien, necesitas un sistema, socio. Afortunadamente para ti, tengo tres planetas en Virgo, así que se me da muy bien crear listas y sistemas.

La forma clara y directa de interpretar una carta

Si no tienes demasiado tiempo y quieres hacer una lectura rápida, tengo un método. Esta técnica no te da una comprensión profunda de la carta, debes considerarla como una forma rápida de conocer a alguien. Lo primero que tienes que hacer es mirar dónde está el Sol, porque corresponde a la esencia fundamental de la persona y muestra la forma en que expresa su poder. ¿En qué signo se encuentra? ¿En qué casa? ¿Concuerdan algunas de las características del signo solar, o no?

A continuación, localiza la Luna, que te da la clave de cómo expresa sus sentimientos esa persona y qué es lo que necesita. Mira el signo y la casa donde se encuentra la Luna. ¿Qué te dice esa ubicación sobre sus necesidades emocionales?

¿Cuál es su Ascendente? Esta es la cara que te muestra. ¿Cómo se puede comparar el signo Ascendente con el signo solar?

Busca a Saturno. Este planeta es crucial porque muestra su herida, su punto débil, el sitio en el que no apetece hurgar. Observa en qué signo y en qué casa se aloja Saturno.

Si se trata de una persona que te interesa como posible pareja, comprueba dónde está Venus. ¿En qué casa? ¿En qué signo? Esta ubicación te muestra lo que esa persona necesita en las relaciones sentimentales.

¿Crees que podría haber un enemigo? Busca a Marte. Te muestra cómo lucha ese individuo y a qué se enfrenta o qué tiene en su contra.

Con un poco de práctica, este enfoque solo requerirá unos pocos minutos, al cabo de los cuales tendrás suficiente información para sorprender a la persona en cuestión, o para estar informado... por si acaso.

¿Preparado para profundizar? ¡Vamos a ocuparnos ahora de mi lista de interpretación!

LA LISTA DE INTERPRETACIÓN PROFUNDA

Cuando estés preparado para ordenar los detalles necesitarás un método; de lo contrario, la interpretación astrológica podría parecer una especie de pesadilla. ¡Mis tres planetas en Virgo exigen orden! De hecho, ¡tengo un sistema! Esta lista es la herramienta que he utilizado para profundizar y organizar todas estas cuestiones astrológicas.

- ☑ Estudia la carta. Busca las zonas que están ocupadas. ¿Están los planetas diseminados por toda la carta, o concentrados en una zona? ¿Son algunas casas más grandes que otras? ¿Hay un hemisferio dominante, o están equilibrados? ¿Qué pasa en la cuadrícula de aspectos? ¿Qué es lo que parece destacar?
- ☑ ¿Cuál es el elemento dominante?
- ☑ ¿Cuál es el elemento más débil?
- ☑ ¿Cuál es la cualidad dominante?
- ☑ ¿Cuál es la cualidad más débil?
- ☑ ¿Hay alguna configuración de los aspectos que destaque entre las demás?
- ☑ ¿En qué signo está el Sol? ¿Y en qué casa?
- ☑ ¿En qué signo está la Luna? ¿Y en qué casa?
- ☑ ¿Cuál es el Ascendente? ¿Qué planeta lo gobierna?
- ☑ ¿Qué es el Medio Cielo?
- ☑ ¿Cuántos planetas retrógrados hay?
- ☑ ¿Hay algún planeta en la casa dominante?
- ☑ ¿Hay algún planeta en el signo dominante?
- ☑ Analiza las dignidades. ¿Hay algún planeta en exaltación? ¿En detrimento? ¿En caída?
- ☑ ¿Están los planetas en los ángulos?
- ☑ ¿Hay algún planeta sin aspectos?

☑ Observa los aspectos. ¿Cuál de ellos está en una órbita estrecha? ¿Qué es lo que sobresale? ¿Hay muchas cuadraturas y trígonos? ¿Y qué pasa con las conjunciones? Cuéntalas y comprueba cuál de ellas es dominante.

☑ ¿Merece la pena destacar algo de los aspectos menores?

☑ ¿Hay algún planeta en recepción mutua?

☑ Verifica los asteroides. ¿En qué signo y casas se encuentran?

☑ Observa el signo y la posición de los nodos lunares.

☑ ¿Cuáles son las casas que están más llenas?

☑ ¿Qué casas están vacías?

☑ Observa los signos que están en la cúspide de cada casa.

Revisa toda la lista, y tendrás una visión bastante exhaustiva de la carta astral. Como es evidente, también podrías encontrar otras cosas que habrás de considerar, pero este método te permite hacer una evaluación profunda y te ayuda a interpretar la carta con seguridad.

¡Vamos a probarlo!

UNA INTERPRETACIÓN DE LA CARTA DE DAVID BOWIE

Me gusta decir que David Bowie es mi santo patrón. Os juro que cada vez que me sucede algo significativo, surgen en mi vida presagios de Bowie: canciones que parecen haber surgido de la nada, imágenes suyas que aparecen en mis medios sociales, o me regalan un brazalete con una cita suya. ¡Sí, lo sé, estoy diciendo cosas raras! Pero debo decirlo: ¡Bowie está en mi conciencia! Por eso pensé que sería divertido interpretar su carta (en la página 294) y conocer un poco más de él.

Lo primero que observo es que la mayoría de los planetas se encuentran en el hemisferio superior. Esta posición indica un énfasis en la vida pública. Eso no me sorprende en absoluto. Después de todo, Bowie ciertamente parecía no tener ningún problema para moverse en público.

Venus está cerca del Medio Cielo y la Luna está justamente en la cúspide de la séptima casa. La conjunción de Venus con el Medio Cielo es una ubicación favorable para artistas. También indica mujeres que son una fuente de apoyo profesional o con una atractiva imagen pública (¡en este caso, ambas cosas!). La Luna en la séptima casa muestra que Bowie se implicaba emocionalmente en las relaciones y que fue capaz de disfrutar de una vida familiar feliz. Su matrimonio con la modelo Iman fue estable y duradero. Además, la Luna está en un dulce trígono con su Venus natal, y esto es un aspecto fabuloso para artistas del espectáculo, especialmente cantantes. La Luna está en Leo, lo que añade leña al fuego y parece reforzar la vena artística.

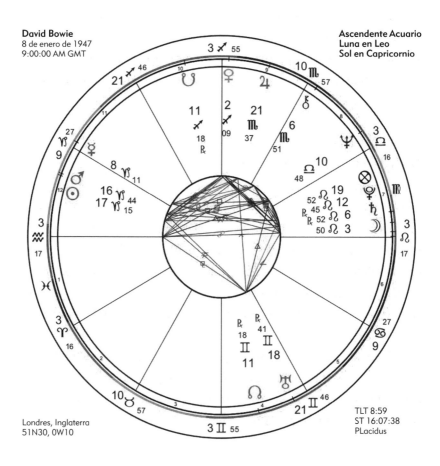

David Bowie
8 de enero de 1947
9:00:00 AM GMT

Ascendente Acuario
Luna en Leo
Sol en Capricornio

Londres, Inglaterra
51N30, 0W10

TLT 8:59
ST 16:07:38
PLacidus

El elemento más fuerte es el fuego, que indica que le gustaba hacer que las cosas funcionaran y que era un gran apasionado con una desbordante creatividad. El modo dominante es fijo, y esto muestra a una persona a la que le gusta construir cosas y podría llegar a ser bastante obstinada cuando alguien intenta presionarla. Como el agua y lo mutable son débiles, la carta corresponde a alguien que puede ser muy disciplinado y no se deja gobernar por las emociones.

El Sol se encuentra en Capricornio, en la duodécima casa, y en conjunción con Marte, que está en exaltación en Capricornio. Esta ubicación indica una personalidad disciplinada y posiblemente también propensa a ser temperamental en la intimidad. Este es un dato interesante porque explica por qué su privacidad era tan importante para él. A pesar de haber sido una figura pública, quiso mantener reservados ciertos aspectos de su vida. El regente de su Sol es Saturno, que se asienta en la séptima casa, y está en recepción mutua con su Sol. Esto habla de una personalidad energética y altamente disciplinada, que tiene la capacidad de comprometerse con el trabajo y las relaciones.

El Sol también está en un sextil favorable en relación con su Júpiter natal, señalando una naturaleza generosa y optimista, y una persona segura de sí misma. Eso también le otorga la capacidad de alcanzar sus metas y expresarse fácilmente. Además, este aspecto es favorable para los viajes, especialmente porque Júpiter está en la novena casa, que es la que gobierna este planeta. Bowie viajó por el mundo como parte de su carrera y parecía sentirse atraído por otras culturas.

Como ya he mencionado, la Luna en la séptima casa muestra que Bowie era emocionalmente intenso en sus relaciones. La Luna también está en Leo, lo que aumenta la importancia del matrimonio y de los amigos íntimos y leales. Este es un emplazamiento sólido para los artistas del espectáculo y aporta buenas relaciones con el público. El regente de la Luna está en la duodécima casa, indicando amor por la privacidad y una necesidad de retirarse de la vida pública de vez en cuando.

Su Ascendente Acuario indica a una persona rompedora que desafía las reglas establecidas. ¡No cabe duda alguna de que Bowie lo hizo! Era un verdadero camaleón que rompió las normas relativas al género y la sexualidad. No tenía ningún interés en parecerse a ninguna otra persona, quería ser él mismo. A Acuario le encanta producir cambios drásticos, y todos estaremos de acuerdo en que Bowie disfrutaba cambiando de aspecto. Urano gobierna a Acuario y se encuentra en la cuarta casa, lo que puede indicar una madre o una educación inusual. También puede apuntar a un hogar original con gustos vanguardistas. Como nunca he estado en su casa, no puedo decir si esto es cierto, ¡pero podemos imaginar lo maravillosa que debía de ser!

También es interesante destacar que Yod apunta directamente a su Urano natal. Esto indica una especie de genio, particularmente en cuanto a la expresión personal. ¡Su misión fue agitar las cosas! No estaba destinado a tener una vida ordinaria. ¡Era un maestro en todo! ¡Rebelde, rebelde, de verdad!

El Medio Cielo de Bowie se encuentra en Sagitario, lo que muestra una carrera que podría implicar viajes, y esa parte está acentuada por la presencia de Júpiter en la novena casa. Sagitario es un buscador de libertad, y muy sincero. Bowie expresaba su verdad a través de su arte. Valoraba la libertad de expresión y la originalidad.

Observa que todos los planetas están en su séptima casa, incluido el Parte de la Fortuna. Las relaciones de Bowie, tanto personales como profesionales, cambiaron su vida. Es allí donde aprendió sus mayores lecciones, y quizás también experimentó una gran suerte. Las relaciones lo fueron todo para él. Solo podemos preguntarnos cómo era colaborar con él. Mirando su carta, yo diría que era muy fiel a su círculo más íntimo de relaciones y probablemente un padre fantástico.

Mercurio se asienta justamente en la cúspide de su duodécima casa, y está en cuadratura con su Neptuno natal en la octava. Aunque este emplazamiento muestra un interés por lo oculto y el misticismo, también es un signo de falta de fiabilidad, distracción y emociones reprimidas. Además, puede indicar evasión mental, y quizás perderse a sí mismo por causa de las adicciones. Afortunadamente, Saturno está formando un sextil con Neptuno, y tiene la capacidad de rescatarlo cuando llega muy lejos en esa dirección.

Esta no es una lectura completa, ya que ocuparía un espacio considerable de este libro, pero nos ofrece un panorama general sobre este artista tan atractivo.

Astrocicio

¡Ahora es tu turno! Utilizando la lista de interpretación, mira tu carta y obsérvala punto por punto. Anota las respuestas en tu diario. Considera las posibilidades para las vibraciones altas y bajas. ¿Cómo estás canalizando la energía? ¿De qué forma estás trabajando con lo positivo o lo negativo? ¿Dónde podrías necesitar trabajar un poco contigo mismo?

☑ Estudia la carta. Busca las zonas que están ocupadas. ¿Están los planetas diseminados por toda la carta, o concentrados en una zona? ¿Son algunas casas más grandes que otras? ¿Hay un hemisferio dominante, o están los dos equilibrados? ¿Qué pasa en la cuadrícula de aspectos? ¿Qué es lo que parece destacar?

☑ ¿Cuál es el elemento dominante?

☑ ¿Cuál es el elemento más débil?

☑ ¿Cuál es la cualidad dominante?

☑ ¿Cuál es la cualidad más débil?

☑ ¿Hay alguna configuración de los aspectos que destaque entre las demás?

☑ ¿En qué signo está el Sol? ¿Y en qué casa?

☑ ¿En qué signo está la Luna? ¿Y en qué casa?

☑ ¿Cuál es el Ascendente? ¿Qué planeta lo gobierna?

☑ ¿Qué es el Medio Cielo?

☑ ¿Cuántos planetas retrógrados hay?

- ☑ ¿Hay algún planeta en el signo dominante?
- ☑ ¿Hay algún planeta en la casa dominante?
- ☑ Analiza las dignidades. ¿Hay algún planeta en exaltación? ¿En detrimento? ¿En caída?
- ☑ ¿Están los planetas en los ángulos?
- ☑ ¿Hay algún planeta sin aspectos?
- ☑ Examina los aspectos. ¿Cuál de ellos está en una órbita estrecha? ¿Qué es lo que sobresale? ¿Hay muchas cuadraturas y trígonos? ¿Y qué pasa con las conjunciones? Cuéntalas y comprueba cuál de ellas es dominante.
- ☑ ¿Merece la pena destacar algo de los aspectos menores?
- ☑ ¿Hay algún planeta en recepción mutua?
- ☑ Verifica los asteroides. ¿En qué signo y casas se encuentran?
- ☑ Observa el signo y la posición de los nodos lunares.
- ☑ ¿Cuáles son las casas que están más llenas?
- ☑ ¿Qué casas están vacías?
- ☑ Observa los signos que están en la cúspide de cada casa.

Lectura recomendada

Chart Interpretation Handbook: Guidelines for Understanding the Essentials of the Birth Chart [Manual de interpretación: Directrices para comprender lo esencial de la carta astral], de Stephen Arroyo.

Un consejo sobre la interpretación

Por favor, ten en cuenta que no hay reglas rápidas y eficaces en lo que se refiere a la interpretación. No quiero parecer insistente, pero cuando vas a analizar una carta astrológica siempre debes tener la mente abierta. La energía no siempre se manifestará de la forma que podrías esperar.

Años atrás tuve un grupo de alumnos de astrología que presumían bastante de sus talentos para la interpretación de las cartas astrales. Al darme cuenta de que estaban empezando a tratar sus consideraciones como el evangelio astrológico, pensé que había llegado la hora de darles una lección.

Entonces saqué las cartas de todos los miembros de mi familia, incluida la mía, retiré los nombres y las repartí entre los alumnos. Luego les pedí que se llevaran a casa la carta que habían escogido y que la próxima semana volvieran con su interpretación de esa carta.

Cuando volvimos a reunirnos a la semana siguiente, cada uno de ellos analizó la carta que le había tocado, y luego compartieron ideas. La persona a la que le había tocado mi carta comenzó diciendo: «No me gusta nada esta mujer. Es una bruja total, y probablemente sea deshonesta». Y continuó profiriendo insultos mientras yo estaba allí sentada con cara de póquer escuchándola con atención. Si bien es verdad que mi carta es complicada, algunas de las cosas que ella decía no eran en absoluto correctas. Eran simplemente presunciones astrológicas, ¡un hábito peligroso en el que puede incurrir hasta el astrólogo más experimentado! Cuando todo el mundo había participado, los alumnos me miraron expectantes. Entonces les dije: «Habéis hecho un trabajo muy decente, pero me aflige saber que no le gusto a Denise». ¡Conmoción general! Todos se quedaron boquiabiertos, y llegamos al quid de la cuestión: independientemente de cómo puedan presentarse los elementos en una carta, o de lo que la persona que interpreta la carta sienta en relación con un aspecto, planeta o signo en particular, todo puede ser bastante diferente en la vida real. Mis alumnos aprendieron una importante regla fundamental: cuando interpretes una carta debes mantener tu mente abierta. Esa persona horrorosa que tiene la Luna en Escorpio, con todos esos espantosos aspectos y cuadraturas, en realidad podría ser genial.

¡Ah!, me gustaría dejar claro que Denise y yo seguimos siendo muy buenas amigas.

Autoridad de los tránsitos

Conocer tu carta natal te otorga el poder de maximizar tu pleno potencial. Comprender cómo trabajar con los tránsitos planetarios te da la capacidad de elegir el momento más oportuno para actuar. En esta sección nos ocuparemos de los tránsitos de los planetas y de cómo potenciarlos en beneficio propio.

¿QUÉ ES UN TRÁNSITO?

Un tránsito planetario se refiere a lo que está sucediendo en el cosmos a lo largo de un día determinado. Mira los tránsitos, y podrás comprender de qué forma podrían estar afectando a tu carta. Esta información te puede dar una clave sobre qué energía está activa y cómo gestionarla.

Conocer dónde se encuentran los planetas actuales y futuros en tu carta te permite planificar tu futuro. La astrología no es una ciencia exacta; sin embargo, puede darte una idea de cuál es la energía que está en juego, y su forma de manifestarse puede ser diferente a lo que tú presumes.

Por ejemplo, un tránsito considerado afortunado, como es el retorno de Júpiter, quizás no te ayude a ganar la lotería pero acaso podrías descubrir que la vida fluye sin demasiados problemas. O este podría ser un año en el que sufres un accidente de coche, pero no te haces ni un solo rasguño. En otras palabras, te deslizas maravillosamente bien por la vida, incluso aunque tengas que afrontar algunas complicaciones.

Como ya he mencionado en otra parte del libro, hace un tiempo un amigo astrólogo miró mi carta y me dijo: «¡Oh, Dios!... ¿Saturno estará en la segunda casa durante los próximos años? Al parecer corres el riesgo de arruinarte». Yo no había pensado nada de eso porque sabía que Saturno es muy exigente y severo, pero te recompensa con sistemas de organización. Yo me había planteado el objetivo específico de saldar mi hipoteca cuanto antes. No es necesario decir que atravesé ese tránsito sin ningún conflicto y que los planes implementados me llevaron directamente hacia la meta que me había propuesto.

Así es como trabajas con el cielo: observas qué es lo que está pasando, o qué podría llegar a pasar, y luego actúas en consecuencia. Sucede lo mismo que con el clima. Cuando sabes que va a llover, llevas contigo un paraguas. De esta forma estarás preparado aunque el meteorólogo se haya equivocado. Pero si no tienes la menor idea del tiempo que va a hacer, podrías salir a la calle en chanclas y pantalones cortos, y quedar calado hasta los huesos. Por este motivo me encanta estudiar los tránsitos: ¡me gusta estar preparada para la acción!

El consejo para los tránsitos es mantener la mente abierta y, al mismo tiempo, estar muy atento. En última instancia, independientemente de lo que esté sucediendo en el cielo hoy, o más allá de hoy, tienes la opción de trabajar con la energía de forma positiva o negativa.

DETERMINAR LOS TRÁNSITOS

Para determinar los tránsitos, toma primero tu efemérides y tu carta natal. Elige una fecha. A continuación, mira en qué signos y grados se encuentran los planetas en esa fecha. Márcalos en los bordes de tu carta astrológica. Ahora puedes ver dónde están los planetas y qué aspectos podrían estar formando con tus planetas natales.

Empieza por analizar la posición de un planeta. ¿En qué signo se encuentra? ¿En qué grado? Ahora, mira a través de qué casa de tu carta natal está pasando. Debes encontrar la cúspide de la casa con el signo zodiacal.

Vamos a suponer que Saturno está a 15° de Sagitario. Tú tienes a Sagitario en la cúspide de tu séptima casa, en el grado 5. Por lo tanto, Saturno debería estar atravesando tu séptima casa. Esta ubicación podría indicar una época en la que las relaciones requieren un montón de trabajo o un enfoque serio. El tránsito de Saturno por la séptima casa también podría significar que sería bueno que asumieras más responsabilidad en las relaciones. Por ejemplo, te casas con una persona que tiene hijos, con lo cual de inmediato te conviertes en un padrastro. ¡BUM! Familia instantánea. Genial, ¿verdad?

También debes observar la forma en que el planeta en tránsito interactúa con los planetas de tu carta natal. En otras palabras, ¿está el planeta en tránsito formando un aspecto con un planeta de tu carta natal? Para utilizar nuestro ejemplo de Saturno, diremos que si está en cuadratura con tu Marte natal en la cuarta casa, esta posición podría indicar muchas peleas en el hogar. Si, en cambio, Saturno forma un sextil dulce con Venus en tu quinta casa, esa configuración podría sugerir la llegada de un bebé. ¿Comprendes ahora cómo funcionan las cosas?

Determinar los tránsitos puede parecer algo complicado, pero con un poco de práctica te resultará muy sencillo.

Si no quieres hacer esto de forma manual, ¡eres afortunado! ¡Existe un *software* de astrología que puede hacerlo por ti! Solamente tienes que introducir las fechas de los tránsitos, y obtendrás una carta de tránsitos que te resultará muy útil. Los tránsitos están en la parte externa de la carta, mientras que la carta natal se encuentra en el centro. El *software* también puede mostrarte qué aspectos están marcando los planetas en tránsito en tu carta natal, y así puedes ahorrarte todos los cálculos matemáticos.

Vamos a tomar una carta como ejemplo.

Si observas que todos los planetas se encuentran alrededor de la parte exterior de la carta, podrás ver lo que está sucediendo en la vida de esa persona en el momento en que se formuló la carta. Por ejemplo, puedes ver que Júpiter y Saturno se encuentran en la cuarta casa, y en conjunción con el Sol natal y Venus. Esta ubicación indica que la persona en cuestión puede tener suerte con asuntos inmobiliarios durante este periodo de tiempo. Es probable que esté por comprar una casa con la idea de revenderla a un precio más alto (¡eso es precisamente lo que yo le aconsejaría!). O tal vez esté ampliando su familia de alguna manera.

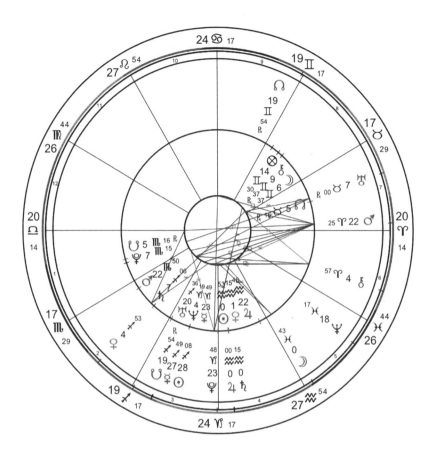

Determinar los tránsitos no es tan difícil una vez que comprendes cómo funciona. De hecho, ¡es divertido ver lo que el cosmos está ofreciendo!

Nota: Yo valoro el *software* de astrología; sin embargo, soy de la vieja escuela y prefiero determinar a mano los tránsitos y los aspectos. Hay algo en el proceso que me resulta muy satisfactorio. Sí, lo sé, ¡esto es muy propio de Virgo! Ahora vamos a ocuparnos de mi práctica y sencilla guía de tránsitos.

Tránsitos en curso: descripciones breves y concisas de los tránsitos

Cuando un planeta en tránsito atraviesa una casa, las cosas empiezan a ponerse en movimiento. Como los planetas siempre están desplazándose a través del cielo, puedes estar seguro de que algún aspecto de tu carta astrológica recibirá un poco de acción.

Algunos tránsitos se producen rápidamente, de modo que el efecto quizás no sea tan significativo como el de otros que tienen un movimiento más lento. Por ejemplo, la Luna cambia de signo cada dos días, lo que significa que los cambios ocurren con frecuencia, y pueden no ser tan evidentes como un tránsito de Saturno, que permanece en su sitio alrededor de dos años y medio.

Aunque no deberías subestimar el impacto que puede tener un planeta de movimiento rápido, los lentos planetas exteriores tienen el potencial de crear una influencia más poderosa en tu vida.

EL SOL

El tránsito del Sol dura aproximadamente un mes. El Sol pone el foco sobre los asuntos relacionados con el hogar. Considéralo como un rayo de luz que instala un potente punto focal en la zona a la que llega.

Primera casa: todos los ojos están pendientes de ti, incluso los tuyos. ¿Te gusta lo que ves? Si no te gusta, ¿cuáles son los cambios que deberías hacer? Tienes el mayor poder que nunca para expresarte. Destaca, siéntete orgulloso y no dudes en ocupar el primer lugar.

Segunda casa: los ingresos podrían mejorar durante este tránsito. Acaso llegue a tu vida una oportunidad que te va a dar más poder económico. Haz un balance de tu situación y organiza tus recursos. Gasta un poco de dinero en algo que te haga feliz.

Tercera casa: ahora puedes expresar tus grandes ideas. Comunícate con confianza y seguridad. Asume la función de la autoridad en tu campo de acción. Las actividades con tus hermanos o vecinos, y también los viajes cortos, podrían ser muy placenteros.

Cuarta casa: asume el mando en casa. Organiza algunos cambios en el hogar o la familia. La vida familiar podría ser emocionante y dinámica. Este es un momento fantástico para trabajar las miserias de tu familia de origen. La vida familiar podría girar de alguna manera en torno a ti.

Quinta casa: el Sol en la quinta casa ofrece oportunidades para el placer, especialmente en el ámbito del amor. También podría aumentar la actividad sexual. Otra posibilidad es que se produzcan embarazos o nacimientos. Tu agenda puede estar llena de juegos y actividades deportivas. Si trabajas con niños, ahora es el momento de brillar.

Sexta casa: en el trabajo puedes asumir el rol del jefe. Toma el mando. Supervisa a los demás. El trabajo te traerá momentos placenteros y una posible promoción. Expresa tus ideas; podrían superar a las de tu jefe. Ahora tu salud es muy buena: este es también un periodo excelente para iniciar dietas sanas.

Séptima casa: en esta etapa las relaciones son dinámicas. Tu capacidad de atracción está amplificada. Consigues más atención de los demás. En este momento también existe la posibilidad de una boda. Presta atención a la competitividad en el trabajo. Exprésate a través de los medios y las relaciones públicas. Es probable que tengas en mente actividades legales.

Octava casa: el foco se encuentra en temas de impuestos, herencias, finanzas conjuntas y asuntos comerciales. Quizás necesites tomar decisiones cruciales en alguno de estos ámbitos. Podrías tener mejores ingresos, o encontrar formas más efectivas para gestionar lo que tienes. Hay un incremento de la actividad sexual; el ambiente se acalora en el dormitorio.

Novena casa: este es un periodo favorable para viajar, ingresar en una universidad, estudiar o disfrutar de actividades culturales. Amplía tus horizontes conociendo mundo. Sal de viaje por motivos religiosos o educativos. Ve a algún sitio cálido.

Décima casa: las ambiciones dan sus frutos y llega el reconocimiento. Tu posición social asciende a la de superestrella. Es posible que te hagas famoso. Es hora de salir a saludar, te has ganado el aplauso. Esta es una época muy activa para el liderazgo: asume el mando en el trabajo. Las figuras de autoridad están de tu lado y te ayudarán a alcanzar sus objetivos.

Undécima casa: reúnete con tus amigos y comparte buenos momentos con ellos. La vida social es muy activa en este periodo, tienes muchas invitaciones y reuniones. ¡Y tú eres el alma de la fiesta! Las actividades grupales ocupan tu tiempo. Podrían pedirte que lideres un grupo. Los amigos te demostrarán que son muy valiosos.

Duodécima casa: pasa algún tiempo retirado del mundo. Concéntrate en tu vida privada o en una actividad que sea «alto secreto». El trabajo se realiza entre bambalinas. Puedes ocuparte de tus asuntos personales de forma reservada. Controla tus hábitos para no cometer excesos. Los juegos de azar, al alcohol o las drogas podrían ocasionarte pérdidas.

LA LUNA

Los tránsitos de la Luna duran solamente dos días. La Luna produce un efecto emocional en cualquier ubicación. También puede simbolizar un cambio. La Luna Nueva puede mostrar en qué ámbito está sucediendo algo nuevo, mientras que la Luna Llena señala un cierre o conclusión.

Primera casa: cambia tu aspecto. Renueva tu vestuario. Sal de compras. Córtate el pelo. Si percibes que estás más sensible de lo normal, sé amable contigo mismo.

Segunda casa: el dinero puede fluctuar en este periodo de tiempo. Viene y va, de modo que debes estar atento. Es posible que incurras en gastos innecesarios debido a tu estado de ánimo. Si estás deprimido, guarda tu tarjeta de crédito.

Tercera casa: la comunicación es emocional. Expresa tus sentimientos. Las emociones podrían teñir tus pensamientos y hacerte perder objetividad. Los viajes cortos podrían ser muy placenteros y aliviar tus emociones negativas. Es un buen momento para entablar una correspondencia personal y profesional.

Cuarta casa: la vida familiar está emocionalmente cargada. Todo el mundo quiere expresar sus sentimientos. Las preocupaciones vinculadas al hogar y a la seguridad ocupan tu mente. Es posible que busques la comodidad de manera muy activa. Este es un momento adecuado para poner la casa en orden. Se intensifican las obligaciones maternales y domésticas. Comparte un poco de tu tiempo con tu madre.

Quinta casa: la vida sentimental provoca una respuesta emocional, que puede ser positiva o negativa dependiendo de las circunstancias. Es posible que se produzca un embarazo. Se deben atender las necesidades sexuales. Este es un tránsito fabuloso para asuntos relacionados con los niños o la creatividad. La especulación financiera es impredecible. Si te gustan los juegos de azar, debes tener precaución.

Sexta casa: es posible que estés obsesionado con las tareas domésticas o las obligaciones laborales. La eficacia y el orden pueden ser muy necesarios en este momento. Busca la forma de mejorar tu entorno laboral u hogareño. Tus colegas se muestran afectuosos. En algunos casos, las emociones pueden afectar a la salud.

Séptima casa: las relaciones suscitan una respuesta emocional. Comunica lo que sientes a tus seres queridos. Este tránsito puede traer intimidad, pero si está mal aspectado también puede implicar tragedias. Es posible que se produzcan discusiones relativas al dinero.

Octava casa: las finanzas conjuntas o el sexo pueden desencadenar emociones, algunas positivas y otras negativas. Quizás tengas que gestionar la herencia o el patrimonio de uno de tus seres queridos. Esta es una época de intensas habilidades psíquicas. Presta atención a tu intuición, puede estar acertada en asuntos vinculados con el dinero.

Novena casa: este podría ser un buen periodo para hacer un viaje al extranjero. O tal vez podrías recibir una visita de personas queridas que viven lejos de ti. Es posible que se produzcan cambios en asuntos vinculados a la educación. En este período, las experiencias espirituales podrían afectarte a nivel emocional.

Décima casa: podrías estar preocupado por cómo te ven los demás. Es posible que te expongas públicamente. El reconocimiento por tus logros te hace sentir feliz. Los aspectos estresantes relacionados con la Luna podrían indicar también un episodio de publicidad desfavorable.

Undécima casa: las experiencias grupales compartidas crean vínculos afectivos. Puedes entablar amistad con mujeres o unirte a asociaciones u organizaciones centradas en los intereses femeninos. Es un buen momento para establecer una red de contactos con el fin de favorecer tu carrera. Los amigos pueden dejarse caer por tu casa.

Duodécima casa: la intuición está potenciada. Comprendes las cosas rápidamente. Emergen del subconsciente respuestas emocionales.

Dedica un poco de tiempo a enfocarte en la vida espiritual o en el crecimiento interior. No seas exigente contigo mismo. Descansa.

MERCURIO

Los tránsitos de Mercurio pueden durar unas pocas semanas, o tal vez más tiempo si el movimiento está retrógrado. El sitio donde se ubica Mercurio indica en qué eres reflexivo, comunicativo y analítico.

Primera casa: esta posición marca una época locuaz. Puedes expresarte con toda claridad, decir las cosas tal como son. Las personas saben perfectamente a qué atenerse contigo porque conocen tus puntos de vista. ¡Utiliza tu voz para influir en tu entorno!

Segunda casa: quizás estés pensando más de lo habitual en tu dinero y tus posesiones. Si algo te preocupa, manifiéstalo. Busca nuevas formas de mejorar tu situación. El dinero puede llegar a través de las ideas, la comunicación o la tecnología.

Tercera casa: estás en tu mejor momento: curioso, ingenioso y con capacidad para transmitir tus ideas con claridad. Si de alguna manera estás relacionado con la escritura, la enseñanza, las conferencias o los medios, podrías alcanzar el éxito. Tu cerebro es activo. Puedes hacer planes para el futuro. Piensa a lo grande.

Cuarta casa: hay mucha comunicación con la familia. Si existe algún conflicto, una conversación puede resolver el problema. Expresa lo que sientes. En el hogar hay una gran actividad, con mucho ir y venir.

Quinta casa: el placer llega de la mano de la literatura, las películas, el teatro o los intereses intelectuales. En esta época es más fácil hablar el lenguaje del amor. Podría surgir una nueva relación a través de vecinos y hermanos. Hay mucha actividad social en torno a los hijos y los hermanos.

Sexta casa: nuevas ideas podrían mejorar el ambiente laboral. Comunica tus ideas y opiniones a tu jefe o a tus compañeros de trabajo. Puede haber un gran flujo de comunicación asociada a cuestiones laborales a través de correos electrónicos y llamadas telefónicas. Aprende nuevas técnicas o habilidades con el fin de mejorar tu desempeño en el trabajo. Podrías pensar en la salud más de lo que sueles hacerlo, y esta podría ser una época excelente para ocuparte de mejorarla.

Séptima casa: aumenta la comunicación con compañeros de trabajo, con socios y con el público en general. Es un buen momento para las relaciones públicas. También lo es para resolver cualquier tipo de conflictos en las relaciones. Expresa tus ideas y sentimientos. Habla desde el corazón, y además escucha con atención lo que la otra parte quiere comunicarte.

Octava casa: aumentan las discusiones en torno a finanzas conjuntas, impuestos, seguros, herencias y negocios corporativos. La intuición está potenciada. Puede haber interés en comunicarse con los muertos. La curiosidad por la vida después de la muerte es muy común durante este tránsito. Puedes recurrir al sexteo* o tener charlas sobre sexo.

Novena casa: es un periodo excelente para la educación superior. El interés por culturas o filosofías extranjeras puede despertar el deseo de estudiar. Esta es una época muy favorable para solicitar una plaza en la universidad. También lo es para escribir, publicar o hacer viajes rápidos.

Décima casa: a lo largo de este período puedes ganarte el respeto del público gracias a tus palabras. Es un buen momento para hablar en público, a través de los medios, y para cualquier actividad asociada con las relaciones públicas. Dedícate a promocionar tu trabajo para

---

* N. de la T.: Sexteo es un término que se refiere al envío de mensajes sexuales, eróticos o pornográficos, por medio de teléfonos móviles.

que la gente sepa a qué te dedicas. El poder de la persuasión es una de tus cualidades. Utilízala sabiamente. Si existen aspectos estresantes en relación con Mercurio, tus palabras podrían volverse en tu contra y atormentarte.

Undécima casa: hay una mayor actividad social, muchas invitaciones y muchas cosas que vienen y van. Ve a las discotecas, asiste a reuniones y disfruta de eventos junto con tus amigos. Esta es una época fantástica para establecer una red de contactos. ¡Hazte conocer por los peces gordos!

Duodécima casa: algunos secretos podrían ser revelados. Podrías estar al tanto de información relevante o estar trabajando en un proyecto detrás de los bastidores. Desarrolla tu intuición a través de la meditación y las prácticas espirituales. Es posible que se produzca una comunicación con hospitales o instituciones.

VENUS

Los tránsitos de Venus duran escasas semanas, pero pueden llegar a prolongarse en el caso de los retrógrados. Venus muestra a quién y cómo amas, de qué forma te estás conectando con los demás y qué papel juegan el lujo o las mujeres en tu mundo.

Primera casa: este tránsito confiere belleza y encanto. Mímate. Adorna tu cuerpo con ropa y joyas bonitas. En esta época se te ve más elegante. La gente te considera una persona apasionada y vehemente. Tú también te sientes sexi.

Segunda casa: este es un momento maravilloso para atraer dinero. Puedes tenerlo de sobra, así que puedes gastarlo en algo ligeramente ostentoso. ¡Anímate a permitirte un capricho! El dinero puede llegar a través de esfuerzos artísticos o trabajando con mujeres. Algunas personas adineradas podrían convertirse en tus benefactores.

Tercera casa: en este período puedes hablar fluidamente el lenguaje de *l'amour*.* Deja que tu boca se llene de palabras amorosas. La amabilidad y el tacto crean buenas relaciones con el público, y consiguen que esta época sea favorable para actividades promocionales. También es posible que las relaciones con hermanos y vecinos sean armoniosas.

Cuarta casa: el hogar podría ser un centro de actividades creativas, románticas o sociales. Este también podría ser un excelente período para poner bonito tu nido. Decóralo, mantenlo limpio, arregla las cosas y compra algunos artículos de lujo. Las relaciones con los padres deberían ser armoniosas.

Quinta casa: ¿estás deseando enamorarte? ¡Es posible que en este periodo tengas suerte! En este tránsito hay muchas oportunidades de encuentros amorosos o sexuales. También es una buena época para los artistas y animadores. Los negocios relacionados con las artes podrían estar en auge. La especulación podría procurarte ganancias. Si este tránsito está mal aspectado, podría indicar una excesiva autoindulgencia y pérdidas por apuestas o juegos de azar. Los niños nacidos durante este tránsito suelen ser físicamente bellos.

Sexta casa: las relaciones en el trabajo deberían ser positivas durante esta etapa. Mejores condiciones laborales generan un ambiente armonioso. Pueden surgir actividades sociales relacionadas con el trabajo, y también algún romance en la oficina.

Séptima casa: las relaciones sentimentales disfrutan de una carga extra de amor. Es un momento ideal para potenciar tu relación romántica. Mima a tu pareja. Comparte vino y cenas con ella. Haz un movimiento. Pídele matrimonio. Cásate. Todo tipo de asociaciones son

---

* N. de la T.: en francés en el original.

agradables durante este tránsito. En tu vida pública subes de estatus social, y llegas a ser mucho más respetado.

Octava casa: en este periodo eres capaz de gestionar adecuadamente finanzas conjuntas, impuestos y herencias. La vida social te ofrece oportunidades para hacer negocios. La vida sexual y la amorosa se combinan de la mejor forma posible. Abundan las tentaciones. Para algunas personas, esta etapa podría significar promiscuidad.

Novena casa: las oportunidades sociales o sentimentales llegan de lejos o a través de instituciones pedagógicas o espirituales. Este tránsito podría significar viajes románticos. La devoción a la vida espiritual produce armonía. Los estudios progresan. Puedes desarrollar interés por el arte religioso.

Décima casa: ¡en este momento el público te adora! Podrías recibir elogios y ser venerado. Tu reputación mejora, de modo que puedes obtener lo máximo en el terreno de las relaciones públicas. Podrían surgir oportunidades sociales, sentimentales y empresariales a través de tu profesión o de relaciones con mujeres. Las asociaciones formadas durante este tránsito benefician tu carrera. La ambición por el estatus podría llevarte a utilizar a la gente en beneficio propio. No te conviertas en un trepador social que se olvida de los amigos durante su ascenso.

Undécima casa: es una época excelente para las actividades sociales. En este momento los amigos son muy útiles. Tu vida social podría abrirte la puerta a una oportunidad romántica. Las actividades grupales pueden girar en torno a intereses artísticos.

Duodécima casa: hay una gran dosis de empatía y compasión. Sientes lo que significa estar en la piel de otra persona. Se ha despertado tu conocimiento intuitivo, y también tu lado artístico. Ahora podrían comenzar romances secretos.

MARTE

Marte se queda en una casa durante escasas semanas, aunque puede permanecer más tiempo si la acción es retrógrada. Este planeta añade combustible para cohetes a la casa en la que se ubica. Muestra cómo o dónde estás utilizando tu energía, así como también dónde podría manifestarse la agresividad.

Primera casa: puedes parecer agresivo y ambicioso. La gente te admira o te teme. Tienes mucha energía, y no puedes quedarte quieto. ¡Ahora puedes iniciar un nuevo movimiento!

Segunda casa: eres ambicioso con el dinero, y estás dispuesto a trabajar duro para conseguirlo. También puedes estar preparado para iniciar cambios que podrían tener un impacto positivo en tu economía. Es posible que surjan conflictos. Ten cuidado con las peleas por el dinero.

Tercera casa: la comunicación es asertiva. Ahora puedes manifestar tus puntos de vista. Tu pensamiento tiene un lado competitivo, y te da la capacidad de moverte de prisa. Es posible que te interesen las noticias sobre deportes, negocios y política. La comunicación con hermanos y vecinos podría ser brusca y dar lugar a conflictos. Ten cuidado con la agresividad al volante.

Cuarta casa: tu casa es un foco de actividad física. Todo el mundo está en movimiento. Si estás pensando en iniciar algunos proyectos para mejorar tu hogar, este es un buen período. Es posible que se produzcan accidentes en casa. Si Marte forma aspectos negativos, es probable que haya discusiones familiares que podrían llegar a ser violentas.

Quinta casa: este tránsito intensifica la energía sexual en las relaciones sentimentales. Tienes intensos deseos sexuales, y ya estás preparado para hacer algo al respecto. La tensión sexual o los celos pueden provocar discusiones. Los tipos sexualmente agresivos pueden actuar de forma inadecuada. Los deportes y la actividad física pueden ser una manera de descargar tensiones. Es posible que los niños tengan mucha energía y te resulte difícil controlarlos.

Sexta casa: en el trabajo tienes muchísima energía, lo que significa que tu productividad está en aumento. Durante este tránsito puedes hacer una gran cantidad de cosas. La actividad física puede desempeñar un papel en el trabajo. O quizás estés preparado para iniciar una nueva rutina de ejercicios. Si Marte está sujeto a aspectos estresantes, surgirán discusiones con los compañeros de trabajo.

Séptima casa: una conducta agresiva hacia las personas, o por el contrario de las personas hacia ti, podría generar problemas con los límites. Si quieres tener relaciones armoniosas, debes estar atento. Busca formas de cooperar. La colaboración suele ofrecer los mejores resultados. La precipitación en el amor podría conducir a una boda o a un divorcio apresurado. Si Marte forma aspectos agobiantes, podrías tener que afrontar juicios o pleitos.

Octava casa: puede haber mucha actividad relacionada con finanzas conjuntas, negocios o bienes de personas fallecidas. Es necesario que te ocupes de asuntos de dinero. El sexo se torna ardiente e intenso. Existe la posibilidad de que se produzcan romances secretos ilícitos. Las luchas por testamentos o impuestos podrían dar lugar a litigios.

Novena casa: durante este período eres muy hábil para promocionar tus ideas. Sin embargo, debes tener cuidado para que eso no te lleve al fanatismo. Quizás quieras compartir tus ideales espirituales y políticos, pero si no eres precavido podrías abrir la puerta a conflictos, especialmente si eres demasiado agresivo. Podrías viajar más si participas en actividades comerciales con países extranjeros.

Décima casa: tu ambición está acrecentada. Estás preparado para trepar por la escalera corporativa hasta lo más alto, y a una velocidad de vértigo. Si te interesa la política, este período podría indicar un ascenso meteórico. Durante este tránsito puedes iniciar nuevos negocios o proyectos. Las discusiones se hacen públicas y podrían provocar una caída en desgracia. Si estás intentando controlar al público, la reacción podría ser rápida.

Undécima casa: una gran cantidad de energía está orientada hacia la vida social, y es muy probable que tengas una agenda social muy ajetreada. También podrías participar en actividades físicas con tus amigos. Presta atención a tus compañías. Si Marte forma aspectos negativos, tus amigos podrían enredarte en situaciones peligrosas.

Duodécima casa: si quieres evitar los conflictos, ve de incógnito. Si mantienes a buen recaudo tus asuntos más secretos, mantendrás tu trabajo a salvo. Enemigos ocultos podrían causarte problemas. También podría ser que fueras tú mismo la causa de tu propia ruina debido a una conducta imprudente. Pregúntate: «¿Cuál es mi motivación?». Y deja que esa respuesta te guíe para poder tomar mejores decisiones.

JÚPITER

Júpiter permanece en una casa alrededor de un año. El sitio donde está ubicado indica en qué ámbitos serás expansivo y tendrás fortuna durante ese año.

Primera casa: tu disposición es alegre y positiva, lo que podría traerte buena fortuna. Las malas noticias son que cuando Júpiter atraviesa la primera casa suele indicar un aumento de peso. ¡Ten cuidado para que esos dónuts con los que te deleitas para celebrar algo no te pasen factura!

Segunda casa: este año te bendecirá con oportunidades financieras. Tienes más suerte de lo habitual, y puedes atraer ingresos más significativos. Asume algunos riesgos, y verás aumentar tus ganancias. Recibirás recompensas por haber trabajado duramente en el pasado. Demasiado optimismo o generosidad podría acarrearte problemas. Presta mucha atención para no despilfarrar dinero.

Tercera casa: en este momento tienes una actitud positiva. ¡Todo sale a pedir de boca! Ahora resulta más fácil ver el lado positivo de la vida y de las personas. Esta es una etapa excelente para la educación, los viajes y también las relaciones con hermanos y vecinos. El futuro parece ser tan brillante ¡que podrías tener que bajar las persianas!

Cuarta casa: las relaciones con la familia son estupendas. Todo el mundo se lleva bien. También tienes suerte en el sector inmobiliario. Si estás comprando, vendiendo o renovando una propiedad, las cosas deberían ir muy bien. Es un buen momento para ampliar tu hogar y tu familia. Mejora la economía en el hogar.

Quinta casa: aumentan las oportunidades para las relaciones sentimentales. Si estás soltero, es un año fabuloso para unirte a otra persona. Quizás tengas que elegir entre varias candidatas posibles. La creatividad está potenciada. Si estás relacionado con el mundo del arte, puedes recibir reconocimientos. Este también es un periodo excelente para concebir un hijo.

Sexta casa: el trabajo mejora. En esta etapa surgen oportunidades para progresar en tu trabajo o para conseguir uno nuevo. Los compañeros de la oficina se muestran amables y colaboradores. Tu salud general es buena. Sin embargo, si no tienes cuidado puedes aumentar algunos kilos así que presta atención a tus caprichos.

Séptima casa: las asociaciones comerciales y personales están en buena forma. Puedes esperar que en tus relaciones actuales impere la armonía. O también puede suceder que quieras atraer mejores opciones sentimentales y laborales. Las relaciones públicas favorables podrían suponer un éxito en tu carrera. Si trabajas en cuestiones legales, las cosas podrían estar girando a tu favor.

Octava casa: la intuición está amplificada. Aparecen beneficios a través de finanzas conjuntas, impuestos, herencias y negocios corporativos. Aumentan las oportunidades para los encuentros sexuales. Si en este momento los estás buscando, ¡estás de suerte!

Novena casa: este es un periodo excelente para viajar. ¡Sal a conocer el mundo y llega tan lejos como sea posible! Amplía tus horizontes. Es una etapa muy favorable para la educación, la filosofía o el desarrollo espiritual. Abre tu mente, aprende cosas nuevas, expande tu conciencia.

Décima casa: tu carrera está en ascenso y llegan los reconocimientos. Puedes llegar hasta donde te lo propongas. Tus ambiciones te traerán recompensas. Algunas figuras de autoridad se sienten impresionadas contigo. Si trabajas con el público, es probable que alcances la fama. ¡Eres grande!

Undécima casa: puedes esperar beneficios a través de tus amigos y tu círculo social. Tu red de contactos podría ofrecerte nuevas oportunidades. Amplía tu vida social saliendo con más frecuencia. Busca grupos de personas que sean afines a ti. Puedes alcanzar tus metas. Establece tus intenciones, y confía en que el universo te respaldará.

Duodécima casa: la introspección trae buenos resultados. Mira en tu interior. Busca el camino espiritual. Dedica tiempo a la meditación o acude a lugares de retiro. La soledad es una buena ayuda en el proceso de sanación. Una sensación de seguridad te acompaña en todos los ámbitos de tu vida. En un sentido, tu ángel guardián está cuidando de ti.

SATURNO

El tránsito de Saturno dura alrededor de tres años. Como este planeta es un maestro muy severo, tendrás que trabajar y crear proyectos para las áreas que gobierna esta casa.

Primera casa: una nueva madurez parece permitir el paso de la luz. Durante los últimos años has crecido mucho, y ya estás preparado para compartir tus conocimientos y experiencia con el mundo. A lo largo de este tránsito podrías adelgazar o ponerte en forma. Presta mucha atención a las crisis de melancolía.

Segunda casa: es un buen momento para gestionar tu negocio. Establece planes sólidos para saldar tus deudas. Paga tus facturas. Organiza tu dinero y ocúpate de ahorrar más y gastar menos. En esta época podría haber menos abundancia de dinero, de manera que es necesario recurrir a la disciplina. Si te comportas como si fueras pobre, este tránsito podría intensificar esa conducta o darte el coraje para terminar de una vez por todas con ese pensamiento dañino.

Tercera casa: ser aplicado en los estudios te reportará buenos resultados. Clava los codos en tu escritorio y ponte a estudiar. A lo largo de este tránsito la mente tiende a ser conservadora y cauta. Te muestras menos propenso a asumir riesgos. Presta mucha atención a la comunicación y ten cuidado al firmar contratos. Más adelante, tus palabras podrían retornar a tu mente para hostigarte.

Cuarta casa: es posible que estés asumiendo demasiadas responsabilidades en casa. Por ejemplo, podrías tener que ocuparte de cuidar a los mayores. O tal vez te compres una casa que necesita mucho trabajo. Encara proyectos para renovar tu hogar. Compra una propiedad. Profundiza en tu historia personal para sanar los conflictos de tu familia de origen. Ocúpate de resolver los problemas que tienes con tu madre.

Quinta casa: los niños podrían ser una carga durante este tránsito. Es probable que tengas que ocuparte de cuidarlos, o quizás sean niños difíciles que necesitan nuevos límites. Las relaciones sentimentales podrían escasear, o podrías entregarte finalmente a una relación actual. Los artistas podrían encontrar la disciplina necesaria para crear grandes obras durante esta etapa.

Sexta casa: aumentan las exigencias en el trabajo. Debes esperar que te asignen más responsabilidades. Es posible que tengas que trabajar más horas o que tengas que compensar lo que hacen tus compañeros de trabajo. Necesitas poner a punto las dietas para la salud. Ten cuidado para no agobiarte debido al exceso de trabajo. El estrés laboral podría ocasionar problemas de salud.

Séptima casa: en este momento todo el mundo depende de ti. Cabe esperar que tengas mayores responsabilidades en las relaciones, tanto sentimentales como comerciales. Este período puede ser útil para establecer relaciones profesionales o para una boda. Algunas veces este tránsito puede querer decir exactamente lo contrario: que no hay relaciones amorosas adecuadas ni una motivación para casarse.

Octava casa: ten cuidado con los impuestos y las finanzas conjuntas. Gestiónalos con cuidado. Asume un enfoque conservador si deseas evitar problemas. Quizás te soliciten que te ocupes de gestionar los bienes de una persona fallecida. Para algunos, este tránsito puede indicar interés por el ocultismo y la mediumnidad. Las perspectivas sexuales pueden ser un poco escasas.

Novena casa: esta es una buena época para dedicarse seriamente a los estudios. Si estás pensando en volver a estudiar, este es el momento correcto. En este período es posible que te intereses por la historia, la religión, el derecho, la filosofía o los temas culturales. El trabajo académico puede ser intenso. Podrían surgir problemas durante los viajes. También es posible que tengas conflictos con las personas que te rodean debido a tus ideas. Presta atención a las tendencias hipócritas o a la estrechez de mente.

Décima casa: este período es excelente para tu carrera. Ahora puedes llegar a lo más alto. Es posible que recibas reconocimiento o una promoción. El trabajo duro realizado en el pasado te recompensa ahora que ya sabes cómo captar la atención. Asume la función de líder, postúlate para un cargo, recoge las recompensas. Si Saturno forma aspectos difíciles durante este tránsito, puede traer una caída en desgracia.

Undécima casa: los amigos pueden depender en gran medida de ti durante este periodo. Una mayor responsabilidad en las actividades grupales podría resultarte una carga. Aunque tienes capacidad para conducir a tu equipo hacia la victoria, el proceso no será fácil. Se pueden alcanzar muchas metas, pero es necesario trabajar muy duro.

Duodécima casa: dedica parte de tu tiempo a trabajar contigo mismo. ¿Qué parte de ti estás preparado para dejar ir? ¿Qué crees que deberías cambiar? Deja que lo viejo se marche, para que la nueva versión de ti pueda desarrollarse. El interés por la meditación o los asuntos místicos puede servirte de guía. No hay mejor momento que este para empezar una terapia. Estás dentro del capullo, preparándote para una metamorfosis.

URANO

Los tránsitos de Urano son lentos, y por lo general duran alrededor de siete años. Urano trae conmoción y libertad. Puede crear inestabilidad o mostrar en qué tienes potencial para la innovación.

Primera casa: permítete ser todo lo raro y original que te apetezca. Tíñete el pelo, cambia tu aspecto, ¡reinvéntate! Traspasa los límites. *Rebélate.* Siéntete libre para ser *tú mismo* sin complejos. Tu vida puede verse alterada pero, en algún sentido, esto podría liberarte. Llegarás al final de este tránsito siendo una persona nueva y libre.

Segunda casa: la economía puede ser imprevisible. Cabe esperar sorpresas, algunas buenas y otras no tanto. Nada es estable. Podrías ganar o perder una fortuna súbitamente. Es posible que ganes dinero debido a ideas geniales o actividades empresariales. Podrías conseguir libertad económica cuando estés en tu mejor momento.

Tercera casa: te encuentras en la zona de los genios. Las ideas son innovadoras, rebeldes, totalmente originales. Es posible alcanzar objetivos intelectuales. En las relaciones con hermanos o vecinos pueden surgir cambios inesperados. Llegan como caídas del cielo oportunidades para hacer un viaje repentino. Tal vez sientas interés por la tecnología, la astrología o el ocultismo. Este tránsito también podría producir inquietud mental e ideas descabelladas.

Cuarta casa: los asuntos del hogar pueden ser inusuales durante esta etapa. O quizás te mudes de repente. También es posible que comiences a hacer mejoras en la casa. Pásalo bien con la decoración. Llena tu casa de artefactos. Renueva tu refugio. Es probable que la familia te dé más libertad. Tu hogar podría ser un sitio donde se reúnen los amigos.

Quinta casa: este tránsito indica originalidad e innovación en el arte. También puede aportar romances excitantes o poco habituales. Puedes conocer a alguien a través de tus amigos, o tal vez uno de tus amigos podría convertirse en tu pareja. Ten cuidado con la especulación financiera, porque las inversiones podrían ser rentables al principio y luego ruinosas. Podría producirse un embarazo inesperado.

Sexta casa: tienes iniciativas innovadoras en el trabajo. Nuevas ideas aportan eficacia o avances tecnológicos. Los amigos pueden ser de gran ayuda en tu profesión. Los trabajos pueden ir y venir repentinamente.

En algunos casos, la situación laboral puede ser inestable. Durante este tránsito también es posible que surjan ideas extrañas sobre la salud y la dieta.

Séptima casa: a este tránsito a veces se lo denomina el tránsito del «divorcio»; sin embargo, no siempre indica una separación. Se trata de un periodo de libertad en las relaciones. Es posible que necesites tu espacio. O también puede suceder que tengas parejas un poco excéntricas. Las relaciones antiguas pueden acabar repentinamente, y aparecer otras nuevas. Si quieres tu libertad, búscala por todos los medios posibles en vez de dedicarte a destruir todas las relaciones que se cruzan en tu camino.

Octava casa: es probable que se produzcan cambios en finanzas conjuntas, pensiones alimenticias, herencias o impuestos. En ocasiones esto puede suceder para bien, y en otras no. Podría ocurrir que un amigo o socio sufriera una muerte inesperada. La intuición está amplificada. La vida sexual puede verse alterada. ¡O quizás surjan oportunidades para dar rienda suelta a tus perversiones!

Novena casa: las creencias espirituales o religiones poco habituales pueden despertar tu interés. Podrías vivir nuevas e interesantes experiencias en centros de educación superior. Quizás surjan oportunidades para hacer viajes repentinos a países extranjeros que pueden ampliar tu mundo de un modo emocionante.

Décima casa: tu profesión podría dar un giro inesperado. Pueden surgir buenas oportunidades en el trabajo. O también podría suceder que perdieras súbitamente tu cargo actual. Los políticos podrían tener un rápido ascenso seguido de una crisis repentina. Los amigos podrían ser una gran ayuda para alcanzar objetivos profesionales. Sin embargo, si Urano está sometido a aspectos negativos, los amigos pueden ser una fuente de conflicto.

Undécima casa: tu vida social es muy variada y está llena de novedades. Nuevos amigos pueden llegar a tu vida y los antiguos pueden alejarse. En tu círculo social hay gente interesante. Las redes de contactos facilitan que se alcancen los objetivos deseados. Comienza a desarrollarse una actitud humanitaria. Estás más interesado en participar en grupos que en hacer del mundo un lugar mejor.

Duodécima casa: esta es una fase muy intuitiva. Las facultades de clarividencia están potenciadas. La meditación y las prácticas espirituales reportan grandes beneficios. Es posible que tengas actividades secretas con amigos. Puedes desarrollar interés por la terapia, el misticismo, la vida después de la muerte y la reencarnación. Ten cuidado con los «eneamigos» o con los enemigos secretos que planifican tu caída. Este tránsito puede producir un confinamiento en prisiones, hospitales o instituciones.

NEPTUNO

Neptuno puede pasar hasta catorce años en una casa. Como es el planeta de la ilusión, puede traer confusión. Es probable que se pongan a prueba los límites y la fe. Neptuno genera cambios pero, a diferencia de Urano, esos cambios no son drásticos sino más sutiles. Este planeta puede dar lugar a una nueva perspectiva, ideas innovadoras o creatividad en los asuntos gobernados por la casa que atraviesa. Neptuno no llegará a transitar por todas las casas de tu carta a lo largo de tu vida.

Primera casa: durante este período puedes parecer soñador o místico. Algunas personas pueden tener problemas para comprenderte o para ver quién eres en realidad. Por momentos, podrías perder tu conexión a tierra. Debes centrarte, pero al mismo tiempo no tener miedo de explorar otros espacios.

Segunda casa: Neptuno podría traer una comprensión espiritual sobre el dinero —o ilusiones—. Podrías descubrir que el dinero no lo es todo. O también puede suceder que actúes de forma descuidada e irresponsable con tu economía. Debes mantener la mano firme con tu dinero. Evita los planes para hacerte rico rápidamente. Deja que tus valores se encarguen de poner la economía en su sitio.

Tercera casa: este es un periodo creativo e intuitivo. La mente está receptiva, y podrías experimentar comunicaciones telepáticas. La imaginación está estimulada, y puedes tener percepciones o ideas geniales. Es posible que se produzcan viajes cortos. Las conexiones con los hermanos podrían ser confusas en algún sentido. El deseo de evadirse puede desembocar en una huida de los problemas. También puedes tener la tentación de distorsionar la verdad.

Cuarta casa: la vida hogareña se convierte en un lugar para el descanso y el recogimiento. Tal vez te dediques a decorar tu hogar de forma muy imaginativa. La familia podría ser una carga, o la comunicación podría ser confusa y poco fiable. Uno de tus seres queridos puede verse envuelto en circunstancias misteriosas. También podría suceder que un miembro de tu familia estuviera luchando contra una adicción.

Quinta casa: las relaciones amorosas pueden ser elusivas o confusas. Puedes tener problemas para aceptar a tu pareja tal como es y, en cambio, verla a través de unas gafas de color rosa. Te dedicas a soñar en vez de ver la realidad. Algunas fantasías románticas pueden convertirse en realidad; por ejemplo, podrías sentir amor a primera vista. La expresión creativa se encuentra potenciada. Si Neptuno está sometido a aspectos estresantes, podría indicar un embarazo no deseado o pérdidas causadas por inversiones arriesgadas.

Sexta casa: la sanación espiritual, como puede ser el reiki, podría ser beneficiosa en este periodo. Puede resultar difícil diagnosticar enfermedades, o estas pueden ser de origen psicosomático. El trabajo podría servirte como evasión. Es posible que te sientas atraído por una ocupación relacionada con la psicología, la religión, el misticismo, el arte, o la sanación. A lo largo de este tránsito debes evitar el consumo excesivo de alcohol o drogas. En este tránsito también puede haber inestabilidad en el trabajo o períodos de desempleo.

Séptima casa: tienes intuición para las relaciones afectivas, y eres capaz de percibir lo que les sucede a otras personas. La empatía es más fuerte en esta etapa, y esto puede dar lugar a una mayor intimidad o a problemas con los límites. Algunas veces este tránsito puede indicar codependencia o la incapacidad de ver la verdadera cara de tu pareja. En el peor de los casos, también puede implicar engaños en relaciones o asociaciones importantes.

Octava casa: este es un período superpsíquico, que podría estar marcado por el interés en la reencarnación. Las intuiciones relativas al dinero podrían ser muy acertadas. Este tránsito además puede indicar engaños en asuntos vinculados con finanzas conjuntas, pensiones alimenticias, herencias o impuestos. Si estás esperando que te paguen dinero en efectivo, debes estar atento para evitar que te estafen.

Novena casa: este es un momento excelente para investigar filosofías y creencias místicas. Es posible que te intereses por países extranjeros o sistemas de creencias de otras culturas. Los viajes largos o la búsqueda espiritual podrían ampliar tus puntos de vista. Aventúrate en la búsqueda de la revelación. Persigue la verdad. Ten cuidado con los cultos o los gurús, porque podrías llegar a desilusionarte.

Décima casa: es posible tener una imagen pública glamurosa, lo que significa que este tránsito es especialmente bueno para artistas y actores, y también para aquellos cuyos trabajos están relacionados con temas místicos. La intuición podría guiar tu carrera. Es posible que alcances la fama, pero también el descrédito. Podría salir a la luz un secreto que podría ser la causa de un escándalo.

Undécima casa: tus amigos pueden ser intuitivos, creativos o glamurosos. Relacionarte con artistas podría ampliar tu mundo. Este es un buen periodo para el trabajo humanitario. Podría resultarte satisfactorio trabajar con organizaciones solidarias. También es posible que te sientas atraído por grupos o cultos místicos. Los amigos pueden ser falsos y no fiables. Los alcohólicos o adictos a las drogas pueden ser una mala influencia durante este tránsito.

Duodécima casa: debes tomarte un periodo sabático y retirarte del mundo para centrarte en tu desarrollo interior. Es una época maravillosa para la introspección y la meditación. Puedes sentirte obligado a ayudar de algún modo a los oprimidos. Esto podría llevarte a trabajar en organizaciones benéficas u hospitales. Ten mucho cuidado con la tentación de evadirte a través de las drogas o el alcohol, podrían ser tu ruina.

PLUTÓN

Los tránsitos de Plutón son los más largos. A menudo tarda entre catorce y treinta años para atravesar un solo signo. Plutón muestra dónde se está produciendo una transformación descomunal. Este planeta derrumbará todo lo que hay para que tú puedas reconstruirlo. Y una vez que el fuego se apaga, las cosas quedan en mejor estado que como las encontró. Tal como sucede con Neptuno, Plutón no transitará todas las casas a lo largo de tu vida.

Primera casa: estás a punto de experimentar una renovación a gran escala. Vas a deshacerte de las antiguas partes de tu ser, del mismo modo que una serpiente abandona su piel entre los arbustos. Un nuevo yo está deseando manifestarse. Debes estar preparado para desprenderte de todo lo que ya no te sirve.

Segunda casa: la economía sufrirá una lenta revolución. Es posible que haya pérdidas, pero también grandes ganancias. Puedes sentir la tentación de deshacerte de todas tus posesiones. Cuando este tránsito finalice, tendrás una relación completamente nueva con el dinero.

Tercera casa: tu actitud y tus puntos de vista experimentarán una transformación. Tu vieja manera de pensar es descartada a medida que emerge un nuevo modo de pensar. Es posible que se produzcan cambios significativos en las relaciones con tus hermanos. Podrías llegar a apartarte de ellos o, por el contrario, mejorar una relación que se había malogrado. Surge un interés intelectual por el ocultismo o la ciencia. Ten cuidado a la hora de firmar contratos durante este periodo. Y además, no conduzcas como un loco.

Cuarta casa: pueden producirse grandes cambios en el hogar o la familia. Es posible que decidas mudarte o que tu casa resulte destruida de alguna manera. Podría morir uno de tus padres, o quizás podrías decidir acabar con la relación que tienes con ellos. Tal vez estés interesado en revisar y transformar las viejas historias de tu familia de origen. Renueva tu hogar o las relaciones con tus familiares.

Quinta casa: la vida sentimental y sexual está potenciada. Las relaciones podrían transformar sustancialmente tu vida. Es posible que experimentes celos en el terreno sexual. La inspiración artística se manifiesta de manera inteligente. En este período es interesante tener en cuenta las inversiones, pero debes tener cuidado porque podrías experimentar pérdidas por causa de la especulación.

Sexta casa: es posible que te involucres en actividades de industrias científicas o transformadoras. Tu ocupación acaso requiera que actúes en secreto. Las luchas de poder con tus compañeros de trabajo podrían acarrear conflictos o pérdidas. La salud puede necesitar un proceso de sanación prolongado.

Séptima casa: las relaciones personales y profesionales pueden sufrir un cambio considerable. Abandonar viejas relaciones puede favorecer que aparezcan otras nuevas. Las luchas de poder con socios o parejas podrían causar el fin de la relación. ¿Quién logra imponerse? Este tránsito también podría indicar celos en el terreno sexual o posesividad en un matrimonio.

Octava casa: las experiencias sexuales son más intensas. Pueden aparecer nuevas parejas sexuales. O tal vez estés experimentando preferencias sexuales que son tabú. Las facultades intuitivas están potenciadas. Los bienes de personas fallecidas, las finanzas compartidas, las herencias y los impuestos podrían experimentar una transformación. En algunos casos, esto podría indicar intrigas corporativas o relaciones con malhechores.

Novena casa: podrías tener el deseo de reformar la educación o la religión. En este caso, correrías el riesgo de enredarte en algunas luchas de poder. Este tránsito provoca un gran interés por las experiencias religiosas, culturales o filosóficas. Es posible utilizar el aprendizaje en beneficio propio. A lo largo de este periodo podrías tener un buen rendimiento en los estudios. Es un buen momento para iniciar estudios superiores o hacer viajes largos. También es posible que surjan ideas fanáticas.

Décima casa: el deseo de poder podría conducirte al éxito profesional, especialmente en política. Puedes triunfar, pero debes tener mucho cuidado con la crueldad. A lo largo del camino podrías enfrentarte con algún enemigo secreto, y esto a su vez producir luchas de poder en el futuro que podrían ocasionar un revés de la fortuna. La ambición está potenciada. Encontrarás gente poderosa dispuesta a ayudarte a triunfar.

Undécima casa: podrían llegar a tu vida amigos fuertes y enérgicos, que pueden ayudarte a alcanzar tus metas y objetivos. Tu interés por las organizaciones místicas o secretas puede provocar que te involucres más en ese tipo de asuntos. Algunas antiguas relaciones de amistad se acaban, y aparecen nuevos amigos. Los grupos revolucionarios pueden despertar tu interés.

Duodécima casa: este es un período idóneo para realizar un profundo e intenso trabajo espiritual. Hurga en tu subconsciente para sanar viejos patrones. Deja atrás el pasado. Investiga lo oculto. Es posible que se produzcan citas sexuales clandestinas. Ten cuidado con los enemigos secretos. Este tránsito también puede indicar encarcelamiento o reclusión en alguna institución.

Estas minidescripciones apenas rozan la superficie. Recuerda que todavía necesitas analizar los aspectos que se forman entre los planetas en tránsito y tu carta natal, para tener una idea completa de lo que puede suceder.

· ·

Lecturas recomendadas

Si quieres hacer interpretaciones más exhaustivas de los tránsitos, te recomiendo especialmente los siguientes libros:

Planets in Transit [Planetas en tránsito], de Robert Hand.
Astrological Transits [Tránsitos astrológicos], de April Elliot Kent.
Predictive Astrology [Asrología predictiva], de Frances Sakoian y Louis S. Acker.

¡Cómo aprovechar los retrógrados en vez de luchar contra ellos!

Tal vez hayas oído hablar del grande y negativo Mercurio retrógrado. Es el único retrógrado del que todo el mundo parece hablar (¡y al que todos parecen culpar de sus problemas!). Debes saber una cosa: todos los planetas, excepto la Luna y el Sol, estarán retrógrados en diversos momentos del año. ¡En algunas ocasiones tienes un montón de ellos ralentizando su paso al mismo tiempo! Cuando eso sucede, todos sentimos que estamos en cierta medida fuera de juego.

Ya he mencionado qué significan los planetas retrógrados en una carta natal. En esta sección hablaremos de cómo puedes navegar por los tránsitos retrógrados, con el fin de moverte con la energía del cosmos en vez de luchar contra ella. ¡Porque nadar a contracorriente es muuuuy agotador!

CÓMO DOMESTICAR A ESOS RETRÓGRADOS

Mercurio retrógrado: Mercurio está retrógrado alrededor de tres veces al año. Cada período puede durar aproximadamente unas tres semanas, aunque puedes sentir su energía una semana antes. A este periodo previo se lo conoce como el «periodo sombra», y a menudo es peor que el propio retrógrado.

Cuando Mercurio está retrógrado, los problemas con la comunicación, la tecnología y los viajes son la norma. Esto puede crear caos y confusión, pero no necesariamente tiene que ser un desastre. Lo que tienes que hacer es lo siguiente: antes de que Mercurio esté retrógrado, haz copias de seguridad de todos tus trabajos en todos tus dispositivos. (¡Aprendí esta dura lección cuando mi manuscrito de sesenta mil palabras desapareció por causa de Mercurio retrógrado!). Si entra dentro de tus posibilidades, programa los viajes o reuniones esenciales en torno a este periodo. Cuando Mercurio está retrógrado, debes seguir las siguientes reglas: retrasa los viajes, presta atención a tus palabras, no firmes contratos, abstente de comprar nueva tecnología o vehículos y baja el ritmo de actividad. Si puedes evitarlo, no inicies un nuevo negocio mientras Mercurio esté retrógrado. Añade las letras *re* a todo lo que hagas: rehacer, repensar, relajarte, renovar. Comprendes lo que quiero decir, ¿verdad?

Venus retrógrado: Venus está retrógrado aproximadamente cada dos años, y permanece alrededor de seis semanas en la ubicación a la que ha llegado. Durante este período las relaciones se tornan abiertamente vibrantes. Una antigua pareja puede volver a aparecer en escena, comportarse como si nada hubiera sucedido y pedirte una nueva oportunidad. Si durante este período surgiera una nueva relación, podría disolverse sin ninguna razón aparente. A lo largo de esta etapa será mejor evitar una boda, así como también firmar cualquier tipo de contrato legal. Este tampoco es un buen momento para someterse a una intervención de cirugía plástica. Posterga ese *lifting* que estaba programado hasta que haya pasado este periodo. En los negocios, los clientes pueden ser extravagantes, muy exigentes o poco razonables. Dicho esto, cabe señalar que es una etapa excelente para cobrar deudas y organizar tu economía.

Marte retrógrado: el aguerrido Marte está retrógrado aproximadamente cada dos años, y permanece en esa ubicación alrededor de dos meses. Este periodo no es adecuado para enredarte en una pelea: cualquiera que sea la parte que inicie el conflicto lo perderá. Es mejor controlar tu rabia al máximo y evitar la agresividad, la tuya y la de los demás. No inicies un nuevo negocio ni cambies de trabajo si puedes evitarlo. Una empresa que se funda cuando Marte está retrógrado suele fracasar. Además, es aconsejable que suspendas una operación quirúrgica que no es urgente hasta que pase este tránsito.

Los planetas exteriores se tornan retrógrados una vez al año durante aproximadamente seis meses. A diferencia de Mercurio, Venus, y Marte, sus efectos no se perciben a menos que formen aspectos directos con los planetas de tu carta natal.

Júpiter retrógrado: invierte tu energía en aprender cosas nuevas. Apúntate a una clase, solicita una plaza en la universidad o asiste a un cursillo *online*. Si te has estado planteando leer todos esos libros que hay en tu biblioteca, hazlo ahora. Puedes emprender un viaje, aunque se trate de un viaje espiritual. Evita los juegos de azar, las compras compulsivas y ampliar tu negocio. Revisa tu panorama general para el futuro y adáptalo según sea necesario. Una vez que este tránsito finalice, aprovecha lo que has aprendido y consigue que tu destino sea tan grande como lo deseas.

Saturno retrógrado: analiza profundamente las estructuras que soportan tu vida. ¿Son sólidas? ¿Tienen sentido tus planes? Plantéate la necesidad de reforzar esas estructuras y planes, y ajústalos si ya no coinciden con la perspectiva general a la que tú aspiras. Si has hecho el vago en algún área de tu vida, este es el momento correcto para volver a comprometerte con tus objetivos y retornar a la acción. Saturno retrógrado nos recuerda que nunca es demasiado tarde para hacer las cosas bien.

Urano retrógrado: ¿en qué ámbito de tu vida necesitas dar un giro radical? Esa es la pregunta que debemos hacernos cuando Urano está retrógrado. Si has estado firmemente apoltronado en tu zona de confort, este es el momento de rebelarte un poco. ¡Haz un acto de fe! Este es también un periodo fabuloso para revisar tu círculo de amigos: ¿quién se queda y quién se va? ¿Hay algunas viejas amistades con las que has perdido contacto? Sé un buen amigo y envíales un mensaje.

Neptuno retrógrado: retírate del mundo durante unos días. Inicia un viaje espiritual. Si puedes, considera esta fase como un período sabático. Dirige tu mirada al interior y reflexiona. Vuelve a hacer una terapia. A lo largo de esta etapa evita tomar grandes decisiones, porque quizás no seas capaz de ver las cosas con claridad. Ten cuidado para no mirar la vida a través de unas gafas de color rosa u otras que estén manchadas. Antes de pasar a la acción, espera hasta tener una idea clara de lo que realmente está sucediendo. Neptuno retrógrado a menudo ayuda a disipar la niebla para que puedas ver hacia dónde dirigirte (¡o en qué situaciones estás escondiendo tu cabeza en la arena!).

Plutón retrógrado: abandona la necesidad de controlar y cambia de actitud practicando la confianza en el universo... y en los demás. Reflexiona sobre la función que desempeña el poder en tu vida y también cómo lo gestionas. No hay mejor momento para la propia transformación. Si necesitas deshacerte de hábitos, adicciones o pensamientos negativos, estás en tu salsa cuando Plutón está retrógrado.

· ·

Astrocicio

Toma tu efemérides. Busca la fecha de hoy. ¿Hay algún planeta qué actualmente esté retrógrado? Si la respuesta es afirmativa, ¿en qué parte de tu carta natal se encuentra? Haz una lista de las cosas que podrías querer hacer a lo largo de este tránsito.

Tres grandes retornos a los que hay que estar atento

A unque siempre hay que estar pendiente de los tránsitos planetarios, yo presto especial atención a tres grandes tránsitos: el retorno de Júpiter, el retorno de Saturno y el retorno de Quirón. Estos tres tránsitos muestran el potencial para una mayor expansión, nuevas lecciones y sanación. Esto significa que te vendrá bien estar pendiente de estos chicos malos del Zodíaco para poder trabajar con ellos de la mejor manera posible.

Un retorno se produce cuando el planeta en tránsito entra en el mismo signo que el de tu carta natal. Por ejemplo, si tu Júpiter natal está en Tauro, tendrás tu retorno de Júpiter cuando este planeta vuelva a transitar por Tauro.

Si bien los retornos del Sol, la Luna, Mercurio, Venus y Marte son significativos, en esta sección voy a hablar de los que son mis favoritos. Aquí encontrarás todo lo que necesitas saber sobre cada uno de ellos.

RETORNO DE JÚPITER

Cuando Júpiter se ubica en tu Júpiter natal, marca un año de oportunidades. En este momento todo parece posible. Fluye la abundancia, y eres más afortunado de lo habitual. La vida parece maravillosa, y la expansión es posible. E incluso si experimentas alguna dificultad, la dama fortuna parece llegar justo en el momento en que más la necesites. A lo largo de este tránsito también será más probable estar en el lugar correcto en el momento oportuno.

Y lo más importante, ahora tienes la oportunidad de llevar la vida que deseas. Define tus intenciones al comienzo de este ciclo, y confía en que el universo te respaldará. Porque siempre lo hace.

La noche de las elecciones de 2016, Donald Trump estaba en medio de su retorno de Júpiter. Por este motivo yo era muy escéptica frente a la posibilidad de que ganara Hilary Clinton, a pesar de que las urnas parecían favorecerla. En aquel momento mencioné que aquella noche él tenía «estrellas afortunadas», y que no deberíamos subestimarlo. Y efectivamente ganó. (Si quieres postularte para presidente, ¡este es el mejor tránsito para tener éxito en la política!).

Este tránsito se produce una vez cada dos años, porque Júpiter tarda mucho tiempo en volver a circular por la carta.

RETORNO DE SATURNO

El periodo en el que Saturno se alinea con tu Saturno natal es conocido como el retorno de Saturno. Este tránsito llega cada veintisiete años, y puede suceder tres veces a lo largo de tu vida. ¡Pero si empezamos a vivir más tiempo, quizás algunos de nosotros podríamos experimentar un cuarto retorno de Saturno!

En resumen, el retorno de Saturno indica un tiempo de tu vida en el que necesitas hacer balance y corregir el rumbo si te has apartado del camino. En otras palabras, es tu señal cósmica para enderezar el rumbo y retomar la senda correcta. Y aunque cada retorno de Saturno implica una lección similar sobre la necesidad de asumir las responsabilidades personales, hay temas específicos para cada uno de ellos.

El primer retorno de Saturno representa la conclusión oficial de tu infancia y el tránsito hacia el estado adulto. Aquí se trata de asumir la plena responsabilidad de tu vida, incluidas las equivocaciones. Si te encuentras un poco perdido, este es el reinicio oficial. Para muchas personas, el primer retorno de Saturno es la etapa en la que se toman la vida seriamente. Eligen una carrera, se casan, tienen un hijo, vuelven a estudiar, dejan de ir de fiesta, etc. En otras palabras, crecen y comienzan a tener una vida responsable. Esto ocurre alrededor de los veintisiete a treinta años.

El segundo retorno de Saturno sucede en torno a los cincuenta y seis o cincuenta y siete años, e indica la transición hacia la condición de persona mayor con sabiduría. Es hora de pasar la antorcha. Guía, aconseja, enseña y comparte tu experiencia de un modo significativo. Siéntete satisfecho con tu edad. Si sientes nostalgia de la juventud, te sentirás mal. Por lo tanto, ¡ama lo que eres! Reconoce lo lejos que has llegado. Este tránsito marca la cúspide de tu carrera. Puedes alcanzar la posición más alta o recibir reconocimiento por tus contribuciones. Asume tu poder, haz una reverencia y celebra tus logros. Para algunas personas este período puede ser difícil. Si no has vivido de manera auténtica, el segundo retorno de Saturno puede traer divorcios, enfermedades o despidos en el trabajo. Esto podría servir como una llamada para despertar, un recordatorio de que todavía hay tiempo para hacer las cosas bien.

El retorno final de Saturno aparece entre las edades de ochenta y seis y noventa años. Indica la época en la que debes prepararte para el «gran viaje». A lo largo de este tránsito no te tomes la vida tan seriamente. Ríete todo lo que puedas. Disfruta de cada momento. Si la salud te lo permite, haz todo lo que ha quedado pendiente en tu lista de «cosas que quiero hacer antes de morir». Escribe tu historia. Aprende cosas nuevas. Perdona, olvida y déjate fluir. Pero, por encima de todo, agradece el regalo de la vida y no des ninguna importancia a lo que piensan los demás. Te has ganado tu lugar en el mundo, y no necesitas nada más que ser tú mismo. (Psst... Si uno de tus seres queridos está celebrando su tercer retorno de Saturno, entrevístalo y haz un vídeo. Yo hice eso con mi padre, y a él le encantó la idea. Ahora que se ha marchado, conservamos una pequeña parte de él para siempre).

RETORNO DE QUIRÓN

El retorno de Quirón se produce alrededor de los cuarenta y nueve a cincuenta y un años, y permanece en el sitio al que llegó aproximadamente dos años. A lo largo de este período, tienes una oportunidad para curar viejas heridas. Revisa las áreas de tu vida que necesitan sanación. Ahora es el momento de comprenderte a ti mismo, y a tus propios problemas, con mayor profundidad. Durante este tránsito es posible que te sientas solo, de manera que busca la compañía de otras personas. Mientras trabajas en tu propia sanación, comienzas a aprender cómo utilizar tus lecciones para ayudar a otros. Esta es una etapa profundamente espiritual para aquellos que hacen introspección y se dedican a trabajar consigo mismos. Las heridas del pasado pueden repararse y de ellas puede nacer la compasión para servir a los demás.

En resumen

Aunque también experimentarás otros retornos, los de Júpiter, Saturno y Quirón ofrecen oportunidades de crecimiento, aprendizaje, sanación y expansión. Este es el sitio perfecto para que los astrólogos principiantes comiencen a trabajar.

. . . .

Astrocicio

Abre tu efemérides y busca la fecha de hoy. ¿Te encuentras actualmente en medio de uno de estos tránsitos? ¿Cómo lo estás gestionando? ¿Cuál podría ser la mejor manera de descubrir y aprovechar los beneficios del retorno?

Haz magia con la Luna

e crie en una familia de granjeros. En ocasiones me tro-
pezaba con una copia del almanaque del granjero que estaba junto a las espeluznantes revistas *True Detective** de mi
tío. Naturalmente, leí todas esas historias de crímenes escalofriantes
de cabo a rabo, echando de vez en cuando un vistazo al almanaque.
Después de todo, no tenía el más mínimo interés en los asuntos de la
granja porque no tenía el «dedo verde» y jamás sería capaz de hacer
crecer ninguna planta.

El almanaque del granjero indicaba los días idóneos para plantar, trabajar en el jardín y pescar de acuerdo con las fases de la Luna.
Aunque esta información nunca tuvo nada que ver con mis ambiciones (yo estaba interesada en las estrellas de *rock*, y no en cavar la tierra
para sacar rocas), me intrigaba de qué forma la Luna podría afectar
a mi vida.

Cuando me convertí en una adulta, comencé a trabajar con los
ciclos de la Luna, especialmente en mi trabajo. Me parece interesante
destacar que mis objetivos comenzaron a ser cada vez más factibles.
Me dedicaba a mis actividades con dedicación. Cerraba los tratos
maravillosamente bien. Y lo más importante, empecé a ver que mi
trabajo progresaba.

Ahora utilizo el poder de la Luna para todo tipo de cosas, desde
establecer mis intenciones hasta ordenar. Y debo decir una cosa: funciona. ¡No es de extrañar que aquellos granjeros la tuvieran en cuenta
para sus faenas!

¡CONSIGUE QUE SE PRODUZCA LA MAGIA!

Luna Negra: este es el período previo a la Luna Nueva, cuando la Luna
no es visible en el cielo. La Luna Negra, también llamada Luna Oscura,

---

* N. de la T.: El verdadero detective.

es la mejor para descansar y meditar sobre lo que necesitas. Considera este ciclo como los días necesarios para «preparar la tierra».

Luna Nueva: sabes que estás en Luna Nueva porque puedes ver una pequeña tajada de Luna, una insinuación de que comienza a mostrarse en el cosmos. La Luna Nueva es el periodo indicado para establecer intenciones con el propósito de conseguir lo que deseas. Piensa en ella como la época para «plantar las semillas». Apunta tus intenciones. Eleva tus peticiones al cielo. Entrega tus deseos al universo.

Luna Creciente: la Luna comienza agrandarse. Esto indica un periodo en el cual ves «crecer la semilla». Puedes conseguirlo si te pones en marcha para lograr tus objetivos. Por ejemplo, si pretendes encontrar un trabajo mejor, puedes utilizar estos días para enviar currículums o asistir a entrevistas. ¡No obtendrás buenos resultados sin un esfuerzo por tu parte!

Luna Llena: durante la Luna Llena, la Luna es completamente visible, hermosa y redonda. La intuición es muy intensa en este ciclo y las semillas que has plantado dan sus frutos. Por lo general, tu objetivo se cumplirá en torno a este día. En caso contrario, será un buen momento para reflexionar sobre lo que debes hacer para alcanzar tu destino. Cuando llegue la siguiente Luna Nueva, puedes comenzar todo el proceso otra vez. La Luna Llena también es ideal para acabar tareas, ordenar y dejarte fluir. Esta es tu «cosecha» oficial.

Luna Menguante: la Luna comienza a hacerse más pequeña a lo largo de este ciclo. Es hora de dejar ir todo aquello que ya no resuena. También es el momento adecuado para deshacerte de todo lo que ha sido un obstáculo para tus objetivos, aunque solo se trate de los pensamientos que tienes en relación con tus intenciones. Considera este período como el tiempo para quitar las malas hierbas con el fin de prepararte para el siguiente ciclo de crecimiento.

La fórmula

Luna Negra: prepara la tierra (medita acerca de lo que quieres).

Luna Nueva: planta las semillas (escribe tus intenciones).

Luna Creciente: cuida la semilla (pasa a la acción para conseguir tu objetivo).

Luna Llena: cosecha la recompensa.

Luna Menguante: elimina las malas hierbas del jardín (libérate de todo lo que ha sido un obstáculo para tu progreso).

Enjabona, aclara, repite... y cosecha.

¿Quieres ser todavía más meticuloso? Presta atención para detectar cuándo la Luna se encuentra en un signo en particular. Saber qué espacio está ocupando la Luna puede ayudarte a perfilar tus intenciones.

ARIES: esta Luna es la mejor cuando quieres iniciar un nuevo proyecto o una nueva fase de tu vida. Aries es el signo de los nuevos comienzos, de manera que organiza tus intenciones en torno a eso.

TAURO: la Luna de Tauro es ideal para la abundancia en el trabajo. Compórtate como Gordon Gekko y define tus intenciones relativas al dinero y la riqueza.

GÉMINIS: si lo que pretendes es tener éxito en los estudios o expresar mejor tus habilidades de comunicación, esta es tu Luna. También es muy favorable para contactar con los amigos, hacer llamadas o entrevistas y gestionar cualquier tipo de correspondencia.

CÁNCER: esta es la Luna perfecta para definir intenciones relacionadas con los problemas en el hogar, con la familia y con la madre. También es una Luna superintuitiva. Ahora es el tiempo de confiar en tus sentimientos.

LEO: establece tus intenciones para los embarazos, los romances, la fama y las inversiones. Y si lo que deseas es tener más confianza, esta es una Luna excelente para conseguirlo. Y además es la luna ideal para cambiar de peinado. ¡Cuida tu melena!

VIRGO: define tus objetivos con respecto a la eficacia, la dieta, el trabajo y las mascotas pequeñas. Por otra parte, si deseas hacer las paces con tu crítico interior, utiliza esta Luna para llevar a cabo ese trabajo.

LIBRA: ¿quieres tener una relación sentimental o un nuevo socio comercial? La Luna de Libra es perfecta para que surjan nuevas relaciones. Este es un buen momento para los trabajos relacionados con la justicia. Si quieres mejorar tu aspecto o tu guardarropa, la Luna de Libra se refiere a todo lo relacionado con la belleza.

ESCORPIO: si quieres tener sexo apasionado e intimidad, establece tus intenciones durante la Luna de Escorpio. Esta es también una buena Luna para asuntos de dinero, para la intuición y también para liberarse del equipaje viejo. Igual que la Luna en Cáncer, esta es una Luna psíquica. Las premoniciones que surgen en estos días podrían ser importantes.

SAGITARIO: cuando quieras conocer la verdad y nada más que la verdad, deja que la Luna de Sagitario te ayude a descubrirla. Esta Luna también es muy eficaz para determinar intenciones relacionadas con la justicia, los viajes, la educación superior y todos esos momentos en los que realmente necesitas volver a tener fe.

CAPRICORNIO: esta Luna es mi preferida para todos los asuntos laborales. Si quieres iniciar un nuevo negocio o hacer prosperar el que ya tienes o aspiras a una promoción, debes expresar ese deseo durante una Luna en Capricornio. Además, esta Luna también es muy adecuada para trabajar los conflictos con la figura del padre. Por otra parte, es una Luna hiperproductiva, maravillosa para llegar a lo más alto en tu trabajo.

ACUARIO: ¿necesitas nuevos amigos? Deja que la Luna de Acuario establezca las pautas para atraer ese círculo social que deseas... o para liberarte de esos individuos tóxicos que dejan tu espíritu vacío. Es el momento de manifestar objetivos y deseos, y crear intenciones para colaborar con la armonía mundial.

PISCIS: la Luna de Piscis es perfecta para el trabajo del perdón, y también para volver a ponerte en contacto con tu lado compasivo. Si últimamente te has sentido estresado o agotado, utiliza este día para recuperarte y dedicarte a tu sanación. Establece intenciones para tu vida espiritual.

Eclipses

Por último, vamos a hablar de los eclipses. En astrología, un eclipse predice un cambio importante. Algo está cambiando. Podría tratarse de un cambio impactante o inesperado en algún sentido. ¡Como una sacudida cósmica para despertar!

Los eclipses siempre vienen a pares, y en todos los casos están conectados con Lunas Nuevas y Lunas Llenas. Se producen en signos que son opuestos. Por ejemplo, si ocurre un eclipse solar en Virgo, el eclipse lunar llegará aproximadamente dos semanas más tarde en Piscis.

Siempre debes prestar atención al área de tu carta donde podría llegar un eclipse, y luego observa qué es lo que sucede los días próximos a ese evento cósmico. Si el eclipse corresponde directamente a un planeta o ángulo de tu carta natal, o si se produce en los días próximos a tu cumpleaños, es probable que desencadene un cambio fundamental en tu vida. Esto podría significar grandes noticias, un encuentro crucial, un nuevo comienzo, algún suceso imprevisto o un final largamente esperado. Pero más allá de lo que ocurra, el eclipse puede alterar el curso de tu vida en algún sentido, y tú deberás aceptarlo porque va a ser muy difícil volver atrás. Si quieres que las cosas se mantengan tal y como estaban, te estarás exponiendo a un brusco despertar durante un eclipse, porque este viene a decirte: «Ya se ha terminado todo, tío. Ya está hecho».

Un eclipse alcanzó directamente al Venus natal de una de mis clientas. Justo en esa época su pareja le confesó que estaba teniendo un romance. Aunque los dos intentaron resolver las cosas, la relación no pudo superar la traición y pocos meses más tarde se acabó oficialmente.

Los eclipses pueden ser difíciles, pero debes saber que en última instancia son oportunidades. Solo tienes que estar preparado para aceptar el cambio... y seguir adelante.

· ·

Lecturas recomendadas

Lunar Abundance [Abundancia lunar], del doctor Ezzie Spencer.

Astrología de la Luna nueva, de Jan Spiller.

Eclipses and You [Los eclipses y tú], de Judith Hill.

Magickal Astrology: Use the Power of the Planets to Create an Enchanted Life [Astrología mágica: Usa el poder de los planetas para crear una vida encantada], de Skye Alexander.

Hacer negocios de forma inusual

Los millonarios no utilizan la astrología; los multimillonarios sí.

J. P. Morgan

Confesión: utilizo principalmente la astrología para planificar mis actividades; me resulta increíblemente útil para elegir el mejor momento para hacer las cosas. De hecho, desde que empecé a aplicar la astrología en mi trabajo, lo he visto crecer a pasos agigantados. Mejor aún, al ser consciente de los problemas que podrían surgir, he estado mucho mejor equipada para solucionarlos con el menor dramatismo posible. A menudo la gente me pregunta: «¿Cuál es el secreto de tu éxito?», y yo respondo que el secreto es «trabajar tenazmente». ¡Sin embargo, la salsa secreta es la astrología!

Consulto las estrellas antes de hacer un movimiento, firmar un acuerdo o ser la anfitriona de un evento. Saber lo que está sucediendo allí arriba me ayuda a alcanzar el éxito aquí abajo.

CONSEJOS PARA CREAR UN MEJOR NEGOCIO POR MEDIO DE LA ASTROLOGÍA

Observa siempre las fases de la Luna

Las Lunas Nuevas son las mejores para presentaciones y lanzamientos, nuevos proyectos y negocios. Las Lunas Llenas son ideales para culminar proyectos o trabajos que ya están en marcha. La Luna Llena también es el momento adecuado para concluir cosas. Por ejemplo, si estás pensando en cerrar una oferta o deshacerte de un cliente, si es posible espera hasta que llegue la Luna Llena.

¿Puedes poner en marcha o presentar un proyecto o actividad en Luna Llena? Sí. Efectivamente, yo misma lo he hecho. Sin embargo, antes de hacerlo me gusta asegurarme de que la Luna está de mi parte. ¿Cómo lo hago? Asegurándome de que esté en mi signo solar.

Cuando la Luna se encuentra en mi signo solar, me indica que es un día potente para mí. ¡El cosmos me respalda! Pero si la Luna está en el signo opuesto a mi signo solar, el día no es tan favorable y lo mejor será que me relaje. Supersimple, pero totalmente útil para el negocio. De hecho, he observado que cuando la Luna se encuentra en una posición opuesta a mi Sol, ese día el trabajo tiende a ser mucho más complicado en todos los sentidos. En consecuencia, mantengo mi agenda tan despejada como sea posible y pospongo cualquier tipo de tonterías que puedan agravar las cosas hasta que la Luna se encuentre en el siguiente signo.

Evito tomar decisiones o iniciar nuevos proyectos cuando la Luna está vacía o fuera de curso. ¿Qué significa esto? Es el ciclo en que la Luna forma su último aspecto antes de cambiar de signo. La Luna fuera de curso representa un tiempo de espera cósmico, más conveniente para avanzar con un trabajo que ya esté en marcha... o para dedicarme a descansar. Las Lunas vacías, o fuera de curso, pueden durar desde unos pocos minutos hasta un día entero. Cuando las veas en el calendario, utiliza ese tiempo sabiamente para relajarte o perseverar con el trabajo que tienes actualmente entre manos. He aquí un ejemplo: si la Luna en Tauro forma un trígono con Venus, y cuatro horas más tarde se desplaza hacia Géminis, ese período de cuatro horas está fuera de curso.

Los eclipses pueden producir cambios drásticos en tu negocio si se encuentran en tu segunda, sexta, octava o décima casa. Yo *no* recomiendo comenzar nada nuevo en los días que preceden a un eclipse. De hecho, he descubierto que es mejor abstenerte a menos que estés desmantelando algún aspecto de tu negocio con el fin de crear algo completamente nuevo.

OTRAS SUGERENCIAS PARA LA LUNA

- Cuando la Luna en tránsito está pasando por tu Medio Cielo y atravesando tu décima casa, esos pocos días son perfectos para las relaciones públicas. ¿Una Luna Nueva? ¡Renueva la imagen de tu negocio ya mismo!

- Toma decisiones financieras cuando la Luna se encuentra en tu segunda u octava casa. Vuelve a hacer tu presupuesto cuando la Luna Llena esté desplazándose a través de tu octava casa.

- Inicia nuevas asociaciones comerciales o empresariales cuando la Luna Nueva entre en tu séptima casa.

- Aprovecha para utilizar una foto de tu cara para promocionarte cuando la Luna Nueva atraviese tu Ascendente y se asiente en tu primera casa.

- Organiza tu oficina cuando la Luna está en tu sexta casa. Emplea estos días para crear nuevas rutinas que den un espaldarazo a tu negocio. Revisa tu lista de cosas por hacer, e introduce cualquier cambio que creas necesario.

- Envía la foto de tu rostro a tu red de contactos mientras la Luna Nueva está atravesando tu undécima casa. Es un tiempo estelar para conectar con figuras importantes. Date una vuelta por allí, y lleva contigo tus tarjetas de visita.

- Un eclipse podría significar cambios importantes en tu negocio si llega a tu segunda, sexta, octava o décima casa. Deberás estar muy atento durante los días próximos al eclipse. No recomiendo introducir ningún cambio durante esa etapa. Lo más aconsejable es estar pendiente de lo que puede suceder... o estallar.

MERCURIO RETRÓGRADO

Mercurio puede causar estragos en los negocios. El mejor plan cuando llega esta tormenta cósmica es hacer copias de seguridad de tus archivos y de tu página web, bajar el ritmo, evitar los viajes de negocios siempre que sea factible, prepararte para posibles retrasos y tener paciencia. No firmes contratos ni compres nuevos equipos para tu negocio. Posterga todo eso hasta la llegada de Mercurio directo. Por último, intenta no hacer nada nuevo durante este tránsito. Una vez dicho esto, también hay que añadir que un nuevo lanzamiento o una renovación de marca no son actividades recomendables para el momento en que Mercurio está retrógrado.

VENUS RETRÓGRADO

Venus gobierna el dinero, las negociaciones y las asociaciones. Cuando Venus está directo, estas áreas tienden a progresar sin demasiado esfuerzo. Sin embargo, las relaciones comerciales pueden chocar contra un muro cuando Venus está retrógrado. Este período puede implicar clientes complicados o de alto nivel, o socios insoportables. Durante este tránsito toca dedicar más atención a los clientes. Tus límites podrían ser puestos a prueba, de manera que debes estar preparado para reforzar tus normas.

ASUNTOS RELACIONADOS CON MARTE

¿Qué está haciendo Marte? Si Marte está directo, pasa a la acción. Si forma aspectos favorables con otros planetas de tu carta, avanza con entusiasmo. Si forma aspectos desagradables con los planetas de tu carta, prepárate para enfrentarte a algunos obstáculos importantes.

Tal como sucede con Mercurio retrógrado, Marte retrógrado no es bueno para ningún tipo de lanzamiento, especialmente cuando se trata de un nuevo negocio. Si estás pensando en abrir las puertas, espera.

A lo largo de los años he visto muchas empresas fracasar después de haber realizado una inauguración cuando Mercurio o Marte estaban retrógrados. Este tampoco es un buen momento para mantener discusiones con los clientes o provocaciones *online*. También deberás evitar los litigios. Ten en cuenta que quienquiera que inicie una discusión durante un período en que Marte está retrógrado resultará perdedor. En los negocios, perder una demanda judicial o una disputa en Internet podría llevar a la perdición.

ACTÚA A LO GRANDE CON JÚPITER

Júpiter muestra en qué eres afortunado y tienes capacidad para expandirte. Cuando este planeta está atravesando tu primera, quinta o décima casa, potencia las relaciones públicas. ¡Hazte visible! Si Júpiter está en tu segunda u octava casa, invierte en tu negocio. En este tránsito también podrías ganar más dinero. ¡Sí, efectivamente! ¿El planeta está en tu novena casa? Pon en marcha esa editorial. El momento perfecto para mejorar tu oficina es cuando Júpiter está en la sexta casa. También podría indicar más trabajo. Envía una foto de tu rostro a través de tu red de contactos mientras Júpiter se está desplazando por la séptima u undécima casa. Hay algo que es preciso tener en cuenta cuando se trata de Júpiter: no debes actuar a pequeña escala. Cuando la oportunidad llama a tu puerta, ¡abre y dale la bienvenida!

PRESTA ATENCIÓN A SATURNO

Por último, debes prestar atención a Saturno. Si forma aspectos complicados con los planetas en tu segunda, sexta, octava o décima casa, el negocio puede bajar su ritmo considerablemente. Pueden surgir obstáculos que sean difíciles de resolver. Tu reputación podría verse gravemente afectada, en particular si metes la pata. Ten paciencia y sé disciplinado. Los planes son esenciales durante este período, especialmente si Saturno se aloja en tu segunda u octava casa. Cuanto más disciplinado seas con tu negocio y tus finanzas, menos problemas tendrás. Si eres el tipo de persona que tiende a ser organizado, navegarás las dificultades que pueda traer Saturno como un campeón. Si eres otra clase de persona, una que hace funcionar su negocio por instinto, los tránsitos de Saturno podrían ser la patada en el trasero que necesitas para comenzar a elevar tu nivel de juego. Saturno no tontea. Compórtate como un profesional.

¿Y QUÉ SUCEDE SI HAS INAUGURADO UN NEGOCIO O HAS LANZADO UN PRODUCTO AL MERCADO DURANTE UN MAL CICLO?

Mi consejo es simple: un nuevo lanzamiento o una nueva inauguración. Esto modificará la energía. Elige una nueva fecha que esté alineada cósmicamente para el éxito. Lo mejor sería una Luna Nueva, preferiblemente una que se encuentre en tu signo solar o sobrevolando tu Medio Cielo.

Sugerencia: ¡También puedes crear una carta astrológica para tu negocio! Crea la carta con el día y la hora en que «nació» la empresa, tal como lo harías con tu carta natal. Yo prefiero utilizar la carta natal de la persona que lleva el negocio, porque he descubierto que para alguien que gestiona una pequeña empresa, su negocio se convierte en una extensión de sí mismo. Sin embargo, un emprendimiento de mayores dimensiones se ajusta mejor a una carta que sea específica para el negocio.

Planificando otros asuntos

BODAS

¿Vas a casarte? Una fecha auspiciosa inclina las oportunidades en tu favor y facilita que empieces con buen pie. (Nota: Sin embargo, no garantiza un final feliz. Aun así, tú tienes que hacer tu trabajo, socio).

Lo primero que hay que hacer es ocuparse de lo más importante: debes asegurarte de que Venus esté directo. Venus retrógrado suele augurar un desastre para el día de la boda. Algunos astrólogos creen que también puede indicar problemas en la relación. Venus directo tiende a favorecer la situación, generando un evento armonioso sin ningún tipo de problemas y también un recorrido positivo para que ese matrimonio prospere.

A continuación observa en qué signo se encontrará Venus. Las mejores fechas son aquellas en las que Venus se encuentra en Piscis, Tauro o Libra. Venus está en exaltación en Piscis, y significa amor verdadero. Tauro y Libra están gobernados por Venus, y esto implica un aura romántica en torno a la relación.

El siguiente paso es evitar a Mercurio retrógrado para que no haya desencuentros ni malentendidos durante el viaje de luna de miel, ni ningún otro percance molesto. (¿El organizador de la boda no se presentó? ¿La persona que se hacía cargo del anillo lo perdió? ¡No dejemos nada al azar!). También recomiendo que Marte esté directo. Recuerda que Marte indica pasión. Es más probable que un evento sea divertido y emocionante cuando Marte está directo, porque cuando está retrógrado podría indicar discusiones y conflictos. Aunque el drama es muy bueno para las telenovelas, ¡no querrás que el día de tu boda ni tu futuro se estropeen por rencillas o desavenencias!

Observa la Luna. Evidentemente, una Luna Nueva es ideal, especialmente si se encuentra en Tauro, Cáncer o Libra. Recuerda que el planeta regente de Cáncer es la Luna, de manera que este día la energía es sensible y sentimental. La Luna en Tauro o Libra confiere una dulce vibración romántica a ese día. Además, cuando la Luna está en exaltación en Tauro genera una energía sólida y encantadora. ¿Acaso la Luna forma aspectos agradables con planetas o ángulos de tu carta? ¿Y de qué forma afecta a la carta de tu pareja? Intenta ver si existen ángulos positivos para cada uno de vosotros.

Por último, si fuera posible escoge un día en el que Venus forme ángulos armoniosos con tu Sol, Luna o Venus natal o con los de tu pareja. ¡Y mucho mejor si ambos contáis con parte de la energía dulce de Venus! Inclina esas oportunidades astrológicas en tu favor.

¿Y qué sucede cuando ya has escogido una fecha para la boda sin tener en cuenta la posición de los planetas? ¿O tal vez la única fecha disponible en tu localidad corresponde a un día astrológico que no es favorable? Mi consejo es que, tal como sugerí con respecto a los negocios, tal vez deberías considerar algún tipo de ceremonia adicional para una fecha en que los planetas se encuentren en una posición armoniosa. Quizás podría ser un pequeño cóctel, una rápida unión legal en el juzgado, o incluso algún rito de unión de manos* u otro tipo de ceremonia en una fecha más positiva. No tiene que ser algo formal, ni tampoco es necesario hacer todo el mismo día; solo se trata de potenciar la energía. En cuanto encuentres un día astrológico potente para poner en marcha tu matrimonio, todo irá sobre ruedas. Después del gran día, os corresponderá a vosotros hacer el resto del trabajo.

---

* N. de la T.: El rito de la unión de manos o *handfasting* es una antigua costumbre celta en la que las parejas unen sus manos con un lazo.

NACIMIENTO DE UN NIÑO

Yo planifiqué el nacimiento de mis hijos con la astrología. Y no estoy bromeando.

Pero escucha esto: este enfoque *no* es infalible. ¡Se trata simplemente de una apuesta, porque no hay ninguna garantía de que tu cuerpo, o el bebé, decidan cooperar!

Lo que yo hice fue elegir los signos que deseaba para mis hijos. Luego, intenté quedarme embarazada nueve meses antes de que llegara ese signo. En otras palabras, me puse a la tarea nueve meses antes de agosto, porque quería un Leo. Afortunadamente, era muy fértil así que mis planes se cumplieron sin ningún problema. Bueno, excepto que mi hija llegó tres semanas antes de lo previsto y fue del signo Leo por los pelos. ¡No es posible controlarlo todo!

Cuando mis clientas se enteran de que deben programar una cesárea, a menudo vienen a verme para escoger una buena fecha. ¿Y qué es lo que busco? En lo posible, que Mercurio y Marte estén directos. A continuación observo la Luna, porque tiene mucha relación con los cuidados maternales. Si la Luna se encuentra en el signo solar de la futura madre, o en un aspecto armonioso con su propia Luna, tenemos luz verde. También intento determinar un Ascendente favorable (cuando todo lo demás falla, elijo el Ascendente Libra porque es muy propicio). Sin embargo, debemos tener en cuenta que no todos los médicos van a aceptarlo. Después de todo, decir «mi astrólogo dice que...» no es muy convincente. ¡Quizás deberías buscar otra forma de hacerlo!

Una de mis clientas tenía una cesárea programada, y el único día que parecía favorable era un domingo. Le insistió a su médico para que la hiciera en esa fecha sin explicarle los motivos, ¡y el médico aceptó su pedido! No es necesario decir que su hijo es encantador, cariñoso, tranquilo y un atleta talentoso. ¡Astrología! ¡*BAM*!

VIAJES

Cuando se trata de viajes, existen dos normas. Primero, intenta siempre planificar tus viajes cuando Mercurio esté directo. Si eso no fuera posible, simplemente asegúrate de que tienes tiempo en tu agenda por si se producen retrasos.

Segundo, fíjate en qué tránsitos puede haber en tu tercera y novena casa. ¿Está Júpiter atravesando tu novena casa? Viaja por el mundo. ¿El Sol se encuentra en tu novena casa? Viaja a un lugar donde haga calor. ¿Marte se está desplazando por tu tercera casa? Carga el coche para hacer un viaje rápido por carretera. ¿Saturno y Mercurio retrógrados alcanzan tu novena casa? Quédate en casa viendo los canales de viajes.

¡Advertencia por adelantado!

También podrías toparte con algunas otras técnicas predictivas: progresiones secundarias y progresiones de arco solar. Estas técnicas son un poco avanzadas y requieren cierto nivel de conocimientos, pero de cualquier manera quería incluirlas en el libro porque mi objetivo es que tengas una comprensión básica de la mayor cantidad posible de asuntos relacionados con la astrología. Como mínimo, esta información podría ayudarte a saber de qué están hablando los astrólogos. Pero ¿cuál es mi esperanza secreta? Que el libro sirva para provocar tu curiosidad lo suficiente como para que sigas estudiando. ¿Un estudiante perpetuo? ¡Así es!

CARTAS PROGRESADAS

Las Progresiones son otra forma de analizar qué es lo que puede pasar en el futuro. Una carta progresada muestra hacia dónde te diriges o, dicho de otro modo, tu «progreso». En otras palabras, te muestra en qué persona puedes estar convirtiéndote.

PROGRESIONES SECUNDARIAS

Las progresiones secundarias, también llamadas solamente Progresiones, son las más utilizadas por los astrólogos modernos. Muestran cómo estás evolucionando. Porque nadie sigue siendo igual con el paso del tiempo, ¿verdad?

Las progresiones secundarias utilizan un método llamado «un día para cada año». Trabajan del siguiente modo: cada día de tu vida después de tu nacimiento representa un año de tu vida. Supongamos que naciste el 3 de enero de 1986, y quieres ver la trayectoria de tu vida a los veinte años. Busca en la efemérides el 23 de enero de 1986. En otras palabras, tienes que considerar las posiciones planetarias de los días que siguen a tu fecha de nacimiento como si fueran años en vez de días.

Los planetas progresados se desplazarán a través de la carta de forma muy semejante a los tránsitos, pero las cosas no suceden tan rápidamente. Por ejemplo, el Sol, que tarda alrededor de treinta días en pasar a través de un signo, tardará unos treinta años para entrar en cada uno de los diferentes signos. Por otra parte, los planetas de movimiento más lento pueden no desplazarse mucho, en el caso de que lo hagan. Los planetas progresados también pueden estar retrógrados o directos, igual que la carta natal.

Puedes utilizar tu efemérides para calcularlo de forma manual, o también puedes usar un *software* de astrología que debería contar con una configuración para progresiones secundarias.

Los planetas progresados que considero más significativos son el Sol y la Luna. Tu Sol progresado muestra todo lo nuevo que se está desarrollando en ti, mientras que la Luna progresada indica cómo evolucionas emocionalmente. Por cierto, ¡tu Ascendente y tu Medio Cielo también progresarán! Si lo compruebas, verás que tu identidad y tu forma de estar en el mundo se están modificando.

¡Vamos a estudiar una carta de muestra!

La carta que utilizamos como ejemplo pertenece a una mujer de treinta y cuatro años que es escritora. Como puedes ver, los planetas de movimiento más lento no se han desplazado mucho; sin embargo, otros planetas han cambiado de casa y de signo. Esto nos da una idea de cómo está evolucionando esta mujer. Vamos a ocuparnos de algunos temas para que captes la idea de cómo funcionan las cosas.

Su Sol progresado se encuentra en Escorpio, y esto significa que en esta etapa la energía de ese signo puede ser dominante en su personalidad. A diferencia del equilibrado Libra, esta mujer puede expresarse de forma más intensa. El Sol también está en conjunción con su Venus natal, lo que podría indicar que presta mucha atención a su vida amorosa. Observa que se encuentra en su novena casa, lo que podría señalar algo importante relacionado con viajes, educación o publicaciones. Como es escritora, yo asumiría que es posible que en este momento estén ocurriendo un montón de cosas buenas en su carrera. Tal vez este año pueda firmar libros con una editorial o hacer viajes para promocionar su última obra.

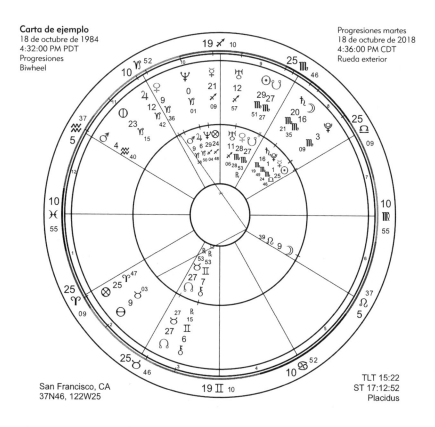

La Luna también está progresada en Escorpio, y esto amplía ese lado misterioso y a la vez apasionado de su persona. Como está en su octava casa, yo diría que probablemente está iniciando una etapa de su vida en la que la intuición jugará a su favor. También es posible que el sexo desempeñe una función más importante en su vida. Además, esa Luna está en conjunción con su Saturno natal, lo que podría señalar que las emociones son un asunto serio en este periodo, así como también las negociaciones económicas.

Mercurio progresado se encuentra en lo alto de su décima casa, ¡la marca del escritor!

Por último, su Venus progresado se asienta en su décima casa, que corresponde a la carrera, y en conjunción con su Marte natal. Esta parece ser una etapa importante de su carrera. Está llegando a una época en la que puede recibir muchos elogios u oportunidades. Esa combinación de Venus y Marte también sirve para añadir pasión a su vida sentimental. Yo diría que esto muestra que en este momento la intuición, el sexo y la creatividad son lo más importante en su vida. ¿Y su carrera como escritora? La está llevando maravillosamente bien.

Este es simplemente un pequeño ejemplo de cómo funcionan las cosas. Cuando interpretes tu carta progresada, sigue las reglas mirando en qué signo se encuentra el planeta, qué casa ocupa, y qué aspectos está formando con tus planetas natales. Eso te dará una idea cabal de hacia dónde te diriges.

PROGRESIONES DE ARCO SOLAR

Otro método habitual son las progresiones de arco solar, que utilizan el arco del sol progresado, o el número de grados y minutos que el Sol ha avanzado desde la fecha de nacimiento, y el resultado se añade a todos tus planetas natales. Las cosas funcionan del siguiente modo: si tienes diez años, solo debes añadir 10° a cada planeta natal. Las progresiones de arco solar indican cómo estás gestionando las cosas que suceden a tu alrededor. En otras palabras, ¿de qué manera te están modelando los eventos?

Mientras trabajas con las progresiones de arco solar, observa en qué momento los planetas cambian de signo y de casa o forman conjunciones con un ángulo de la carta. Además, mira también si forman aspectos importantes con tus planetas natales, pues esta información podría ser significativa.

Básicamente, tienes que buscar lo que está cambiando, y de qué forma eso se puede comparar con la carta natal. Utilizando la misma carta que nos sirvió como ejemplo, vamos a ver cómo es la progresión de arco solar.

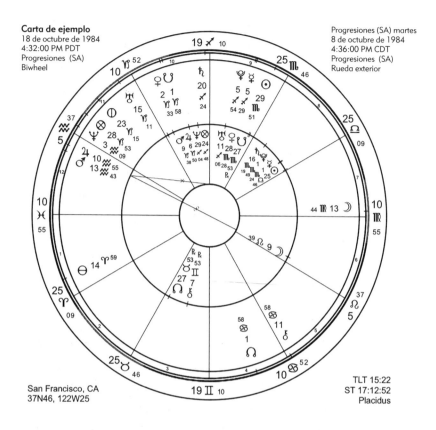

Carta de ejemplo
18 de octubre de 1984
4:32:00 PM PDT
Progresiones (SA)
Biwheel

San Francisco, CA
37N46, 122W25

TLT 15:22
ST 17:12:52
Placidus

Observarás que los planetas progresados del Arco Solar se encuentran en diferentes sitios que las progresiones secundarias. También verás que los planetas están en la misma configuración que en la carta natal, aunque todos se han desplazado 34° hacia delante, 1° por cada día.

Lo que considero interesante es que Saturno está en la décima casa. Acaba de atravesar el Medio Cielo, lo que nos muestra que esta mujer ha entrado en un buen momento de su carrera, un período en el que puede ganar credibilidad. Además, la Luna progresada se encuentra en su séptima casa, que corresponde a las relaciones, y esto es un signo de una importante conexión emocional.

Júpiter progresado en oposición con su Luna natal podría indicar desafíos para su salud emocional. Tal vez sus niveles de estrés aumenten debido a su estrella Ascendente, generando una necesidad de mayor intimidad.

Ten en cuenta que los aspectos de la progresión de arco solar siguen siendo los mismos que los de la carta natal, mientras que los aspectos de la carta progresada secundaria cambiarán. Yo prefiero ceñirme a la progresión secundaria, porque considero que es más importante para la predicción. Sin embargo, cuando quiero hacer una evaluación completa y detallada de lo que está sucediendo, estudio los tránsitos actuales y la progresión secundaria seguida por la progresión de arco solar. Son muchas cosas para tener en cuenta pero, qué quieres que te diga, tengo tres planetas en Virgo. ¡Siempre necesito conocer los detalles!

. . . .

En resumen

Las progresiones secundarias muestran en qué te estás convirtiendo y las progresiones de arco solar muestran de qué manera respondes a las progresiones secundarias o tránsitos. En otras palabras, utiliza las progresiones secundarias para determinar tu evolución como ser humano y la progresión de arco solar para entender cómo estás gestionando todo lo que el cosmos te ofrece.

. . . .

Astrocicio

¡Ahora es tu turno! Utilizando tu *software* de astrología, encuentra las configuraciones para las progresiones secundarias y las progresiones de arco solar. ¡Calcula tus cartas astrales! Luego estudia cada carta tan detenidamente como necesites. ¿Dónde se encuentra el Sol progresado? ¿Qué pasa con la Luna? ¿Alguno de los planetas está cambiando de signo o de casa? ¿Alguno de los planetas se asienta directamente en los ángulos principales (Ascendente, Nadir,

Descendente, Medio Cielo)? ¿Forman el Sol y la Luna progresados aspectos exactos con los planetas de tu carta natal? ¿Qué casa, o qué parte de la carta natal, destaca entre las demás?

Ejercicio: tomar notas en el diario

Utilizando la información que has observado en tus cartas progresadas, pregúntate lo siguiente: «¿En qué me estoy convirtiendo? ¿Cómo está evolucionando mi mundo? ¿De qué forma puedo aprovechar al máximo todo esto? ¿Qué información deberé utilizar para potenciar mi vida?».

. . . .

Lecturas recomendadas

Progresiones secundarias, de Nancy Hastings.

Progressions [Progresiones], de Robert P. Blaschke.

Lo que hay que tener en cuenta al hacer predicciones

Si lo que pretendes es utilizar la astrología como una herramienta de predicción, observa los tránsitos y también la progresión secundaria y la progresión de arco solar. Sí, efectivamente, las tres cosas. De ese modo tendrás una visión exhaustiva de lo que está sucediendo en el cosmos en cualquier momento dado. A los astrólogos les gusta observar estos tres elementos para hacer predicciones. Sin embargo, si te estás iniciando en la astrología quizás prefieras limitarte a estudiar los tránsitos. Una vez que te familiarices con ellos, añade las Progresiones. Pronto comprobarás que no son tan intimidantes y que puedes interpretarlas más fácilmente de lo que pensabas.

Ten siempre en cuenta que las técnicas predictivas son una mera guía, y nada más que eso. No asumas que las cosas están grabadas en piedra. El hecho de tener un «mal» tránsito de Saturno no significa que deberías renunciar a tus metas ni prever sucesos terribles. En cambio, intenta pensar cómo trabajar con la energía. Cuando enfocas las predicciones de este modo, la astrología se convierte en una herramienta potente.

Finalmente, si vas a hacer una lectura para otra persona, no actúes como si tus interpretaciones fueran el evangelio. Puedes estar equivocado; de hecho, muchas veces lo estarás. Los planetas pueden evolucionar de forma diferente a lo que tú anticipas, o la persona en cuestión puede tomar decisiones que provoquen que la energía se manifieste de una manera que quizás no había previsto.

Además, di siempre la verdad pero de una forma amable y proactiva. Transmite a las personas cuya carta estás leyendo que siempre hay esperanza, independientemente de lo que suceda en el cielo. Porque esa es la verdad.

Lecturas recomendadas

Predictive Astrology: The Eagle and the Lark [Astrología predictiva: El águila y la alondra], de Bernadette Brady.

Predicting Events with Astrology [Predecir acontecimientos mediante la astrología], de Celeste Teal.

Identifying Planetary Triggers: Astrological Techniques for Prediction [Identificar los desencadenantes planetarios. Técnicas de astrológicas para la predicción], de Celeste Teal.

Sugerencias para la práctica

continuación incluyo algunas sugerencias divertidas para la práctica (especialmente si te sientes un poco agobiado):

- Haz fichas para memorizar los símbolos del Zodíaco (página 43) y los símbolos planetarios (página 53). Practica solo, o con un compañero de estudios. Hazte preguntas a ti mismo. ¡Y en cuanto consigas dar con todas las respuestas correctas, recompénsate con una galleta o una copa de vino! ¡Hurra! Hazlo una vez más. ¡Repite! (Y cuando sientas que ya lo haces realmente bien, quizás desees pasarte a los palitos de zanahoria y agua, para que las cosas no desemboquen en una orgía de borrachos estimulados por el azúcar).

- Invita a un amigo a tomar café, un *brunch*, una cena o lo que te apetezca. Haz una lectura de su carta natal. Busca el Sol, la Luna y los signos Ascendentes en la carta. Para perfeccionar tu práctica explícale a tu amigo lo que cada uno de ellos significa. (Es totalmente correcto recurrir a este libro como referencia si hay algo que no recuerdas).

- Escoge a uno de tus famosos favoritos o a una figura histórica que admires. Entérate de cuándo es su cumpleaños y la hora y el lugar de nacimiento. Lee su carta natal. Busca el Sol, la Luna y los signos Ascendentes en la carta. ¿Qué significan? Haz una interpretación. (Insisto una vez más en que no hay ningún problema en consultar este libro como referencia).

- Crea un club de libros astrológicos. Reúnete con tus amigos una vez a la semana. Prepara un poco de té. Sirve algunos aperitivos. Lee una sección corta de este libro… ¡y luego invítalos a debatir sobre ella!

- ¡Organiza una cena en tu casa con una fiesta de estrellas! Sirve un banquete o prepara una comida improvisada. Disfruta de la fiesta. Interpreta la carta de los asistentes, invítalos a conversar sobre astrología y practica tus habilidades con ellos. Yo organicé una fiesta de este tipo hace un tiempo, y lo pasamos muy bien. Preparé un menú y puse una *playlist* de música inspirada por el Zodíaco.

¿Lo ves? ¡Memorizar símbolos y practicar la astrología no tiene por qué ser aburrido!

Consideraciones finales

uy bien, amigo, hemos llegado al final. Este libro debería haberte abierto el apetito (¿apetito astrológico?) y haberte ofrecido conocimientos suficientes como para ser astrológicamente peligroso. Al menos, ahora podrás comprender de qué hablan todos esos astrólogos sabihondos cuando dicen tránsito o Quirón. ¡Ya puedes hablar su idioma! ¡Bravo!

Lo que has aprendido aquí de ninguna manera es un estudio completo. Este libro simplemente roza la superficie. La astrología es un tema profundo que tiene múltiples capas. Se necesita dedicación para dominarla. (Psst... Incluso los astrólogos de la vieja escuela pueden aprender cosas nuevas cada día. Aunque existen normas y técnicas estándar, siempre pueden surgir interpretaciones y pensamientos singulares).

Espero que este libro haya despertado tu fascinación y te anime a seguir estudiando. Porque esa es la mejor forma de comprender realmente los planetas.

Lee todos los libros de astrología que puedas. Sigue a los astrólogos *online*. Suscríbete a *podcasts* y boletines de noticias sobre astrología. Estudia las lecturas de diferentes astrólogos y analiza su forma de ver las cosas (no todos pensamos igual). Asiste a clases cuando te resulte posible y a conferencias cuando las encuentres.

Pero por encima de todo, observa de qué manera toda esta información se manifiesta en tu vida o en la vida de las personas cuya carta astral interpretas. Desde esa perspectiva, haz tus propias interpretaciones. Porque la astrología es única, de la misma forma que lo eres tú. No hay dos personas que la interpreten de la misma manera. Debes encontrar tu camino, pero también debes estar abierto a otros diferentes. Todos son buenos.

¡Bendiciones!

¡Recursos en abundancia!

Lista de libros recomendados:

An Introduction to Western Sidereal Astrology, de Kenneth Bowser y Kris Brandt Riske.

Aspects in Astrology: A Guide to Understanding Planetary Relationships in the Horoscope, de Sue Tompkins.

Asteroid Goddesses: The Mythology, Psychology, and Astrology of the Re-Emerging Feminine, de Demetra George y Douglas Bloch.

Astrología de la Luna nueva, de Jan Spiller.

Astrología espiritual. Una ciencia cósmica, de Isabel M. Hickey.

Astrological Transits, de April Elliot Kent.

Astrology for Happiness and Success: From Aries to Pisces, Create the Life You Want —Based on Your Astrological Sign!, de Mecca Woods.

Astrology for the Soul, de Jan Spiller.

Astrology: Understanding the Birth Chart, de Kevin Burk.

Chart Interpretation Handbook: Guidelines for Understanding the Essentials of the Birth Chart, de Stephen Arroyo.

Choice Centered Astrology, de Gail Fairfield.

Do It Yourself Astrology, de Lyn Birkbeck.

Eclipses and You, de Judith Hill.

El arte de vivir con la luna: Moonology o cómo trabajar con la magia de los ciclos lunares, de Yasmin Boland.

El único libro de astrología que necesitará, de Joanna Martine Woolfolk.

Exploring Jupiter: Astrological Key to Progress, Prosperity & Potential, de Stephen Arroyo.

Identifying Planetary Triggers: Astrological Techniques for Prediction, de Celeste Teal.

Lo que saben las estrellas, de Grant Lewi.

Los signos del Zodiaco y el amor, de Linda Goodman.

Los signos del Zodiaco y su carácter, de Linda Goodman.

Love and Sex Under the Stars: Use Astrology and the Planets Venus and Mars to Make Your Love Life Everything You Want It to Be: Venus and Mars, the Planets of Love and Sex, de Nancy Frederick.

Lunar Abundance, del doctor Ezzie Spencer.

Magickal Astrology: Use the Power of the Planets to Create an Enchanted Life, de Skye Alexander.

Mars: The War Lord, de Alan Leo.

Momstrology: The AstroTwins' Guide to Parenting Your Little One de the Stars, de Ophira Edut y Tali Edut.

Moon Signs: The Key to Your Inner Life, de Donna Cunningham.

Planets in Transit, de Robert Hand.

Planets in Youth, de Robert Hand.

Predicting Events with Astrology, de Celeste Teal.

Predictive Astrology, de Frances Sakoian y Louis S. Acker.

Predictive Astrology: The Eagle and the Lark, de Bernadette Brady.

Progresiones secundarias, de Nancy Hastings.

Progressions, de Robert P. Blaschke.

Saturno. Un nuevo enfoque de un viejo diablo, de Liz Greene y Robert Hand.

Secrets from A Stargazer's Notebook, de Debbi Kempton Smith.

The Astrologer's Handbook, de Frances Sakoian y Louis S. Acker.

The Book of Pluto: Finding Wisdom in Darkness with Astrology, de Steven Forrest.

The Changing Sky, de Steven Forrest.

The Inner Sky: How to Make Wiser Choices for a More Fulfilling Life, de Steven Forrest.

The Little Book of Neptune, de Steven Forrest.

The Little Book of Saturn: Astrological Gifts, Challenges, and Returns, de Aliza Einhorn.

The Mars Book, de Donna van Toen.

The Moon in Your Life: Being a Lunar Type in a Solar World, de Donna Cunningham.

The Mountain Astrologer, Magazine: https://mountainastrologer.com/tma/.

The Power of Mercury: Understanding Mercury Retrograde and Unlocking the Astrological Secrets of Communication, de Leslie McGuirk.

The Rising Sign: Your Astrological Mask, de Jeanne Avery.

Urano: La libertad que nace del conocimiento, de Jeff Green.

CONSIGUE TU CARTA ASTRAL AQUÍ

www.astrodienst.com

www.alabe.com/freechart/

MIS ASTRÓLOGOS FAVORITOS

Chris Brennan: http://www.chrisbrennanastrologer.com.

Monte Farber: https://www.montefarber.com.

Rebecca Gordon: https://www.rebeccagordonastrology.com.

Sally Kirkman: https://mountainastrologer.com/tma.

Jessica Lanyadoo: http://www.lovelanyadoo.com.

Mystic Medusa: https://mysticmedusa.com.

Susan Miller: http://astrologyzone.com.

Chani Nicholas: https://chaninicholas.com/horoscopes/.

Dayna Lynn Nuckolls: https://thepeoplesoracle.com.

Anne Ortelee: http://www.anneortelee.com.

Sam Reynolds: http://unlockastrology.com.
Heidi Rose Robbins: https://www.heidirose.com.
Sagittarius Mind Consulting: https://sagmind.wordpress.com.
Soulshine Astrology: https://www.soulshineastrology.com.
The Voluptuous Witch: https://thevoluptuouswitch.com.
Mecca Woods: https://www.mylifecreated.com.
Chris Zydel: https://creativejuicesarts.com/astrology-readings/.

PODCASTS DE ASTROLOGÍA

The Astrologer and the Alchemist: https://theastrologerandthealchemist.
com.
Astrology Bytes with Theresa Reed (¡yo!): https://www.thetarotlady.com/
astrology-detes/.
The Astrology Podcast: http://theastrologypodcast.com.
Ghost of a Podcast with Jessica Lanyadoo: http://www.lovelanyadoo.com/
ghost-of-a-podcast.
The Insightful Astrology Podcast with Maria Desimone: https://www.in-
sightfulastrology. com/insightfulastrology-podcast-maria-desimone/.
Learn Astrology with Mary English: http://astromary.libsyn.com.
Anne Ortelee Weekly Weather Astrology: http://www.blogtalkradio.com/
anne-ortelee.
Soulshine Cosmic Career Astrology Podcast: http://www.soulshineastrolo-
gy.com/ category/ podcast/.

Agradecimientos

Este libro nunca hubiera existido sin el apoyo de Kathryn Sky-Peck. Le agradezco enormemente que me haya ofrecido esta oportunidad. *Merci beaucoup!*[*]

Estaré siempre agradecida a las personas maravillosas de Weiser, que me han ayudado a escribir el mejor libro posible.

Mi mayor agradecimiento va dirigido a mi paciente marido, que tuvo que soportar muchas noches a solas mientras yo aporreaba el teclado (y sufrí una profunda crisis cuando mi ordenador se tragó mi manuscrito de sesenta mil palabras). Eres mi roca.

También quiero expresar mi gratitud a Megan Lang, la editora más aguda y la gramática más fiable. Siempre te aseguras de que los problemas con las comas estén bajo control.

Siempre estaré en deuda con mi mentora literaria, Alexandra Franzen, por sus sabios consejos y su afectuoso apoyo.

Gracias también a mis amigos Brianna Saussy, Joanna Powell Colbert, Chris Zydel, Guy y Jackie Dayen, Ruth Ann y Wald Amberstone, Georgianna Boehnke, Donnaleigh de la Rose, Suzi Dronzek, Hilary Parry Haggerty, Fabeku Fatunmise, Andrew McGregor, Heatherleigh Navarre, Jessica Schumacher, Shaheen Miro, Danielle Cohen, Chris Bacorn y Stephanie Blueback Hussar Shearer, Simone Salmon, Mary K. Greer, Jennifer Y. Brown, Rachel Pollack, Tanya Geisler, Sarah Selecky, Rose van Den Eynden, Bari Tessler, Damien Echols y Lorri Davis. Y aunque debería mencionar a muchos más, no hay suficiente espacio aquí para nombrarlos a todos. Vosotros sabéis bien a quienes me estoy refiriendo. Os amo.

Mi agradecimiento a mis alumnos de yoga, a mis clientes de tarot iy también a mis alumnos de astrología que tuvieron que aguantar mi estilo de enseñanza peculiar a base de ejercicios! (¡lo siento por todas

---

[*] N. de la T.: En francés en el original.

esas matemáticas, chicos!). Estoy superagradecida y dedico profundas reverencias a todos esos astrólogos que me han allanado el camino, en especial a Frances Sakoian, Louis S. Acker, e Ilya Chambertin, los autores de los primeros libros de astrología que leí (y los que más valoro).

Gracias a mis hijos, Megan y Nick. La energía de vuestros signos fijos ayudó a vuestra madre mutable a mantener sus pies en la tierra. Mi principal gratitud a mis padres, que me dejaron sumergirme en este libro sin siquiera pestañear.

Y por encima de todo, gracias a Sandie y Lollie Rauch. Sin vosotras, nada de esto hubiera sido posible.

Siento una enorme gratitud...

Sobre la autora

¡Hola! Soy yo, Theresa Reed.

Aunque soy conocida como la Dama del Tarot, ¡mi primer amor fue la astrología! Como ya has leído en la primera parte del libro, me obsesioné con ella mucho antes de haber tocado un mazo de cartas de tarot. Ambos temas me apasionan. Son mi mantequilla de cacahuete y mi jalea, mi vino y mi queso, mi *Juego* y mis *Tronos*.

Comencé a estudiar artes místicas cuando solo era una curiosa quinceañera, y ya nunca me separé de ellas. Treinta y tantos años más tarde, he hecho lecturas para miles de clientes, desde maestros hasta adictos en rehabilitación, madres primerizas, adolescentes angustiados, pequeños empresarios y poderosos directivos.

Además de ofrecer lecturas privadas, también he organizado talleres, he dado conferencias y he presentado tres *podcasts*: *Tarot Bytes*, dirigido a los amantes del Tarot; *Astrology Bytes*, astrología para principiantes, y *Talking Shop*, para propietarios de negocios espirituales. También soy autora del superventas *Tarot Coloring Book*, coautora de *Tarot for Troubled Times* y creadora de *The Astro-Biz Digest*, un servicio astrológico semanal por suscripción para empresarios.

Cuando me preguntan por qué me dedico a esto, mi respuesta es simple y directa: «Me encanta ayudar a la gente a tomar mejores decisiones y a tener una vida más feliz».

Puedes seguirme en www.thetarotlady.com. También tengo cuentas en Facebook, Twitter e Instagram. Gracias por leer el libro y por tu interés en trabajar con los ejercicios. Espero que la astrología se convierta en tu nueva herramienta favorita para comprenderte a ti mismo... y tomar grandes decisiones. Te deseo todo el éxito del mundo.

¡Muchas bendiciones!